管理会计研究

——资金运用管理论

许亚湖　著

中国财政经济出版社

图书在版编目（CIP）数据

管理会计研究：资金运用管理论/许亚湖著.—北京：中国财政经济出版社，2015.12

ISBN 978-7-5095-6507-0

Ⅰ.①管… Ⅱ.①许… Ⅲ.①管理会计-研究 Ⅳ.①F234.3

中国版本图书馆CIP数据核字(2015)第296805号

责任编辑：陈志伟　　责任校对：杨瑞琦

封面设计：孙俪铭　　版式设计：董生萍

中国财政经济出版社 出版

URL：http：//www.cfeph.cn

E-mail：cfeph@cfeph.cn

社址：北京市海淀区阜成路甲28号　邮政编码：100142

发行处电话：010-88190406　北京财经书店电话：010-64033436

北京财经印刷厂印刷　各地新华书店经销

787×1092毫米　16开　17.5印张　270 000字

2016年1月第1版　2016年1月北京第1次印刷

定价：45.00元

ISBN 978-7-5095-6507-0/F·5240

（图书出现印装问题，本社负责调换）

本社质量投诉电话：010-88190744

打击盗版举报热线：010-88190492、QQ：634579818

前　言

2014年我国管理会计理论研究和应用进入了一个崭新的阶段。2014年10月，财政部根据《会计改革与发展“十二五”规划纲要》，制定发布了《关于全面推进管理会计体系建设的指导意见》，明确规定了全面建设管理会计体系的指导思想、基本原则、总目标、相应的任务、具体措施和工作要求。探讨管理会计的基本概念和原理，构建现代管理会计理论体系，是目前和今后一段时期管理会计体系建设的主要工作任务。在全面推进管理会计理论体系建设中，研究者们要积极创新管理会计理论和方法，发挥理论对实务的解释和指导作用，为管理会计应用提供理论支持和方法引导，充分满足我国经济转型升级和会计深化发展的迫切需要。

自从1952年管理会计名词和最初的体系出现，就对传统的会计系统和财务管理体系产生了深刻的影响。新出现的管理会计与已有的会计和财务管理两大系统之间是什么样的关系，引起了研究者们的关注。长期以来，一般认为，管理会计是会计管理发展到一定阶段的产物，是从传统的会计系统中分离出来的、与财务会计并列的一种会计。有关教科书上也就管理会计与财务会计的联系与区别做了大量的描述。在持并列观的教科书上，中外学者大多认为管理会计与财务会计在核算内容、资料来源、服务对象等方面存在联系，在核算的主要依据（约束条件或核算要求）、侧重点或关注重点、服务对象、信息目的、核算的时空、采用方法等方面有所区别。这一管理会计与财务会计并列的认识实际上没有将管理会计与财务管理相挂钩。

笔者在20世纪90年代就管理会计、财务会计和财务管理的基本内容进行了比较，在构建会计专业课程体系的研究中发现管理会计实际上是从传统的会计系统和财务管理系统中分离出来的，与财务会计和没有包括管理会计内容的财务管理相并列的会计。根据管理会计所包括的量本利分析、投资决策分析、责任会计和成本控制等内容，1993年笔者在中国会计学会和中国成本研究会联合主办的《会计研究》杂志上撰文明确提出了“管理会计实际上就是资金运用的管理”的观点。1997年7月由美国会计学会主办，清华大学、上海财经大学和中国会计教授会共同承办的“中国会计问题国际研讨会”在清华大学召开。笔者有幸参加了这次会议，与中外会计学界的专家学者们在一起就会计改革、会计教育等问题展开讨论，在谈到会计专业课程设置问题时阐述了笔者的“管理会计是资金运用管理”的观点，使这一观点具有了一定的国际影响。

1998年国际会计师联合会（IFAC）提出新的管理会计定义，在这一定义中强调资源的有效运用和实现组织增值的目标。新的管理会计定义中的资源运用的内容实际上就是企业资金运用管理的内容。从1952年世界会计师联合大会正式提出“管理会计”名称到1998年IFAC的这一新定义的推出，标志着“会计师们对管理会计职能转换的认识发生了变化”，“给我们开创了一个新的起点”（Paul A. Sharman，2003）。可以这样认为，由传统的管理会计的认识到管理会计新定义的出现是管理会计发展史上的一次重大转变。

笔者在1993年至今的时间内，对管理会计的相关内容进行了研究。本书将过去的相关研究成果与近年来的新的研究成果相结合，对有关研究成果进行了整理、修改和挖掘工作，提升有关理论研究成果的价值，较为完整地表达笔者对管理会计的多方面和系统的认识，为全面建设管理会计体系提供了新的思路和进一步的研究成果。本书对以资金运用管理为特征的管理会计范式、演变和挑战、边界和基本内容及预算管理、产品成本核算、企业绩效评价、战略成本管理和价值网战略成本管理等阐述了新的见解，首次将管理会计发展过程划分为管理会计 1.0 时代、管理会计 2.0 时代和管理会计 3.0 时代三个时期。全书共分 12 章。在各章的安排上是，前三章对管理会计范式、演变过程和面临的挑战、边界和基本内容进行了系统阐述，第四章至第八章就管理会计从时间上划分涉及的全面与超越预算管理、企业成本及产品成本核算、作业成本法与资源消耗会计、人力资源和环境成本会计、企业业绩评价等进行阐述，第九至十二章主要是从战略层面对管理会计问题进行的研究，具体包括战略成本管理基本要素、战略成本分析方法、成本战略决策及成本战略和实施、价值网战略成本管理和基于风险管理的企业成本管理等内容的研究。

在本书的出版过程中，得到尹国俊先生和中国财政经济出版社的大力支持和帮助，在此表示感谢！

许亚湖

2015 年 8 月 18 日

Introduction

The research and application of management accounting theory in our country entered a new stage in 2014. In October 2014, the Ministry of Finance in accordance with "The Twelfth Five Year Plan for the Reform and Development of Accounting", formulated and released the "Guiding Opinions on Comprehensive Promoting the Construction of Management Accounting System", to clearly define that the guiding ideology, basic principles, the overall objectives, the corresponding tasks, specific measures and work requirements of comprehensive construction management accounting system. To discuss the basic concepts and principles of management accounting, and to construct the modern management accounting theory system, which is the main task of the management accounting system construction in the present and the future. In the comprehensive promotion of management accounting theory system construction, the researchers should actively innovat management accounting theory and methods, play a role in the interpretation and guidance of theory to practice, to provide theoretical support and guidance for management accounting application, and fully meet the urgent needs of our country's economic transformation and deepen development.

Since appear of the 1952 of management accounting terms and the original system, it has a profound influence on the traditional accounting system and financial management system. The between the systems of management accounting of new appear and the two systems of the existing accounting and financial management is what kind of relationship, causing the researchers' attention. For a long time, it is generally think that management accounting is the product of the development of accounting management to a certain stage, is a kind of accounting which is separated from the traditional accounting system, and parallel accounting and financial accounting. The relevant textbooks descript that the relation and difference between management accounting and financial accounting. In the textbook on the view of the parallel, the Chinese and foreign scholars think that existence relation about the management of accounting and financial accounting in the accounting content, data sources, service objects, etc. , and existence the difference about the main basis of the accounting (constraints or accounting requirements), focus, service object, information purposes, the time and space of accounting, the use methods and other aspects. The view of the parallel about management accounting and the financial accounting does not actually have contact with the management accounting and financial management.

The author compares the basic contents of management accounting, financial accounting and financial management in 1990s, and finds that management accounting is actually separated from traditional accounting system and financial management system, the parallel accounting of the financial accounting and the financial management that not include management accounting, in the study of the construction of accounting professional course system. According to the management accounting that including the volume cost profit analysis, investment decision analysis, responsibility accounting and cost control etc. , in 1993 the author in China Accounting Society and China Cost Research Society will jointly organized the Accounting Research Journal writ to clearly put forward the view of "management accounting is in fact the funds use management". In July 1997, "the International Seminar on Accounting Issues in China" by the American Accounting Association, Tsinghua University, Shanghai University of Finance and Economics and Chinese Accounting Professors Association will jointly undertake, held at Tsinghua University. I had the good fortune to attend this meeting, with the Chinese and foreign experts and scholars in the field of accounting reform, accounting education and other issues to discuss, when it comes to discuss the issue of accounting professional course stated the author's view of "management accounting is the use funds management", so that this view has a certain international influence.

The new management accounting definition proposed by the International

Federation of Accountants (IFAC) in 1998, which emphasizes the effective use of resources and the goal of achieving the organization's value added in this definition. The contents of the resource utilization in the new management accounting definition are actually the content of the enterprise fund use management. From 1952, the world accountants joint assernbly formally proposed "management accounting" name to 1998 the launch of this new definition of IFAC, marked the "accountants are recognizing the shift in management accounting", "has give us a starting point" (Paul A. Sharman, 2003). It can be considered that traditional management accounting to the emergence of new definition of management accounting is a major change in the history of management accounting.

For a period of time that from 1993 to today, the author has carried on the research to the relevant content of the management accounting, and the results of the study are reflected in some academic papers. This book combines that the past relevant research results, management accounting course content and new research results in recent years, the relevant research results be arrangement, modified and excavated, improve the value of theoretical research results, more complete expression of the author's understanding of the management of accounting, and to provide new ideas and further research results for comprehensive construction management accounting system. This book elaborates new opinion that the management accounting paradigm, evolution and challenges, boundaries and basic content, budget management, product cost accounting, enterprise performance evaluation, strategic cost management and value network strategic cost management, etc., that with characteristics of the fund use management, for the first time dived into three periods that times 1.0, times 2.0 and times 3.0 about the development of management accounting. The whole book is divided into 12 chapters. The arrangement of each chapter is that in the first three chapters, system elaboration of the management accounting paradigm, the evolution process and the challenge, the boundary and the basic content; the fourth chapter to the eighth chapter on the comprehensive and beyond the budget management, enterprise cost and product cost accounting, activity based costing and resource consumption accounting, human resources and environmental cost accounting, enterprise performance evaluation, etc. on the division of management accounting in time; the ninth chapter to twelve chapter is the research on the basic elements of strategic cost management, strategic cost analysis method, cost strategy decision, cost strategy and implementation, strategic cost management based on value network and enterprise cost management based on risk management.

In the course of the publication of this book, Mr. Yin Guojun and China Financial and Economic Publishing House give the strong support and help; thank them very much in this!

Xu Yahu

August 18, 2015

目　录

第一章　企业管理会计范式的反思、创新与变革

管理会计范式问题是管理会计研究一个重要基础理论问题。长期以来，在管理会计的定义、对象、方法等问题上存在一些争议和模糊认识。本章对管理会计定义、对象、方法和人员等范式问题进行深刻反思，对管理会计范式做出更明确的阐释和对管理会计范式变革问题进行探讨。在管理会计发展过程中，要进行范式的创新与变革。

第一节　管理会计范式划分与争议

一、问题的提出

自从1952年在英国伦敦的世界会计师联合大会上首次提出“管理会计”这一名词和有了比较正式的体系至今，已经过去了60多年时间，在这一期间发生了不少重大的范式创新与变革。我国从20世纪80年代开始大量介绍和引进管理会计的理论至今已有30余年的时间了。虽然我国对管理会计相关理论引入较晚，但在实践中还是采用了一些符合管理会计定义所涉及的方法。从20世纪50年代至今，先后采用的本土和引进与本土具体情况相结合的方法主要有班组核算、经济活动分析、资金成本归口分级管理、成本核算新方法、责任会计、定额或标准成本制度（如宝钢集团所采用的方法）、本量利分析与相关经营决策、经济效益的分析考核、市场机制成本否决（如河北邯郸钢铁公司采用的方法）、全面预算管理、平衡计分卡绩效评价方法、作业成本法、EVA（经济增加值）经营考核制度（如国务院国资所属企业采用的方法）等。在一些大型企业中，如国家开发银行、中国电信、中石化、

北汽福田、三一重工等一批企业专门设置了管理会计机构职能部门或工作岗位。中国会计学会在2012年学术年会综述中提到，“管理会计作为会计学的重要分支，目前正越来越受到理论界和实务界的关注”（陈红等，2012）。我国财政部在2013年发出了关于全面推进管理会计体系建设的指导意见的征求意见稿。2014年10月27日，财政部根据《会计改革与发展“十二五”规划纲要》，制定发布了《关于全面推进管理会计体系建设的指导意见》，明确了管理会计体系建设的指导思想和基本原则、管理会计体系建设的总目标、相应的任务、具体措施和工作要求。

美、英等国家的管理会计组织，主要通过发布管理会计理论研究成果、案例示范、管理会计公告等方式发展管理会计。值得关注的是，美国的管理会计师协会长期致力于管理会计的理论研究和方法应用的推广工作，该组织对管理会计的应用情况进行调查、推广资源消耗会计、主办管理会计期刊和在国内外（包括中国在内）组办学术研究会议等。面对这样的局面，深入开展管理会计范式问题的研究，对明确管理会计的内涵与外延、指导管理会计实务是很有必要的。本章所研讨的管理会计本质、方法、对象、主体和范式变革问题，有些是过去曾经讨论但未形成一致认识、却是与现在全面建设管理会计理论体系密切相关的和需要解决的重要管理会计的基础理论问题。

二、企业管理会计范式的广义与狭义之分

企业管理会计范式（paradigm）是指人们关于管理会计活动的一般认可的模型或模式。企业管理会计范式的确定涉及到管理会计的本质，本质又是通过定义来反映的。尽管人们对管理会计的定义还存在一些不同的见解，也有学者认为管理会计定义问题的研究还处于探索阶段，但一般还是认为管理会计有广义与狭义定义之分。在20世纪50年代至今，国内外一些学术组织和学者大多持狭义管理会计的观点，如我国的李天民（1984）、汪家佑（1987）和温坤（1989）等学者的观点。狭义管理会计的观点强调在组织内部进行财务与非财务信息的收集、加工、分析和报告，为内部管理层服务的过程，如查尔斯·T. 亨格瑞等（2009）认为，“管理会计计量、分析和报告财务与非财务信息，帮助管理人员做决策以实现组织目标”（Charles T. Horngren, et al.）。广义的管理会计定义出现在20世纪80年代及以后的时

间里。1982 年英国成本与管理会计师协会将管理会计的范围扩大到除审计以外的内容，包括财务会计、成本会计和财务管理在内，既对管理当局提供所需的信息，又对企业外部有关方面提供信息，是大管理会计的认识。1981 年美国管理会计师协会（即当时的国家会计师协会）在发布首个管理会计公告中，对管理会计所下的定义是："确认、计量、积累、分析、提供、解释、沟通管理者在规划、考核与控制组织以及确保资源的合理利用与责任中使用的财务信息的过程。管理会计还包括为股东、债券人、监管机构和税务机构等非营利群体编制财务报告。"美国管理会计协会的这一管理会计定义中包括了狭义管理会计与财务会计的内容。在这一定义发布后，美国管理会计师协会又根据管理会计领域发生的巨大变化，在 2008 年提出了管理会计的新定义，并解释了新定义产生的背景、提出的过程和建立新定义所使用的标准和理论基础。美国管理会计师协会发布的新定义是："管理会计是一种深度参与管理决策、制订计划与绩效管理系统、提供财务报告与控制方面的专业知识以及帮助管理者制定并实施组织战略的职业。"在制定这一定义的过程中，美国管理会计师协会强调管理会计师应从以交易与合规为导向向以战略合作为导向转变。这一定义中也是包括了狭义管理会计与财务会计的内容的管理会计定义。

由于在管理会计定义的认识上存在狭义与广义的定义，为了讨论的方便和求同存异，笔者认为，可将大会计按其实际涉及的内容分为按会计准则要求提供内、外部各有关方面需要的财务信息的财务会计、以筹集资金和收入分配的管理为内容的财务管理和以资金运用管理为基本内容的狭义管理会计三部分。笔者所界定的财务管理是对资金筹集活动和由于资金筹集而进行的与投资者、债权人之间的资金分配活动的管理。企业将筹集的资金就交给经营者使用。那么，狭义管理会计就是对交付使用资金进行包括投资和耗费的资金运用管理的会计。笔者所界定的狭义管理会计是基于 1993 年笔者的"管理会计是资金运用管理"的认识而确定的。以下所讨论的内容涉及的是狭义的企业管理会计内容。

三、企业管理会计范式之争

关于管理会计的范式，我国学者讨论的主要观点有：信息处理系统观

（如李天民，1984；余绪缨，1994）、会计分支观（如汪家佑，1987；温坤，1989）和管理活动或过程观（如孙茂竹等，1999）等。国外不少研究者将狭义管理会计描述为一个数据处理过程（如美国会计学会，1966；罗伯特，1982；查尔斯·T. 亨格瑞等，2009）。这些观点在信息处理和满足企业内部管理人员的需要的认识上，不论哪种观点的表述都是一样的，有的观点还有参与企业经营管理的认识。从狭义的管理会计的内容上看，管理会计侧重于对未来的预测、决策和计划，以及对现在的控制、对过去的考核和对内提供报告，这些也被认为是区别于财务会计的特点，财务会计侧重于反映过去和对外报告。现在的问题是，目前的财务管理内容也涉及对未来的预测、决策、计划、对现在的控制和对过去的考核，在管理职能上管理会计与财务管理之间又不存在区别。管理会计与财务管理的区别何在，是需要明确界定的。管理会计与财务管理的主要区别就在对象上，前者的对象是资金运用，后者从狭义上看是资金筹集和收入分配。关于资金运用这一对象的认识，在归属管理会计与财务管理的问题上存在争议，争议的焦点是是否包括投资的内容。在目前有关管理会计定义的表述内容中，还缺少管理会计的对象、管理者的表述，在范式的认识上存在不够清楚的问题。由于管理会计范式认识的模糊性和与财务管理在有关内容上存在的共有性，致使在管理会计的边界与本质的确定上出现困惑。

从管理会计的实际内容上看，不论管理会计定义是表述为信息处理系统还是管理工作，在“管理”的性质上并没有区别，信息系统实质上就是一种以信息为对象的管理活动。讨论管理会计是否为管理活动，很重要一点是明确“管理”的含义。“管理”一词在学术上也存在一些不同的解释，如诺贝尔经济学奖获得者赫伯特·西蒙（Herbert Simon）认为“管理就是决策”，法约尔（Fayal）等人认为“管理，就是实行计划、组织、指挥、协调和控制”等。我国学者一般认为管理是计划、组织、领导和控制，也有学者认为“所谓管理，就是人类为了使系统的功效不断提高所从事的一系列活动”、“管理是一种为实现目的而采取的组织协调方法与活动”。一般认为企业管理的对象主要是人、财、物、时间和信息，企业管理需要对这些对象进行计划、组织、协调和控制等。从管理会计的“管理”二字和基本内容——预测、决策、预算、控制和考核上看，管理会计就是为实现一定目的所采取的计划、组织、协调和控制方法的活动。因此，基于以上认识，说管理会计是一种管理活动是合适的。

从国内外大量的狭义定义上，大多将管理会计看作是帮助企业内部管理者做决策和控制的信息系统，如美国会计学会在 1958 年和 1996 年先后认为，管理会计是运用适当的技术和概念，对企业历史的和计划的经济数据进行处理，以有助于管理人员制定合理的、能够实现经营目标的计划，以及为达到各项目标所进行的决策；美国的罗伯特（1982）认为，管理会计是一种收集、分类、总结、分析和报告信息的系统，它有助于管理者进行决策与控制；美国的查尔斯·T. 亨格瑞等（2010）认为，管理会计是“计量、分析和报告财务与非财务信息，帮助管理人员做决策以实现目标”等。我国学者从 1987 年至今，大多持管理会计是一种信息处理系统和帮助管理人员进行规划和控制的狭义管理会计的观点。

笔者认为，将狭义的管理会计看作是一种信息处理系统的观点存在以下几点不足，即：（1）仅仅将管理会计看作是信息处理系统，忽视了管理会计的其他工作内容，是不全面的。信息处理系统是任何一种管理活动都要做的综合性工作。在管理会计活动中，信息处理主要是对以货币表现的经济活动进行管理的综合性工具，是管理会计的“一条信息线”的管理，不应说这种信息系统就是管理会计。管理会计工作包括针对主要以货币表现的经济活动进行预测、决策和预算（或计划）、执行（通常所说的狭义控制）、核算和考核，在这一过程中需要信息系统的支持。将管理会计的支持系统看作为是信息系统，实际上错误地与对外报告信息的财务会计在性质上相混淆。（2）对象不确切。在管理会计的对象问题上学术界长期存在争议。在信息处理系统的管理会计的定义中，一般将管理会计的对象表述为经济主体的经济数据。管理会计的这种定义与统计的定义并无二致。因为统计被解释为是有关数据的收集、分析、表述和解释的活动。实际上，管理会计要对企业短期经营和长期投资及其效果的活动进行管理，其对象就是企业短期经营和长期投资及其效果，对活动情况通过信息来综合反映。（3）目标过于简单。信息系统的管理会计定义一般将其目标定为帮助管理人员做出决策和控制而提供信息。这一目标显然忽视了管理会计在有效配置资源和实现企业资源增值上或价值创新上所起的重要作用。管理会计的目标应是有效配置资源和促使企业资源增值，提供信息只是管理会计目标中的一部分。

我国也有学者认为，管理会计是一种方法或企业管理的工具。方法是为达到某种目的而采取的途径、步骤等，其同义词是技术、工具。在企业管理活动中，方法是管理活动中的基本要素之一。笔者认为，管理的基本要素应是管理人员、资源、目标和方法。当我们将管理会计界定为一种管理活动时，方法就构成了这种管理活动的一个基本要素。管理会计的方法在产生于20 世纪 20 年代的标准成本法和预算管理方法的基础上有了很大的发展，其发展与一定的社会经济环境影响、相关学科发展和内在的管理要求密切相关，特别是统计学和数学的发展与应用在管理会计方法的建设上起了很重要的作用。综观目前列入管理会计的方法内容，可以发现这些方法实际上是在事前、事中和事后的时态管理和企业不同层次的空间管理的基础上不断深化和提高的。在事前资源配置管理上形成了基于成本性态分析、统计学、数学和管理学科发展的经营预测、经营决策、长期投资决策和各种预算或计划管理办法。在事中资源控制方面形成了责任会计、成本归口分级管理、质量会计、人力资源会计、存货控制、作业管理和资源消耗会计等方法。在事后考评上形成了各种业绩考核、评价与报酬激励方法（如基于 EVA 的业绩考核与评价方法和平衡计分卡）等。美国管理会计师协会（IMA）和安永公司（Ernst & Young）在 2003 年的一份调查报告中，称在公司广泛应用的方法有传统的成本会计方法、经营预算、作业管理和作业预算、保本分析、内部转移定价、效益评估的基准、生命周期成本、供应链成本、价值链分析、平衡计分卡等（Ashishi，et al. 2003），显示出一些管理会计方法在企业中有着旺盛的生命力。

第二节 管理会计对象与人员层次类型

一、管理会计的对象是资金运动还是资金运用的辨析

关于管理会计的对象，我国在 20 世纪 80 年代至 90 年代间讨论尤为热烈，形成了多种不同的观点。关于管理会计的对象观点有：现金流动论（余绪缨，1985）、价值差量论（青光源，1986）、资金总运动论（孙宝厚，1987）、信息运动论（李天民，1994）、资金运用论（许亚湖，1993）、组织资源运

用论（国际会计师联合会 IFAC，1998）、企业经营活动的价值运动论（孙茂竹等，1999）、不包括融资和投资活动的经营活动论（王斌、顾惠忠，2014）等。从上列观点可知，对同样的管理会计的实际工作的对象内容却有着不同的认识。那么，有关理论在管理会计对象认识上的纠结究竟是什么呢？解开这个结对正确认识和发展管理会计理论无疑是有益的。

一般认为，企业财务活动包括资金的筹集、运用和分配三大活动。在上述观点中，资金总运动论和价值运动论都是宽泛的管理会计对象，资金运用论的观点包括投资和耗费的内容，经营活动论的对象范围最为狭窄，只是资金耗费的内容。资金运动论认为，资金运动是财务会计与管理会计共同的对象，但管理会计的对象在层次空间和时间上与财务会计有所不同，财务会计的对象是企业过去的资金运动，而管理会计的对象是企业及所属各级机构过去、现在和将来的资金运动。这种观点强调了财务会计与管理会计在资金运动时空上的差异，但无法解释财务管理的对象也是过去、现在和将来的企业不同层次资金运动，财务管理与管理会计又有了相同的对象的问题。价值运动论认为，管理会计是以生产经营活动中价值形成和价值增值为对象的。价值运动论中价值形成和增值过程实际上就是资金运动的过程，是对资金运动的另外一种叫法。

传统的财务会计，是对财务活动全过程按统一的会计标准（会计准则、制度）进行处理的会计，这是一种信息处理系统；传统的财务管理是对财务全过程进行的、除按会计准则或制度处理财务信息以外的各种管理工作。大会计或大财务管理的体系应该包括传统财务会计信息处理系统和传统财务管理这两个方面内容。在管理会计这一名词和初始体系被正式确认时，就将原来隶属于传统财务会计与传统财务管理中的部分内容分离出来，而单独形成一种会计。从传统财务会计与传统财务管理中分离出的内容实际上就是对财务活动中资金运用的管理内容。财务会计强调的是以账户为基本工具对资金运动（价值运动）全过程的确认、计量、记录和报告的过程。财务会计的对象是资金运动全过程，包括资金筹集、运用和收入分配的内容，管理会计的对象只是其中的“资金运用”部分。所谓资金运用，是对“会计个体由于过去的交易、事项而已经取得或实际支配，能给企业带来未来利益的一切资源”进行的运用。对资金运用的管理，是对资产或企业资源配置的管理。将资金运用确定为管理会计的对象，那么财务管理的内容就是资金筹集和收入分配的内容。国际会计权威组织——国际会计师联合会（IFAC）1998 年对 1988 年出版的《国际管理会计实务综述 1》（IMAPS1）中“管理会计概念”条目作了修订。IMAPS1 的定义为：“管理会计是专施组织资源运用（resource use）的管理过程，因此，管理会计是通过对动态与竞争环境中组织资源的有效运用（effective use of resources）以实现组织的增值（adding value）的管理过程和技术（managerial processes and technologies）。”IFAC 的新管理会计定义中的资源运用就是资金运用。这一定义的管理会计强调以资源的最优配置为目标（Paul A. Sharman，2003）。这里的资源配置就是资金运用，是管理会计的对象。由于将资金运用管理从广义财务管理中分离出来，那么，财务管理就是对资金筹集和分配的管理。将管理会计界定为资金运用或资源运用的管理，是管理会计在认识上一次质的飞跃。

要进行有效的资源配置管理，就需要对资源的类型有更进一步的认识。一般认为，企业的主要资源包括人、财、物、时间和信息。人、财、物、时间的动态与静态状况最后要通过信息反映。管理过程信息的收集与处理是现代企业管理的基础工作。信息在管理过程中起着联系的作用。现有的管理会计是对产品生产、存储、销售、长期投资等过程在资源上进行事前、事中和事后的全过程、全员的管理，以及资源配置的战略管理。管理会计对企业资源配置的状况和管理的效果最终都会反映在按会计准则编制的财务报表上，财务会计不仅要按会计准则的要求反映管理会计的资源配置情况，还要反映财务管理的资金筹集、收入分配的管理情况。

二、管理会计人员层次类型的归属问题

管理会计作为一项管理活动的进行离不开构成管理会计要素之一的主体——管理会计人员。如何对管理会计人员定性是关系到管理会计地位的确定和提升的问题。2013 年国资委外事局、国家外国专家局培训中心、美国管理会计师协会（IMA）和新理财杂志社联合主办了“第二届中国管理会计国际化人才建设大会”，会上深度探讨了管理会计在中国的发展应用、大力培训管理会计国际化人才和推进先进的国际管理会计知识体系落实的情况，反映出有关方面对管理会计的应用和人员素质提高的高度重视。要加强管理会计人才的建设，需要明确管理会计人员的层次类型，以便根据层次类型采取

相应的建设措施。

我国的专职管理会计、财务会计和财务管理人员都是在总会计师领导下开展工作的。但从管理会计涵盖的内容上看，管理会计人员从纵向上可以分为高层管理会计人员、中层管理会计人员和基层管理会计人员三个层次类型。高层管理会计人员除了总会计师外，还应包括董事长、首席执行官（CEO）、首席财务官（CFO）、财务总监、总经理和副总经理这些领导者，他们负责全面和总体的管理会计组织工作。这个高级层次的管理会计人员除了总会计师外，其他人员往往被忽视。美国管理会计师协会（IMA）和安永公司在 2003 年的调查报告中显示，“管理会计人员的作用发生了变化，越来越多的被视为企业的合伙人，致力于战略问题，远远超越了传统会计的范围”，“将近 56% 的被调查者一致认为管理会计人员的要务之一是参与核心战略决策（Ashishi，et al. 2003）。”美国管理会计师协会在 2008 年制定新管理会计定义时，呼吁管理会计要担当公司绩效管理、规划和预算的总管，公司治理过程的倡导者，在重大变革时提供风险管理、内部控制和财务报告，以及成本管理方法方面的专家，以帮助组织更具竞争力，实现更大的成功。美国管理会计师协会在研究中认为，管理会计师作为信息提供者的传统职责和作用往往被描述和解读为以价值链的低端为中心，向战略合作伙伴发展的趋势。这表明管理会计师的职责和作用必须在价值链中更加多样化，必须包括最高端，即作为管理决策团队的一员参与主要战略决策。笔者认为，对高层管理会计人员的认识需要改变，以便高层管理会计人员更好地进行最优资源配置的战略管理。

中间层次管理会计人员是会计部门的管理会计人员和职能部门或中间组织管理层次的人员。会计部门的管理会计人员是财会部门的负责人和一般的管理会计工作人员，负责管理会计的预测、决策、预算、控制和考评等日常具体资源配置管理工作，是典型的和传统意义上的管理会计人员。基层管理会计人员是车间班组、工段的有关人员，负责一些具体数据（如生产人员生产产品所耗材料数量、工时数量和标准数量差异等）的收集、计量、记录、报告和其他管理会计工作。高层、中层和基层三个层次的管理会计人员中财会部门的人员和总会计师是专业技术人员，是需要通过专门考试获得从事管理会计工作的专业技术职称才能担任。在高层管理者、中层管理人员中除总会计师和会计部门的管理会计人员以外的人员和基层管理人员，有的有会计专业技术职称，有的没有会计专业技术职称，对没有会计专业技术职称的人员在取得所任职务或进行具体生产经营管理工作之前一般应要求参加管理会计专业知识的学习，培养和提高具有一定的管理会计的能力。明确管理会计人员的层次类型的归属有利于企业在一些管理会计工作上实施全员管理。

在管理会计人员的身份、职责和作用的确定上，从层次上看由中层会计人员向高层管理人员转变，同时考虑执行战略人员的管理会计功能具体化的基层人员，是对管理会计主体层次的全面和完整认识。美国管理会计师协会（2008）认为，无论处于组织的哪个层级，无论具有什么身份，管理会计师都要支持组织战略的实施。从严格意义上看，管理会计师与管理会计人员还是有一定区别的，管理会计师是一种职业的职称，具有这一职称的人员既可以在财会部门工作，也可以担任公司的高层领导，还可在基层单位从事管理工作，而管理会计人员就泛指一切从事与管理会计工作内容有关的公司员工，包括制定与管理会计相关的战略和执行战略的各个方面的人员。基于以上有关论述，可以这样认为，企业管理会计范式是企业管理会计人员为实现根据企业使命而制定的使企业资源价值增值的目标，运用一定的方法，以货币为基本量度和采用其他相关量度，对企业资源运用进行的管理活动。

针对管理会计人员层次的划分，在管理会计建设上应采用相应的措施。（1）企业单位从高层到基层要充分重视管理会计工作，各个层次的人员都要积极学习管理会计知识，提高管理会计应用水平，增强管理会计意识，不将管理会计工作仅仅当作是会计部门会计人员的工作，构建具有不同层次的管理会计机制；（2）企业高层管理者要积极进行管理会计知识更新和素质的提高，以便有效地领导和组织本企业单位全面的管理会计工作；（3）要加强管理会计师的教育培养，不断提高专业工作能力，使管理会计方法能够在企业单位得到很好地推广和应用，为企业单位创造更多的价值；（4）企业要创建和培育支持管理会计实施的文化。管理会计要想在企业得到全面和有效实施是离不开管理会计实施文化的强有力支持的。良好的企业管理会计实施文化可以为各个层次的管理会计人员提供工作的动力，起到示范和激励作用，统一实施的思想，协调和适应各项管理会计工作。

第三节 管理会计范式的创新与变革

企业管理会计如果要想得到发展，必须进行范式的创新与变革。管理会计范式的创新，是指管理会计范式的局部或整体以新的形式出现，并能获得一定的有益效果的行为。新的形式的管理会计要素或体系是过去没有的。管理会计的创新重在一个“新”字，是以新思维、新发现和新提法为基本特征，管理会计范式的基本要素和体系应有全新的改变，创新的成果应是其理论与实务的前沿或制高点，并能产生一定有益的效果。管理会计范式创新可以分为理论创新与实务创新、管理创新与技术创新、管理创新与经营创新等，可将管理会计创新细分为管理会计的流程创新、标准创新、组织创新、文化创新、观念创新、制度创新等。

在管理会计的发展进程中，有大量的创新。在管理会计的方法创新中，导向模式的创新尤为突出。在企业资源运用的管理上，管理会计主要是基于导向模式发展的。从最初的以标准和预算为导向发展到以预测、决策、预算、标准、责任、各种目标为导向的管理，再到以市场标准（如超越预算）、评价指标和战略目标为导向的管理，形成有效的多维控制机制，以保证实现资源价值增值的总目标。各种导向模式的共同特点是事前制定依据、执行、事后考评和纠偏三大步骤，通过这三步骤的管理，期望资源配置的管理向一定目标发展，使企业价值有所增值。这里的一定目标有既定不变的一定时期的目标和根据市场及其他环境因素变化而调整的可变目标（如市场标准）。

与20世纪50年代管理会计名词出现时的情况相比较，经营预测和有关决策方法是20世纪50年代至80年代管理会计学科综合的、创新性的产物；作业成本法是在传统的制造费用核算基础上的创新；责任会计方法是建立在责任预算、执行和业绩考评的基础之上的重要创新工具，其延伸发展为经济增加值（EVA）管理方法；战略管理会计是20世纪80年代之后出现的、新颖的导向模式的创新，使管理会计步入了从战略层面进行企业资源配置的管理过程；平衡计分卡将企业的使命和战略转变为各种具体指标，以战略和各种具体指标为导向，从财务、客户、内部业务流程、学习和成长四个维度进行管理；平衡计分卡在导向模式的创新上表现为将财务指标和另外三类非财务指标合并确定。我国成本管理中的主要创新成果有成本计划编制方法、定额比例法、平行结转分步法和成本指标归口分级管理方法等（欧阳清，1998）。

Burns 等人（2001）认为，企业管理会计变革，是指企业为了适应内外部环境的变化，对其管理会计系统进行调整、改变和革新，从而更好地实现组织目标的过程。企业管理会计范式变革，是企业改变原有的管理会计要素或体系，使之适应企业内外部环境变化和实现企业目标的行为。企业管理会计变革是将创新的成果予以实施的过程，也是一种开发的活动。管理会计变革是与变革的原因或影响因素、过程和成本密切相关的。

第一，从管理会计变革的原因或影响因素上看，在管理会计发展进程中，其范式受到企业内部和外部环境因素的影响而发生适应环境变化的各种变革。影响管理会计范式变革的原因有很多。关于管理变革，罗宾斯认为，激发变革的力量有劳动力的性质、技术、经济冲击、竞争、社会趋势和世界政治。迪克在谈到战略管理问题时，认为影响战略变革的主要原因有环境、业务关系、技术和人员（Ticky，1983）。坎特、吉克斯坦认为变革的动态性原因有环境、生命周期和组织内部权利的变化（Kanter et al. 1992）。Cobb（1995）认为，影响管理会计变革的因素有变革情境、变革主体和变革内容，其中变革的内容主要指的是变革方案以及需要克服的变革阻力。Kasurinen（2002）对 Cobb 模型进行了修正，划分了干扰性、挫败性和延迟性三类阻力。笔者认为，影响管理会计范式变革的原因或力量是来自外部的政治法律、经济、社会、技术等环境因素和内部的战略目标与管理要求、组织设置和责权分配、利益的驱动、人员的素质和接受变革的程度或阻力等因素。企业管理会计应根据影响变革的原因或力量，选择合适的变革过程。

第二，关于管理会计变革的过程，在学术上先后有 Kaplan（1990）的四阶段模型、Cooper（1990）的六阶段模型和 Anderson（1995）、Knurnwiede（1998）的修正六阶段模型等观点，其中变革的六阶段模型包括初始、采用、调整、认可、常规化和整合阶段。Cooper（1990）认为变革应该是一个逐步推进的过程，如果某一阶段尚未完成就盲目地向下一阶段冒进，很可能会招致失败。综合考虑有关认识，笔者提出管理会计变革过程的三阶段模型的观点，即变革前分析评估和准备、变革过程中的运行和调整、以及变革后的评价与反馈三阶段。这三个阶段的具体内容有：（1）在变革前分析评估和准备阶段，要对影响管理会计方法或体系变革的影响因素进行分析评估，确定实施新的方法或体系变革的必要性和可行性，判断实施变革的各有关方面的可接受程度或阻力，要采取一定的措施尽可能化解变革的阻力。在分析评估的因素中，外在的压力和内在管理的需要是重要的驱动因素。通过分析评估和准备，企业要明确变革的目标，企业内部上下各级实施者在认识上要达到统一、在行动上要步调一致，在物质和精神上做好实施变革的充分准备。（2）在变革过程中的运行和调整阶段，要将运行结果与目标要求相核对，确定差异和及时调整实施的方案。（3）在变革后的评价与反馈的阶段，进一步比较和反馈实施结果与目标之间存在的差异，对方案进一步调整和修订完善后确定是否持续采用所实施的方法或方案。

第三，有效控制管理会计范式变革的成本。在管理会计变革中涉及变革的物理成本和精神成本。管理会计变革的物理成本是指因为变革而发生的财产物质和人员增减的损失、增加财产物质和人员的投入，以及变革中发生的准备、调试和资源整合等变革过程费用。物理成本对变革起到一定的制约作用。管理会计的精神成本也称心理成本，是指在管理会计变革中因为利益相关者采取的干扰、挫败、拖延，甚至取消变革所带来的损失。在管理会计变革中，有相对于过去的升级性和结合性的渐进式变革与突变式变革。在管理会计变革中，要摸清变革发生的规律和成本控制的重点，有针对性地采取控制措施。在第一阶段变革中加强成本发生源头的控制，有利于降低后续变革过程中发生的成本。

主要参考文献

陈红、余怒涛、陈永飞：“创新与本土特色相结合的中国会计研究——中国会计学会2012年学术年会综述”，《会计研究》2012年第8期，第94页。

李天民：《管理会计研究》，立信会计出版社，1994年版，第54—55页。

欧阳清：“我国成本管理改革的回顾和展望”，《会计研究》1998年第5期，第26页。

青光源：“试论现代管理会计的对象”，《会计研究》1986年第3期。

斯蒂芬·P. 罗宾斯：《管理学》，中国人民大学出版社，2002年版。

孙宝厚：“管理会计对象管见”，《会计研究》1987 年第 3 期。

孙茂竹、文光伟、杨万贵：《管理会计学》，中国人民大学出版社，2009 年版，第 1—4 页。

许亚湖：“适应市场经济发展需要 改革会计专业课程设置”，《会计研究》1993 年第 5 期，第 50—53 页。

于富生、张林：“企业管理会计变革理论模型研究综述”，《山西财经大学学报（高等教育版）》，2008 年第 9 期，第 19—24 页。

余绪缨：“简论当代管理会计的新发展”，《会计研究》1995 年第 7 期。

余绪缨：“现代管理会计中几个基本理论问题的探讨”，《厦门大学学报（哲学社会科学报）》，1985 年第 4 期。

Ashishi Debashis, James Hddick, Chuen Nowaki. Roles and Practices in Management Accounting Today. Strategic Finance, July 2003: 31 - 32.

Burns J. Scapens R. W. Conceptualizing Management Accounting Change: An Institutional Framework. Management Accounting Research, 2001. 11 (1): 3 - 25.

Charles T. Horngren, Srikant M. Datar, George Foster, et al. Coat Accounting a Managerial Emphasis (Thirteenth Edition). Pearson Education, Tnc., Upper Saddle River, New Jersey, 07458, 2009: 30.

Kasurinen Tommi. Exploring Management Accounting Change: the Case of Balanced Scorecard Implementation. Management Accounting Research. 2002. 13 (3): 323.

N. Ticky. Managing Strategic Change, New York, Wiley, 1983: 16 - 19.

Paul A. Sharman. The Case for Management Accounting. Strategic Finance, October 2003: 46 - 47.

R. M. Kanter, B. Jick Stein. The Challenge of Organizational Change. New York, Free Press, 1992.

第二章　管理会计的演变与挑战

根据发展的水平、认识和信息技术支持的变化，可将管理会计发展过程分为1.0时代、2.0时代和3.0时代。目前管理会计的发展已经进入管理会计3.0时代。管理会计3.0时代是管理会计的资金运用或资源使用管理新观念的提出及基于互联网和大数据时代的管理会计时期。在管理会计3.0时代，管理会计要应对所面临理论创新、应用开发、互联网和大数据的三大挑战。

第一节　管理会计的演变

一、有关管理会计演化的现有不同认识

从1952年在英国召开的世界会计师联合大会上正式提出“管理会计”这个名词至今的60多年里，管理会计在各方面都得到了长足的发展，如增加了大量新的方法，成立了专门的管理会计组织，在企业设置有管理会计的专门部门，有了注册管理会计师（Certified Management Accounting，CMA）职业人员和管理会计从业人员道德行为准则等。受各方面因素的影响，管理会计经历了若干个不同的发展阶段或时期的演化过程。国内外不少学者对管理会计的演化问题进行了研究。

国内外有关管理会计演化阶段的有代表性的观点有：（1）美国的卡普兰认为，美国管理会计发展分为三个时期，即：1825—1925年产生发展时期、1925—1985年停滞时期、1985年以后的辉煌时期；（2）日本的西村明将管理会计的发展分为四个阶段，即：管理会计的进化、传统的管理会计、计量

与信息的管理会计和综合管理会计；（3）维廉·L. 费拉拉（1995）认为，20世纪成本管理会计的发展可划分为四个历史时期，即：20世纪初至40年代的工业革命之后的时代、40年代至80年代的本量利时代、80年代后期至90年代前期的作业成本法（ABC）时代和90年代及以后的市场驱动的标准成本时代；（4）孙茂竹、文光伟和杨万贵（1999）将管理会计分为三个阶段，即：以成本控制为基本特征阶段、以预测和决策为基本特征阶段和以重视环境适应性为基本特征阶段；（5）于增彪（2007）认为美国管理会计发展期间分可为1900年以前的工厂制管理、1900—1985年的工业时代的公司制管理、1985年以后的信息时代的公司制管理时期；（6）刘爱东、蔡建平（2007）认为管理会计理论发展可以分为三个阶段，即：以科学管理和行政管理理论为基础和以企业内部成本控制为特征阶段，以行为科学、系统论和决策理论为基础和以预测、决策为特征的阶段，以战略管理理论为基础和以适用企业内外部环境为特征的战略管理会计阶段；（7）胡玉明（2008）将管理会计发展分为四个时期，即：20世纪初到50年代的追求效率的时代、20世纪50年代至80年代的追求效益时代、20世纪80年代的反思时代和20世纪90年代的主题转变时代。

近期也有观点认为，管理会计产生于20世纪初，是随着经济社会环境、企业生产经营模式以及管理科学和科技水平的不断发展而逐步演进，至今大致经历了三个阶段。这三个阶段的具体内容有：（1）20世纪20年代至50年代的成本决策与财务控制阶段。1921年美国颁布的《预算与会计法案》将“预算控制”引入管理会计，1922年，奎因坦斯在其《管理会计：财务管理入门》一书中首次提出“管理会计”的名称。（2）20世纪50年代至80年代的管理控制与决策阶段。信息经济学、交易成本理论和不确定性理论被广泛引进到管理会计领域，新技术如电子计算机在企业流程管理中得到大量应用，一批计划决策模型得到发展，建立了流程分析、战略成本管理等理论与方法体系，质量成本管理、作业成本法、价值链分析以及战略成本管理等创新的管理会计方法产生，初步形成了一套新的成本管理控制体系。（3）20世纪90年代至今的强调价值创造阶段。管理会计越来越容易受到外部信息以及非财务信息对决策相关性的冲击，企业内部组织结构的变化，以强调价值创造为核心，发展了一系列新的决策工具和管理工具。

从上述观点看，管理会计发展阶段都是首先按发展时间的先后顺序划分的，各种观点的区别是进一步划分所基于的标准的不同，卡普兰的划分是基于研究的标准，西村明的划分是基于演变的特征，维廉·L. 费拉拉的划分主要是基于不同的方法，孙茂竹、文光伟和杨万贵的划分是基于管理会计基本特征，于增彪的划分是基于企业制度的变迁，刘爱东、蔡建平是基于所依据的管理理论和基本特征划分的，胡玉明的划分是基于经营管理的目标，可谓各有千秋。这些观点的提出，对认识管理会计的发展情况是有帮助的。近期的观点是从管理会计方法的发展和目标的变化提出管理会计发展的三个阶段。上述各种观点虽然在划分的标准上有所不同，但对人们认识管理会计的演变过程是有帮助的，也对管理会计的历史研究具有重要价值。

二、管理会计 1.0—3.0 时代的划分

Jurgen Appelo（2011）认为，从时代发展的角度看，管理理论演进过程可以分为三个时代，即：（1）管理 1.0 时代：对应着科学管理和科层制时代，福特的流水线是这个时代的代表；（2）管理 2.0 时代：2.0 时代对 1.0 并没有本质的突破，只不过在 1.0 基础上加上了很多流行的概念，丰田的精益生产是这个时代的代表；（3）管理 3.0 的复杂性时代：从企业实践的角度审视，就是如何应对当前互联网时代全球化竞争挑战。根据这一认识，笔者认为，对管理会计发展阶段的划分可从发展的水平、认识和信息技术支持的变化上进行。发展的水平是管理会计的理论与方法由简单到复杂、由浅到深的发展程度。不同发展阶段的管理会计受到认识水平和信息技术支持的影响。人们的认知水平有一个由浅入深、由简到繁、由片面到全面的变化过程。根据发展的水平、认识和信息技术支持的变化，可将管理会计发展过程大致划分为三个时期，即：(1) 管理会计 1.0 时代：初始的事前、事中和事后管理，初始的计算机信息处理技术使用时期；(2) 管理会计 2.0 时代：深化的事前、事中和事后管理及战略管理会计产生与发展，普遍采用电子计算机的信息技术时期；(3) 管理会计 3.0 时代：具有国际影响的管理会计新认识产生及基于互联网和大数据时代的管理会计时期。

（一）管理会计 1.0 时代

管理会计 1.0 时代是初始的事前、事中和事后管理，初始的计算机信息

处理技术使用时期。这个时期是20世纪初至20世纪50年代。在这个时期已经基本形成从管理对象发生的时间上进行管理的体系。

20世纪初至20世纪50年代，社会化生产和专业化生产以及企业适应激烈的市场竞争对管理会计1.0的形成有很大的影响。1903—1925年标准成本法的形成、1921年美国的《预算与会计法案》的颁布和1922年麦金西(J. O. Mckincey)的《预算控制》一书的问世、1922年奎因坦斯首次在其《管理会计：财务管理入门》一书中提出了“管理会计”的名称、1933年哈里斯的变动成本法的提出、20世纪50年代德鲁克的目标管理方法和希琴斯的责任会计的产生等，促使标准成本法、预算控制法和目标管理法从时态上进行有关对象的控制，构成了一系列以标准或目标为导向的管理体系。变动成本法按成本性态对成本内容的划分及在这一基础上的应用，对管理会计的发展和影响是深远和重大的，成为管理会计基本内容的重要标志之一。变动成本法的提出，便于管理者从成本的变动规律上管控成本。责任会计的提出，将一定的控制主体作为责任中心纳入被控制对象，形成一定控制主体的完整时态的控制体系。在20世纪20年代杜邦公司首先采用了杜邦分析法，用来分析评价企业的绩效。杜邦分析法是事后管理会计的工作内容。

20世纪50年代管理会计得到了世界会计师联合大会的正式命名，从管理对象发生的时间上进行的涵盖事前、事中和事后管理的体系已经基本正式形成。在这个阶段，人们受泰罗的科学管理思想的影响，对管理会计的认识是在通过标准、预算或目标的确定来控制一定对象的水平上，把管理会计看作是提供满足管理人员做出决策需要的会计信息的处理系统。在20世纪50年代前后已经开始采用电子计算技术进行管理会计信息的处理工作。

（二）管理会计2.0时代

管理会计2.0时代是深化的事前、事中和事后管理及战略管理会计的产生与发展，普遍采用计算机信息技术时期。这个时期是20世纪50年代至90年代初。

1. 预测和决策的一些统计和数学、运筹学、工程学和其他管理科学在管理会计的事前管理中得到应用，发展形成管理会计的预测和经营决策、长期投资决策的方法。零基预算法在20世纪60年代美国乔治亚州的政府预算编制中首次使用，后来逐渐被用于整个联邦预算的编制。20世纪70年代美国的德克萨斯仪器公司开始使用零基预算法。20 世纪 60 年代质量会计在美国产生和发展。

2. 作业成本法的产生。20 世纪 80 年代，作业成本法（ABC）的研究全面兴起，作业成本法也得到广泛运用。作业成本法的提出，在解决传统制造费用分配的合理性和提供相对真实信息以及在作业成本管理问题上有突破性的创新。

3. 在 20 世纪 50 年代至 90 年代初，我国具有本土特色的管理会计内容主要有经济活动分析、班组核算、资金成本归口管理、厂内银行、成本计划编制方法、成本核算方法、责任价格控制法、邯钢的“模拟市场核算和成本否决制度”等。欧阳清（1998）总结了我国在这一时期实施的管理会计的五个方面的成功经验，这五个方面的成功经验有：第一，成本计划方面，在实践中逐渐形成了一套比较完整的体系和编制方法，尤其是编制成本计划阶段的项目测算法。这一方法将成本计划降低额分为递延降低额和计划年度降低额，这样可以清楚的看到成本计划降低额中哪些是在上年末已经实现的节约额，哪些是计划年度通过职工努力才能实现的节约额；第二，成本控制方面（即成本日常管理），针对不同的成本项目采取了各种控制方法。材料控制实行限额发料制度，并通过分批核算法或定额核算法对原材料在生产使用中的数量差异进行控制；工资控制采用劳动定额、出勤率和非生产工时损失的控制，以及制定编制定员、落实工资基金指标的方法进行；费用控制实行费用指标分解到责任单位，并通过费用限额手册和厂币等方法对各责任单位费用支出进行反映和控制；第三，成本计算方面，创造了定额比例法，简化了完工产品和在产品之间的成本分配问题，创造了平行结转分步法，推行了成本计算定额法；第四，在成本分析方面，从开展一般的经济分析发展到联系企业生产特点的成本技术经济分析，从单纯的本期实际与计划、本期与上期相比，发展到同行业成本指标的对比分析，从以企业为对象的成本分析发展到深入企业内部各核算单位和部门的成本分析；第五，成本管理民主化和群众化方面，创造了成本指标归口分级管理，开展了厂部、车间和班组三级成本分析活动。

4. 战略管理会计的提出与发展。从 1981 年英国学者西蒙首先提出“战略管理会计”一词开始，有关战略管理会计研究全面兴起。美国的迈克尔·波特的价值链分析方法、桑克等（1993）的战略成本管理理论的提出，以及

20 世纪 80 年代后的大量研究者的研究将战略管理会计推向了新的高度。战略管理会计的提出与发展，使管理会计开始将管理扩大到长期、全面和根本性的管理上，跃上了新的台阶，进入了新的境界。20 世纪 80 年代全面兴起的战略管理会计，是管理会计发展的一次质的飞跃。战略管理会计的产生，突破了传统管理会计的框框。战略管理会计以其视野扩大到企业外部环境和企业的内部各个方面、实现内部环境分析与外部环境分析相结合、以长远发展为目标而使管理会计有了深度发展。关于战略管理会计的基本内容，有一些不同的认识，如有的学者认为包括价值链分析、竞争优势分析和成本动因分析；也有学者认为包括竞争环境分析及制定战略管理目标、投资决策、存货控制、成本管理、人力资源管理和绩效考评等内容。笔者认为，战略管理会计是从战略上进行资源配置的管理，涉及长期性、全面性和根本性的资源配置管理和创新管理，从具体对象的内容上看，应包括资源对外投放及其组合管理（包括企业并购或重组管理在内）、人力资源和其他资源对内投放的战略管理等内容。战略管理会计的程序包括战略制定（运用价值链分析、定位分析和成本动因分析等方法）、执行和业绩的考评等内容。

在绩效管理方面，经济增加值（EVA）和平衡计分卡（BSC）是两种在这个时期出现的绩效管理方法。1982 年美国思腾思特（Stern Stewart）咨询公司提出并实施的一套经济增加值业绩考核与评价方法（EVA）。EVA 是在责任会计的剩余收益的基础上发展形成的创新方法。一些世界著名跨国公司随之也先后实施了这一方法。平衡计分卡（Balanced Scored Card，BSC）是 20 世纪 90 年代初由罗伯特·卡普兰和戴维·诺顿提出的组织绩效管理新方法。BSC 在以战略为导向进行财务与非财务的业绩考评上有新的突破，也构成了战略管理会计的新内容。

业绩的考评系统是以业绩为导向的控制机制。作为导向的业绩考评指标有一个逐渐变迁过程。目前管理会计的绩效考评指标主要有利润率、报酬率和收益率指标，责任成本、责任利润、投资报酬率和剩余收益指标，经济增加值指标，平衡计分卡的战略性财务、客户、内部业务流程、学习与成长指标等。经济增加值和平衡计分卡业绩考评方法的产生，是管理会计的导向模式的进一步发展。传统的导向模式是标准成本法、预算控制法和责任会计。这些传统导向模式在考评成本管理、生产经营和不同责任中心业绩上起到专门的作用。显然，这些模式的业绩考评没有覆盖企业生产经营的全部内容，它们只是从以货币为主要特征的经济活动上考评资源配置管理的绩效。平衡计分卡的提出，是从战略上将考评的内容扩大到财务以外的其他生产经营活动的非财务绩效考评上。对企业的经营管理者来说，全面控制生产经营活动是需要全面执行战略的效果信息。由于一定部门的管理会计人员主要对与货币相关的经济活动进行管理，因此，在平衡计分卡中除了财务指标外的其他指标则并不全是一定部门管理会计人员可以操控的，需要企业管理指标归口的有关部门和全体员工共同努力和有效控制，才能保证有关指标任务的完成。

5. 这一时期在认识上主流观点一般仍然将管理会计视为信息处理系统。在信息技术上，电子计算机信息技术已被广泛运用到管理会计的各个方面，在一些企业的管理系统中已经嵌入了成本会计或管理会计模式，管理会计的电子计算机信息技术已经达到很高的水平。在20世纪80年代中期到90年代初期，一些企业成功地应用了信息技术，建立了各种信息系统，如管理信息系统（MIS）、事务处理系统（TPS）、办公自动化系统（OA）、决策支持系统（DSS）、企业资源计划系统（ERP）、供应链管理系统（SCM）、客户关系管理系统（CRM）、企业间信息系统（IOS）等，对管理会计的运行提供了强有力的支持，为企业带来了竞争优势和价值。

（三）管理会计3.0时代

管理会计3.0时代是管理会计的资金运用或资源运用管理新观念的提出及基于互联网和大数据时代的管理会计时期。这个时期的时间是20世纪90年代初至今。

1. 管理会计的资金运用或资源运用新观念的提出。传统认识一般将管理会计看作为信息处理系统。对管理会计的认识在20世纪90年代发生了变化。从会计对象入手，笔者在1993年提出管理会计就是资金运用管理的观点，认为“就管理会计所包括的内容——量本利分析、投资决策分析、责任会计和成本控制等上看，它实际上就是资金运用的管理”，明确将管理会计对象确定为资金运用和将管理会计确定为一种管理的活动。1997年7月由美国会计学会主办、清华大学、上海财经大学和中国会计教授会共同承办的“中国会计问题国际研讨会”在清华大学召开。笔者当时有幸参加这次会议，与中外会计学界的专家和学者们在一起就会计改革、会计教育等问题展开讨论，在谈到会计专业课程设置问题时阐述了笔者的“管理会计是资金运用管理”的观点，使这一观点具有了一定的国际影响。

具有国际性影响的国际会计师联合会（IFAC）1998年提出的新管理会计定义的核心思想是资源运用的管理，强调资源的有效运用和实现组织增值的目标。这一新定义的提出，在对狭义管理会计的认识上发生了突破性变化。依据这样的新认识，可将资源运用的内容确定为企业资金运用的管理会计内容。从1952年世界会计师联合大会正式提出“管理会计”名称到1998年IFAC的这一新定义的推出，对管理会计的认识由信息系统论向组织资源运用管理过程和技术论发生了重大的转变，在管理会计的认识上不再过分强调信息系统。“会计师们对管理会计职能的转换已开始发生了变化”（Paul A. Sharman，2003）。世界会计师联合会经过修订后的管理会计新定义最为重要的是“被富于更丰富的管理含义”，正如Paul A. Sharman（2003）所说，“IFAC对管理会计的新定义给我们开创了一个新的起点，我们现在要做的是设计工具及制定认证计划支持它。管理会计的学术研究人员和实务工作者应该自觉摆脱已有财务会计框架的影响，转向建立一套供管理会计师运用的独特的新体系。在这一新体系中，普通的规则仍然必需，但是仅有此是远远不够的”。“根据IFAC的研究，在管理会计师为之服务的环境中，很多情况发生了改变。相比1980年代中期，需要有复杂程度更高的管理会计。”

2. 超越预算（beyond budget）的提出。超越预算是在否定传统的预算管理的基础上提出的一种新的管理模式。1998年1月，国际高级制造业协会（CAM－I）专门成立的“超越预算圆桌会议”（Beyond Budget Round Table，BBRT）在研究传统预算存在的诸多问题的基础上，提出了放弃传统预算而采用超越预算的观点。超越预算分为财务预测和计划、以综合指标为基础的业绩评价系统和以相对标准为基础设计激励机制三个核心部分（Jeremy Hope、Robin Fraser，1998）。

3. 资源消耗会计产生。在20世纪初，美国会计学界又推出了资源消耗会计（Resource Consumption Accounting，简称RCA）。这一创新会计方法的推出，很快在美国会计学界“引发了一轮极有意义的美国式（made－in－the－U.S.）管理会计方法的研究”（Paul A. Sharman，2003）。作为一种新的成本管理方法，RCA结合了德国成本会计（GPK）的基本原理和作业成本法（ABC）的优点，是“以资源为中心、密切关注资源消耗量、并且考虑到成本性质会改变”（Clinton和Webber，2004）的方法。显然，这一方法相对于作业成本法来说是一种创新。

4. 2008年，美国管理会计师协会在1981年发布的管理会计定义的基础上提出了一个新的管理会计定义。这一新的定义突出的特点是强调管理会计师在当今组织中新的职责和作用，认为管理会计师要以战略合作伙伴的身份深度参与管理、绩效管理、规划、预算、风险管理、内部控制、财务报告、成本管理等活动，深度参与公司战略制定和执行，在管理会计身份和地位、职责和作用的认识上发生了深刻的变化。这一新定义的发布，试图化解管理会计师所面临的"身份危机"。

5. 在信息技术方面，从20世纪90年代初到21世纪初，电子计算机与互联网深度结合，使信息技术及其处理进入了互联网和大数据处理时代。"全球范围的经济增长及供给的增加诱发了日益激烈的竞争，需要有更加复杂的管理技术。计算与通讯技术的持续影响驱动着对知识含量更高、专业性更强的实际管理工作者的需求"（Paul A. Sharman，2003）。互联网和大数据处理技术全面影响着管理会计的工作，企业可以通过互联网将企业内部系统与外部系统相连接，可进入的有关外部数据库获取数据建立自己的数据库和分析有关数据、制定管理会计的战略和进行其他相关的工作。在互联网和大数据时代，丰富和共享的数据资源对企业管理会计工作，特别对战略管理会计工作提供了极大的方便，可减少工作中的失误和避免工作的片面性，为企业创造更多的价值。美国管理会计师协会在2000年发布了《理解并实施互联网电子商务》公告，该公告指出互联网已经成为世界上新商业模式的基础；互联网电子商务正在重新定义行业价值链，改变竞争规则，并且使创造动态竞争环境的时间和空间缩小。该公告还阐明了在"组织或个人主要利用电子（互联网）方式从事经营活动"的互联网电子商务中管理会计的主要作用。

第二节　在管理会计3.0时代应对所面临的挑战

近60年来，不论人们对管理会计的研讨是热烈还是冷漠，对管理会计的作用是肯定还是怀疑，管理会计的研究与应用依然坚持不懈地向前迈进和向纵深发展。基于对管理会计的界定和演变的认识，相对于60年前刚形成的体系来说，管理会计在多方面有深度发展，在管理会计3.0时代仍然要应对面临发展过程中的理论创新、应用开发、互联网和大数据的三大挑战。

一、应对理论创新的挑战

为应对理论创新的挑战，进行管理会计研究需要做好以下几个方面的工作。

1. 收集和整理截至目前、特别是近年来的国内外相关重大研究成果，明确进一步研究的前沿热点问题和制高点，确定研究的主攻方向和起点。在全面建设管理会计理论体系过程中，系统总结国内外重要的管理会计理论是非常必要的。重要的管理会计理论主要有预算管理、标准管理、战略管理、风险管理、绩效管理、成本核算、归口分级管理、内部经济核算、责任管理作业成本管理等理论。

2. 构建科学合理的具有中国特色管理会计理论体系。在2014年10月财政部根据《会计改革与发展“十二五”规划纲要》，制定发布了《关于全面推进管理会计体系建设的指导意见》，明确提出了全面建设管理会计体系的指导思想和基本原则、全面建设管理会计体系的总目标、相应的任务、具体措施和工作要求。长期以来，我国管理会计理论体系的基本内容基本依靠从国外引进和介绍，我国的创新理论较少，在一些基本理论问题的研究上还存在较大差异，如管理会计的定义、边界的划分、对象、目标和体系构建等方面的研究存在争议，需要我国研究者积极开展结合我国实际情况的研究，解决一些长期争议的重大问题。有关体系可以分为基础理论体系和应用理论体系，在基础理论体系建设中要进行有关框架和构成要素的创新研究。要积极开展基于我国实际情况的与经济学、社会学、心理学等边缘学科相关性的创新研究。要找出目前研究中急需解决的重点和难点问题，集中力量攻关，确定突破口，满足理论体系建设的需要。

3. 在管理会计理论研究中，应注意将国外理论与本土理论相结合，将理论与实际相结合，不断总结、提炼、升华来自实践的有效利用国内外理论研究成果的经验以及来自实践创新的管理会计方法，形成值得推广和具有普遍性的指导意义的理论。做好创新研究、应用研究一体化工作，加快让在试行中取得好的效果的管理会计方法得到推广，推动管理会计在实践中的进一步发展。要加强理论研究方法的学习，不断提高理论研究的水平，切实推出有价值的研究成果。有关研究方法不仅要国际化，更重要的是要先进化和科学化。

二、应对应用开发的挑战

为应对应用开发的挑战，要积极做好的工作主要有以下几个方面。

1. 进一步加强对各种管理会计理论与方法在实际工作中的运用进行调查研究，取得第一手资料。美国 IMA 和 E&Y 在 2003 年曾经就传统管理会计方法在企业中的应用进行了调查，得出传统管理会计方法仍在企业广泛使用的结论（Ashishi et al.，2003）。在 20 世纪 90 年代，国内外一些学者对我国实施管理会计的情况进行了广泛的调查。如：Scapens 和 Meng（1993）指出，1993 年以前西方的一些短期和长期决策制定和控制技术已被中国企业采用，这些技术包括量本利分析、责任会计、标准成本、差异分析、贡献分析、变动成本、转移定价以及投资评估技术。冯巧根（1997）在浙江省调查发现责任会计被广泛应用。南京大学国际会计系（1997）调查显示出，最常用的方法是那些与财务会计有很强相关性的方法（如成本、应收账款、收入等方面的管理和控制方法），具有很强的实践应用性的方法（如分部成本定额、费用分类管理等），得到推广的（如量本利分析）以及被认为有利于转型的方法（如基于目标利润和目标收入的预算）；与之相比，最不常用的技术是相对新的技术（如现金流量表、作业成本法以及邯钢的成本否决制）、理论简单但实际操作复杂的技术（弹性预算和零基预算）、缺乏管理需要的技术（经营杠杆以及敏感性分析）或者是使用起来比较困难的技术（例如，决策树和线性规划）。王立彦和张莹（2000）指出，90 年代末最常用的管理会计技术包括财务分析、本量利分析以及资本支出决策技术。南京大学会计学系课题组（2001）调查发现，成本管理方法方面，在被调查企业中有 51.4% 的企业采用了目标成本法，38.9% 的企业采用了计划成本法，18.1% 的企业采用了标准成本法；成本核算方法方面，有 57.1% 的企业使用品种法，41.5% 的企业使用分步法，5.7% 的企业采用分批法计算成本；制造费用管理方面，作业成本法在中国已有个别企业开始采用。从各有关方面调查情况看，有关管理会计方法在企业应用的情况还不均衡。我国可在一定机构（会计学会、总会计师协会等有关会计团体，财政部门，注册会计师行业、会计软件公司等管理会计服务机构，科研机构、各企业单位等主体单位）组织下对一定单位和部门、地区，乃至全国范围进行管理会计方法应用的进一步调查，彻底弄清应用现状，汇总各有关方面的调查成果，明确理论与实务的连接情况和深化发展的突破点、薄弱点和提高点。

2. 开展管理会计方法的开发应用工作，将所研究的具有实施可能性的方法转变为现实的方法。在开发应用中，可将有关方法进行整合利用，如将各种绩效管理方法与供应链管理、价值链管理、成本动因分析和精益管理等方法的整合应用，实施综合性的变革。要加强管理会计的制度法规、教育和组织建设。制定规范的操作制度法规和实施教育措施是关系到管理会计方法能否顺利与有效应用的问题。加强制度法规和教育建设也是我国财政部提出的两大任务和措施。企业可通过管理会计机构的设置和职责权限的科学划分来加强组织建设。

3. 借鉴国外富有成效的管理会计应用管理的经验。美、英等国家在管理会计应用和管理上开展了大量的工作，取得有价值的经验。如，美国管理会计师协会先后已发布了包括管理会计定义，领导力、战略与道德规范、科技支持，战略成本管理、企业绩效管理、企业风险管理和管理会计事务等内容的 4 辑管理会计公告。英国皇家特许管理会计师公会陆续发布了管理会计系列研究资料，为企业应用管理会计工具方法提供了一定的参考。我国可在国外管理会计管理部门现有的经验成果的基础上，以财政部门为主，结合各有关会计团体、管理会计服务机构、科研机构和企业单位的力量，制定系统的管理会计具体应用指南或指引（实际上是管理会计操作准则）。我国的管理会计应用指引体系与财务会计应用准则一样，可以分为基本指引和具体应用指引两个部分。管理会计基本应用指引是管理会计应用的一般准则，包括管理会计基本概念、基本内容、基本组织（部门或岗位设置）、基本对象（企业资金运用或资源运用）、基本原则、基本方法、基本目标等内容。管理会计具体应用指引是在基本应用指引的基础上开展具体管理会计工作的规范或指南，包括产品成本核算、全面预算管理、标准成本法、内部管理报告、作业成本管理、责任会计、资金和成本归口分级管理、平衡计分卡、经济增加值（EVA）和其他绩效考核、战略成本管理等具体应用指南。不论是基本指引还是应用指引，都应有指导实际应用的举例说明相配套，以帮助实际操作者方便掌握和有效应用管理会计方法。这里的举例说明与案例还不是一回事，举例说明是针对每一项指引的具体操作的应用引导，所举实例引导的结果往往是唯一的，而案例则是一种管理会计方法的综合应用，得到的结果可以不是唯一。在管理会计指引体系的构建中，不应将举例说明与案例操作相混淆。

三、应对互联网和大数据的挑战

为了应对互联网和大数据的挑战，应做好以下工作。

1. 建立基于互联网和大数据的数据处理系统或信息管理系统。伴随着云计算的普及、物联网和移动互联网的应用而发展起来的大数据时代，是数据爆炸式增长的时代。大数据的发展和应用已逐渐渗透到了包括管理会计在内的现代企业经营管理的各个领域。受到了前所未有的冲击的管理会计在日益激烈的市场竞争的环境中也必须有所变革，以适应快速的变化和企业单位不断发展的需要。大数据是指数据量规模巨大、复杂多样和流转速度快，含有对进行有效经营管理有价值的各种信息资源。一般认为，大数据具有的四大特点为四个“V”，即 Volume（大量）、Variety（多样）、Velocity（高速）、Value（价值）。从大数据的大量化上看，海量数据规模巨大，从各种源头源源产生；从数据多样性上看，数据类型复杂繁多，如文档、音频、视频、图片、地理位置信息、网络日志、网页、网站上客户的评价等多种多样的数据形式；从数据的处理速度上看，借助物联网、云计算、移动互联网、手机、平板电脑、PC 以及各种各样的传感器等数据来源或者承载的方式进行数据处理，处理速度极快，形成动态的数据系统；从数据的价值上看，价值密度相对较低，可从多种多样的数据中快速获得具有高价值的信息。基于大数据这四大特点，管理会计必须有效地利用互联网和其他现代技术对大数据进行收集、加工、掘取价值和加以利用，以便更好地发挥管理会计在价值创造上的重要作用。在系统建立中需要将各种相对独立的系统予以整合，如将 TPS、MIS、OA、DSS、ERP、SCM、CRM 和 IOS 等系统进行整合，建立大数据系统，收集、积累和整理大数据，充分满足管理会计各有关工作的需要。要注重在大数据系统建设上的资金投入，不断开发创新数据系统。我国管理会计信息化系统的建设和管理工作起步较晚。近十来年主要在成本核算、预算管理、作业成本管理和管理会计报告上建立了信息系统。为了确保有效应用管理会计方法，提供全面、多维、全过程的管理会计信息，有必要建立和完善管理会计信息化系统。企业单位的管理会计信息化系统应该将所采用的管理会计方法应用信息与相关的经营管理信息相连接，为管理会计的事前、事中和事后管理及战略管理提供可靠、及时、准确的信息。要加强数据或信息系统的建设和管理工作。

2. 要做好数据或信息系统的规划、执行和运行效果的评价工作，不断改进、完善信息系统建设和管理工作，提高信息系统的管理水平和投资回报率，充分发挥信息系统在管理会计信息技术支持上的重要作用。通过信息系统可以将企业实施各种管理会计工具的内部报告相连接，便于管理者分享。企业单位构建和管理管理会计信息化系统，要从战略的高度进行，管理会计的战略信息化系统要能为企业获得竞争优势提供支持，能协调和影响企业单位的经营战略，有助于企业单位不断发展壮大。我国在管理会计信息化建设和管理中应注意以下问题：(1) 对管理会计的战略信息化系统的构建应有充分的认识。目前对有关管理会计信息化建设认识还停留在对单个管理会计工具或单独一项管理会计信息系统的应用，以及管理会计方法应用信息化的描述和认识上，这种信息系统的认识是低端信息操作系统的认识，还没有将信息系统的建设与战略管理相结合，没有将管理会计信息与经营管理的业务信息、客户信息、财务信息等有效相结合和加以综合应用，使所建设管理会计信息化系统缺乏战略性。在管理会计信息系统开始构建时就应重视战略信息系统的建设和管理。(2) 在管理会计的战略信息系统建设和管理的资金、制度、组织、人才、目标、技术等方面要统筹安排，确保相关配套制度、机构设置和人员安排、人才培养等能够落实到位，加强对建设和管理人才的培养、引进和提高的力度，要有长远的谋划，要明确战略信息系统建设和管理的目标，注重信息技术的投入和应用。(3) 建设管理会计的战略信息系统的企业应制定和实施战略管理，通过相匹配战略信息系统来支持战略管理，使企业在持久的竞争中能保证信息的提供。

主要参考文献

冯巧根:《管理会计在中国的应用研究》,《会计研究》1997 年第 7 期,第 32—34 期。

胡玉明:《管理会计研究》,机械工业出版社 2008 年版,第 6—12 页。

刘爱东、蔡建平:"管理会计理论框架的研究综述",《当代经济管理》2007 年 2 月,第 29 卷(1),第 117—118 页。

南京大学会计学系课题组:"中国企业成本管理方法及其效果的调查分析",《会计研究》2001 年第 7 期:第 46—55 页。

欧阳清:"我国成本管理改革的回顾和展望",《会计研究》1998 年第 6 期,第 25—26 页。

孙茂竹、文光伟、杨万贵:《管理会计学》,中国人民大学出版社 1999 年版,第 1—4 页。

王斌、顾惠忠:"内嵌于组织管理活动的管理会计:边界、信息特征及研究未来",《会计研究》2014 年第 1 期,第 16 页。

王立彦、张莹:"会计信息的管理价值——管理会计的过去、现在和未来",《财务与会计》2000 年第 2 期,第 20—23 页。

维廉·L. 费拉拉:"成本/管理会计二十世纪的回顾与二十一世纪的前瞻",美国《管理会计》1995 年第 12 期;夏鹏、胡险峰编译,《会计研究》1996 年第 5 期,第 47—48 页。

许亚湖:"适应市场经济发展需要 改革会计专业课程设置",《会计研究》1993 年第 5 期:第 50—53 期。

于增彪:《管理会计研究》,中国金融出版社 2007 年版,第 20—24 页。

Appelo J.. Management 3.0 Leading Agile Developers, Developing Agile Leaders. Addison - Wesley Professional, 2011.

Ashishi, Debashis, Hddick J., Nowaki C.. Roles and Practices in Management Accounting Today. Strategic Finance, July 2003: 31 - 32.

Horngren C. T., Datar S. M., Foster G., et al.. Coat Accounting A Managerial Emphasis (Thirteenth Edition). Pearson Education, Tnc.. Upper Saddle River, New Jersey, 07458, 2009: 30.

Scapens, R. W. & Meng Y.. Management Accounting Research in China. Manangemnet Accounting Research. 1993. 4 (4): 321 - 341.

Sharman P. A.. The Case for Management Accounting. Strategic Finance, October 2003: 46 - 47.

第三章 管理会计的边界与基本内容

弄清管理会计与财务会计、财务管理之间的关系，是全面推进管理会计体系建设的需要，也是会计或财务管理学科发展的需要。本章根据“管理会计是资金运用管理”的观点，将广义财务管理分为狭义财务的管理、狭义管理会计和公开财务会计。对管理会计边界进行界定，有助于会计的分工与合工。狭义管理会计是在一定经济条件和充分考虑企业利益相关者价值最大化的情况下，通过资金的有效运用，以实现企业价值增值的管理活动。基于对资金运用管理的认识，本章将管理会计的基本内容分为基础层次管理会计和应用层次管理会计，并对这两个层次的管理会计做了具体的划分。

第一节 管理会计的边界

一、问题的提出

管理会计的定义，包括广义管理会计定义和狭义管理会计定义两种。广义的管理会计定义涵盖了狭义的管理会计、财务会计与财务管理的内容，是所谓“大会计”或“大财务管理”的定义。本章将主要讨论狭义的管理会计问题。长期以来，被人们普遍认为狭义的管理会计是从财务会计中分离出来或从传统会计系统中分化出来的一种独立的会计分支。那么，在这个财务会计或传统会计系统中是否包括财务管理的内容？从现有管理会计的基本内容上看，管理会计的形成既有提供按会计准则或制度要求编制财务报告的财务会计的内容（如成本会计），也有对财务活动进行管理的财务管理的内容（如存货控制）。在现有管理会计内容中，有的曾经就是财务管理的内容。可以这样认为，有些管理会计方法的产生，一开始就是作为财务管理的方法产生的。因此，进一步可以认为，狭义的管理会计就是从前述的传统会计系统与财务管理这两大活动领域中分离出来的，而不是单纯从传统会计系统中分离出来的。最初分离出来的财务会计的成本核算，财务管理中的预算管理、量本利分析、存货控制等内容，以及责任会计、变动成本法等新的方法，共同构成了 20 世纪 50 年代的管理会计体系，也形成了管理会计学科体系的基本内容。

作为一种以财务为对象进行管理的企业会计或管理是伴随着财务的产生和客观存在而形成与发展的。在 19 世纪 80 年代至 20 世纪 50 年代，一系列主要以成本为对象的控制、规划、决策的管理方法的产生，诞生了管理会计这一新的名称。从国内外一些管理会计教科书涉及的教学内容上看，不少列为管理会计的内容，如投资决策和存货决策与控制的内容，在财务管理的教科书中也有相同的内容，如在 20 世纪 70 年代美国小克利夫顿 · H. 克雷普斯和理查德 · F. 瓦克特的《财务管理》教材中就有利润计划编制中采用的够本分析、存货控制和资本预算等目前列为管理会计的内容。这使人们感到纠结，对管理会计与财务管理中相同的内容应该如何归类。在对管理会计内容问题的研究上的主要观点有包括了除审计以外的全部会计与财务管理的广义的管理会计（英国成本与管理会计师协会，1982）、包括除财务管理外全部会计的广义管理会计（美国全国会计师联合会，简称 NAA，1981）、资金运用（包括投资和资金耗费）管理（许亚湖，1993）、资源运用管理（国际会计师联合会，1998）和不涉及融资和投资只涉及资金耗费的经营会计（王斌、顾惠忠，2014）。美国管理会计师协会在美国全国会计师联合会 1981 年的定义基础上又于 2008 年提出的新的管理会计定义，新定义在内容上包括了提供财务报告的内容，可以说新定义也是广义管理会计的定义。前述管理会计内容的第一种观点是最宽泛的管理会计观点，第二种观点实际上是大会计的观点，后三种观点是狭义的管理会计观点，但狭义的范围有所不同资金运用或资源运用管理在范围上要大于资金耗费的经营会计。显然，这里需要解决的问题是，管理会计与财务管理、财务会计之间到底是什么关系，应该如何正确界定管理会计的边界。弄清管理会计与财务会计、财务管理之间的关系，明确有关边界，是全面推进管理会计体系的建设和会计或财务管理学科发展的需要。

管理会计的产生，被人们认为是财务会计人员长期不断努力的结果。

“从许多方面看，管理会计的概念体现出了财务会计人员的努力方向”（迈克尔·查特菲尔德，1977）。基于这样的认识，人们“以财务报告的思想指导管理会计”，把管理会计也看作为与财务会计具有相同的核算特点的一种主要对内提供报告的信息系统。随着认识的深化，人们逐渐发现管理会计除了提供信息的内容外，还有直接参加重大经营预测、决策、规划和控制等管理活动，更具有管理的特性。“北美的管理会计师协会发起了一场与会计划分界限的活动，试图通过强调管理会计的管理一面，努力将管理会计摆放于更有战略地位的框架中”（Paul A. Sharman，2003）。不过，Paul A. Sharman（2003）认为，要“将会计涵盖于管理之内而不是予以摒弃”。这也就是说要将全部会计都视为管理活动。那么，管理会计到底是一种信息系统，还是大于信息系统的管理活动？

二、管理会计边界的界定

（一）狭义财务管理的资金运用管理就是管理会计

目前有关管理会计、财务会计和财务管理工作都是企业对财务进行管理的活动。我国有学者认为要围绕财务会计、财务管理与管理会计的融合，探讨管理会计的边界问题（王斌，2013）。我国的财务管理理论一般认为，财务是企业在生产经营过程中的价值方面——资金运动及其所产生的经济关系，这种资金运动包括资金的筹集、运用和分配，其中资金运用包括企业对长期性与短期性资产的投资和耗费。通常所说的财务管理是指对资金筹集、运用和分配活动及其产生的经济关系的管理。从目前所涉及的管理会计与财务管理内容上看，二者有重复和有争议的内容表现在资金运用管理上。笔者认为，企业的财务可以分为狭义的财务与广义的财务，狭义的财务仅仅指资金的筹集与分配，广义的财务包括资金筹集、运用和分配在内的全部活动内容。在企业取得所有者权益资金和债权人的债务资金后，将资金交给经营者管理，经营者要根据企业战略目标，对所取得的资金进行投放、耗费和绩效的管理，对运用资金进行管理成为财务管理工作的重要内容。对运用资金的管理实际上就是目前的管理会计内容。

在19世纪80年代至今的有关研究中，研究者们从多方面研究企业长期资产和短期资产的优化配置问题，探讨对生产经营成本进行预测、决策、规划、控制、核算和考核等的管理理论与方法。毋庸置疑，目前列为管理会计的系列理论与方法，在近100多年来极大丰富和发展了财务管理中的资金运用管理的内容。将管理会计界定为资金运用管理，也与国际会计的权威组织——国际会计师联合会（IFAC）的认识是一致的。IFAC的认识是基于会计师们对管理会计职能的转换的新认识。IFAC在对1988年《国际管理会计实务综述1》（IMAPS1）的“管理会计的概念”条目修订后，于1998年推出了新的管理会计定义，这一定义是“管理会计是专施组织资源运用（resource use）的管理过程，因此，管理会计是通过对动态与竞争环境中组织资源的有效运用（effective use of resources）以实现组织的增值（adding value）的管理流程和技术”。因为资金是企业的经济资源，所以，可以这样认为，IFAC的管理会计定义中的“资源运用”也就是“资金运用”。

（二）管理会计具有信息系统处理的功能

长期以来，会计被人们普遍看作是一种信息处理系统，具体到财务会计上就是一系列财务会计信息确认、计量、记录和报告工作。现有的观点大多将财务会计界定为对企业历史的资金运动全面系统的反映和监督，主要为外部与企业有经济利害关系的投资人、债权人和政府有关部门提供企业的财务状况与盈利能力等信息的信息处理系统。其实，这一定义没有反映财务会计的实质内容。实际上，财务会计是通过确认、计量、记录和报告等方式反映和监督企业财务的管理活动，所反映的财务信息既有历史的，也应该有未来的；所产生的信息既对外部提供，也对企业内部管理者提供。目前所说的财务会计严格来说是公开财务会计，所提供的是按公认会计准则或具有法规行政性质的会计准则处理的、得到公开认可的、比较完整和系统的财务信息，除此之外，财务会计还提供非公开的财务信息，财务会计所提供的非公开的财务信息可能是完整的，也可能是部分的，这些信息是反映资金运用的信息，如人力资源会计信息、环境会计和质量成本信息等，非公开财务会计的工作内容实际上就是管理会计所要做的工作。应该说，管理会计具有信息系统处理的功能。从财务的基本内容上看，说财务会计是财务信息处理系统，而说管理会计不是财务信息处理系统就显得不够妥当。公开财务会计是公开披露历史信息还是未来信息，就取决于一定时期的企业外部有关方面的认可程度及外部要求和内在需要。从财务这一对象上看，财务会计理所当然应该提供财务信息，并且根据信息需求者的要求也可以提供与财务密切相关的非财务信息，以便有关方面做出正确的决策。美国管理会计师协会将管理会计所提供的财务信息称为“信息价值链”的信息。管理会计的信息系统的建设是满足管理会计提供财务信息的需要的重要保证。

（三）财务管理、管理会计和财务会计内容划分

基于上述认识，可将财务管理、管理会计和财务会计重新界定为狭义财务的管理（资金筹集和分配管理）、管理会计（除非公开财务会计外的资金运用管理和非公开财务会计）和公开财务会计。这些内容都是广义的财务管理（也可以说是广义的财务会计、大财务管理或大财务会计、大会计。笔者在 1993 年也曾将这一广义内容称为以财务为对象的“广义的财务会计”）的内容。公开的财务会计要按会计准则的要求提供反映企业资金筹集、运用和分配的公开的财务信息。这里需要进一步说明的是：（1）所有公开财务会计信息的处理都是公开财务会计的内容；（2）管理会计进行资金运用管理需要使用所有资金运用管理及其相关信息，包括公开的财务会计报告项目、数额和使用者等财务信息在内，也要进行一些资金运用管理的直接核算工作，如按产品成本核算制度进行成本核算，提供内部产品成本报表。一旦产品成本核算所确定的在产品、产成品存货成本和销售产品成本作为公开财务报告内容的一部分时，有关产品成本信息的处理就进入公开财务会计领域，不再是管理会计的工作。管理会计的产品成本核算满足了向公开财务会计提供财务信息的需要。为了有所区分，上述具体的资金筹集、运用和分配环节的管理中不涉及公开财务会计的内容。财务会计只具有核算的职能，反映企业的财务，而不包括核算内容的财务管理则具有预测、决策、预算、控制、考核和分析的职能。因为公开财务会计内容实际上就是现在一般所说的财务会计，所以也可在以下的有关论述中仍然将其称为“财务会计”或传统财务会计。

（四）管理会计是对资源投入、成本（耗用）和绩效（产出）的管理

在资金运用的管理上，管理会计要解决两个重大问题，即一是对所取得的有限资金投入到合适的长期资产和短期资产上并加以有效地耗用的管理问题，二是通过资源的投入和耗用产生的效益的大小及其管理问题，简要地说

就是资源投入、耗用与绩效（产出）管理的问题。在现有的国内外管理会计学教科书上，有关企业资源投入和耗费的管理内容主要有长期资产的长期投资决策、存货决策与控制、本量利分析、短期经营预测与决策、预算、实际变动成本法和完全成本计算方法、标准成本法、作业成本法、责任会计以及战略管理等；在投入资源带来绩效的管理上，有定价管理和业绩考核与评价等。这些内容涵盖了目前财务管理教科书上除了资金筹集和利润分配管理以外的全部内容。管理会计边界的界定对会计学科或财务管理的基本内容的确定和基本关系的厘清是有益的。

三、管理会计的分工与合工

管理会计边界的界定，在解决管理意义上分工与合工问题上是有重要价值的。分工与合工是现代管理中十分重视的问题。正确地将企业大会计或大财务管理分为传统财务会计、管理会计和狭义财务管理三个部分，是有利于大会计系统的分工和合工的。在一个大会计或大财务管理系统中，可对管理会计按不同类别组织工作、设置管理部门、划分职责权限和设计工作流程，以提高工作效率、实施专业化和职能化管理。有关划分也有利于进行不同类别理论的专门研究。但在实际工作中，这种分工在一个大会计或大财务管理系统中，不应是绝对的和固定不变的，可以对有关分工进行适当的整理和合并，简化流程和减少层次，精简组织机构，共享组织信息和决策权等合工，从而降低管理成本和提高效率。在划分中，将有关投资活动的管理列为财务管理还是列为管理会计，都不应影响大会计或大财务管理系统的正常运行，在大系统中可以协调处理。在现代信息技术条件下，进行有关活动的合并和简化是具有可能性和现实性的。例如，在现代信息技术条件下，企业就某项目进行投资，可将传统财务会计的财务报表分析、融资和利润分配管理、投资管理这些涉及三个领域的内容合并组成管理项目，进行专门项目的合工管理，使管理流程具有经济性，从而提高效率和创造更大的价值。

四、企业及利益相关者价值与管理会计

实现组织价值增加是现代管理会计期望实现的重要目标。国际会计师联

合会（1998）在管理会计定义中明确确定管理会计的目标是通过对组织资源的有效运用以实现组织的增值，我国近年来也有学者认为管理会计的本质属性是价值升值（如余恕莲、吴革，2006），管理会计应当高度关注价值驱动因素，以实现其价值增值的目标，管理会计的核心目标是为组织创造价值（王斌、顾惠忠，2014），要以管理会计为主搭建企业精细化价值驱动因素的信息平台（王斌，2013），提出了产品（服务）品质、客户满意度与社会责任等价值驱动因素（王斌、顾惠忠，2014）。在管理会计的价值链分析中也涉及到顾客价值和其他有关方面的价值问题。那么，如何正确认识管理会计学或财务管理学意义上的企业价值、客户和其他有关方面的价值呢？

关于价值，在哲学、经济学、管理学和财务管理学上有一些不同的表述。从哲学上看，价值是一定主体对客体属性的某种肯定性衡量。从经济学上看，价值是对一定劳动物品、事项等一般劳动与效用的衡量，这就有了交换价值和使用价值。交换价值通过物品或交易事项的价格来确定大小，体现了人类的一般劳动。目前学术界相关研究涉及的企业的价值有企业财务管理学的价值、金融经济学的价值和管理学的价值等。从财务管理学的企业价值上看，我国学术界一般认为，企业财务的本质是企业生产经营过程中的价值运动及其所产生的经济关系，企业财务管理中的企业价值是通过资金、成本、费用、收入、利润、每股收益、所有者权益、预计未来现金流量的现值、Tobin Q 值（企业总资本的市场价值与企业总资本的重置成本之比）等指标来衡量的，这些价值都属于用金额来表示的交换价值。金融经济学的企业价值是企业预期自由现金流量的现值。企业将拥有的资源投入生产经营中以获得一定时期的收入，在弥补一定时期所有投入或耗用的资金后实现价值增值。企业的价值增值，包括利润、所有者权益、预计未来现金流量的现值和资产等的增加或提高。所有者权益和预计未来现金流量的现值需要根据评估的方式和标准，通过会计计量确定。管理学的企业价值则强调使所有与企业利益相关者（包括股东、债权人、管理者、普通员工、供应商、顾客、政府、社区团体和公益社会等）均能获得满意回报的能力，企业使利益相关者的回报得到增加就是企业价值的增值。管理学的企业价值目前也被纳入财务管理之中，有学者还提出了以相关者利益最大化作为财务管理目标的观点。这些价值观点是从不同视角提出的，在研究时可以将这些价值观点综合加以考虑。

笔者认为，从管理会计视角上看，企业价值应该包括生产经营者价值和相关利益者价值两个部分。在企业价值内容的确定上，只单独考虑股东权益、以生产经营者价值表现的企业价值和与企业相关的利益者价值某个方面的价值都是不全面的。利益相关者价值的观点是基于利益相关者的公司理论和企业所面临的客观现实情况提出的。利益相关者公司理论不同于股东优先公司理论，企业与企业的利益相关者之间存在着互相依赖和相辅相成的关系，企业要想生存和发展离不开利益相关者的贡献与支持。没有利益相关者的持续贡献和支持，企业的生产经营利益就得不到保障。在企业价值的创造过程中，不应忽视相关利益者价值的增加。

企业生产经营者价值可以通过资产的价值、利润（包括成本、费用、收入）、所有者权益的价值、预计未来现金流量的现值、Tobin Q 值等经济指标来衡量。通常所说的企业价值指的就是生产经营者价值。在现代企业制度下，生产经营者是企业的代表者，承担着企业长期稳定生存和持续发展的重要责任，在生产经营者经营管理下，企业资产、利润、所有者权益、预计未来现金流量的现值和 Tobin Q 值等有所增加就表示企业价值的增加，企业发展能力强。对生产经营者价值的衡量形式有账面价值、市场价值、评估价值、清算价值、拍卖价值、重置价值等。这些衡量企业价值的形式要根据企业生产经营的不同情况（如股票价格的确定、企业出售、破产清算等）而选择使用。

从企业生产经营上看，与企业价值直接相对应的有顾客价值。顾客对公司的要求不仅是价格公平合理，而且还期望及时提供高质量的产品或服务，这些是顾客价值。顾客价值实际上包括了交换价值和使用价值两个方面的内容，顾客价值的增值要求是公司以最低的可察觉价格（Perceived Price）向顾客提供最高的可察觉使用价值（Perceived Use Valve）。公司的生产经营价值的高低就取决于成本和使用价值的生产经营有效性的高低。企业的生产经营价值增值就是在生产经营充分满足顾客需要的具有一定使用价值的产品或服务条件下的成本降低和利润增加。关于顾客价值与企业生产者价值的关系处理，英国学者福克纳和鲍曼（1997）提出了顾客价值与生产者价值矩阵分析方法，根据这一方法的分析进行相应的战略选择。由此可知，一般所说的企业价值链是企业根据自身情况，以顾客价值为导向，在提高顾客价值的同时提高企业价值的相互联系的活动。

在现代企业生产经营过程中，与企业存在利益上联系的不仅仅是顾客，还有股东、供应商、债权人、员工和其他相关者（具体包括政府、社会团体和社会公益组织等）。从企业价值与顾客价值进行价值链管理的观念是传统的管理观念。要突破从企业价值与顾客价值关系上管理企业价值链的传统观念，就需要从企业价值与利益相关者价值上全面和系统管理企业价值链。利益相关者价值反映了利益相关者在对企业生产经营有所贡献的基础上期望获得其产品或服务的使用价值和交换价值。利益相关者价值理论强调利益相关者对企业生存和发展的支持、投入与产出情况。

企业对利益相关者价值的满足程度和利益保障程度可以通过一系列指标衡量，这些指标构成了企业价值的组成内容，是反映企业满足利益相关者价值能力的指标。在全面和系统管理的企业价值链中，从企业管理视角考察的对利益相关者价值的指标各有不同。(1) 对股东的价值是通过每股收益和资本保值增值等指标衡量股东投入资本后所获得的回报，企业通过加强生产经营管理来降低成本和获得最大利润，创造更多的生产经营者价值，从而使股东获得最大的利益。基于现代企业所有权与经营权的分离，作为委托者的股东仍然是利益相关者中最为重要的利益者。(2) 对债权人价值是通过流动比率、利息保障倍数和资产负债率等指标衡量债权人投入资金所获得的回报。(3) 对管理者和普通员工价值是通过管理者持股的获利水平、工资福利增长率、员工获得的报酬与主营业务收入的比率、生产经营安全和改善生产经营环境支出比率等指标衡量管理者和普通员工贡献体力和智力劳动后所获得的回报。这里将管理者看作为是企业的高级员工。企业通过报酬设计、持股计划和其他为员工专门支出来反映对员工劳动付出的回报。(4) 对供应商价值是通过应付账款周转率、现金与应付账款比率和应付账款比率等指标衡量供应商提供生产经营所需资源而获得的回报。(5) 对顾客或用户的价值是通过主营业务成本率、主营业务收入增长率、销售净利率和顾客使用企业产品或服务的安全（如食品安全）支出比率等指标衡量顾客给企业带来收入所获得的回报。(6) 对政府的价值是通过资产税费率、主营业务收入净税费率、所得税比率和税金增长率等指标衡量政府提供服务所获得的回报。对社区团体和公益社会价值是通过捐赠、环保、事业赞助等支出与主营业务收入的比率指标衡量等社会团体和公益社会在社会服务、保护环境、促进社会公正等活动后获得的经济支持。对利益相关者价值衡量除了考虑交换价值指标外，还应考虑提供符合有关方面质量要求的具有一定使用价值的产品或劳务指标。

综上所述，笔者认为，狭义的管理会计，是在一定经济条件和充分考虑企业利益相关者价值最大化的情况下，通过资金的有效运用，以实现企业价值增加的管理活动。这一定义反映了管理会计的本质。管理会计在实现价值增值过程中，要寻找和确定对利益相关者价值的驱动因素（价值动因），识别企业价值增值活动与非增值活动，消除非增值活动，通过增值活动的进行使企业价值有所增加。企业进行价值创造，是生产经营者价值和利益相关者价值的创造。在管理会计活动中，管理会计要追求企业资源的最有效利用。

第二节　管理会计的基本内容

关于管理会计的基本内容，至今尚无统一的定论。管理会计的基本内容与管理会计体系建立密切相关。教科书上和我国不少学者一般认为，管理会计主要是为企业内部经营管理服务的，其体系包括用于事前规划的决策计划会计和控制与业绩考核评价会计两大部分。目前在这两大会计的基础上，又增加了第三部分——战略管理会计的内容。在决策与计划会计部分具体包括成本形态分析、成本—业务量—利润分析、经营预测、短期经营决策、长期投资决策、全面预算等内容，在控制和业绩考核评价会计部分具体包括变动成本法计算、标准成本法、作业成本法、存货控制（也有教材将其列为短期决策的内容）、责任会计、业绩考核与评价等内容。我国有学者（如潘飞，2003）将管理会计的内容分为评价过去、控制现在、筹划未来，并强调筹划未来是管理会计的重点内容。这些管理会计内容的确定，是按管理会计的职能划分确定的。笔者认为，管理会计的内容首先可按层次分为基础层次管理会计和应用层次管理会计。基础层次的管理会计内容包括管理会计的主体、客体（对象）、目标和方法。应用层次的管理会计可按战略管理过程分为战略制定会计和战略执行或实施会计，战略执行会计包括事前、事中和事后管理会计三个方面的具体内容；还可按管理会计的对象——资金运用分为流动资产、长期资产和资产综合运用管理三个方面的内容。

基础层次的管理会计内容是对管理会计内容高度抽象概括形成的。管理会计的主体是管理会计人员，包括专职的管理会计师和从事具体的管理会计工作的人员的专业管理能力、管理素质、意识、组织结构和相互关系的处理等；管理会计的对象是指企业的资金运用，具体包括资源、成本和效益等内容；管理会计的目标是在企业使命下的实现包括生产经营者和利益相关者价值在内的企业价值最大化；管理会计的方法包括战略制定方法和战略执行方法，其中战略执行方法包括涵盖事前、事中和事后管理的预测、决策、预算管理、控制标准法、产品生产成本和期间成本核算、责任会计、业绩考核评价、原则和具体的操作规则等方法。需要说明的是在管理会计的基本要素内容上认识上还不统一。在管理会计对象的认识上，存在诸多理论观点，如除了前述的现金流动论（余绪缨，1985）、价值差量论（青光源，1986）、资金总运动论（孙宝厚，1987）、信息运动论（李天民，1994）、企业经营活动的价值运动论（孙茂竹等，1999）、资金运用论（许亚湖，1993）、组织资源运用论（国际会计师联合会 IFAC，1998）、不包括融资和投资活动的经营活动论（王斌、顾惠忠，2014）等。在管理会计目标的认识上仍然存在争议，至今尚无权威和公认的意见，如美国会计学会认为，管理会计的目标是为企业的管理者服务，帮助企业管理者制定合理的经济目标，并为实现预定的经济目标而进行合理的决策；我国学者孙茂竹、文光伟、杨万贵（1999）认为，管理会计的最终目标是提高经济效益，分目标是为管理和决策提供信息和参与企业经营管理。

在应用层次按战略管理过程划分的管理会计内容有战略制定会计和战略执行会计。战略制定会计包括战略分析和战略的评估选择等内容，在管理会计中常用的战略分析方法有价值链分析、战略定位分析（政治法律、经济、社会文化和技术——PEST 分析，优势、劣势、机遇和威胁——SWOT 分析、波特的五种力量或因素——产业内现有的竞争者、潜在的进入者、替代者、顾客和供应商——分析、波士顿矩阵分析和产品生命周期分析等）、成本动因分析、波特的三种基本竞争战略（总成本领先战略、差异化战略和目标聚集战略）分析和投资决策分析等；战略的评估选择包括评估选择的标准、方法等内容。战略执行或实施方法包括实施的基础建设，事前、事中和事后控制相结合的方法等，实施的基础建设包括组织结构安排、文化和信息系统的建设等内容，事前、事中和事后控制相结合的方法包括前述的预测、决策、预算管理、控制标准法、产品生产成本和期间成本核算、责任会计、业绩考核评价等方法。

按管理会计对象——资金运用划分的管理会计内容包括流动资产运用、长期资产运用和资产综合运用管理三个方面的基本内容。企业从所有者和债权人处取得的资金在应用中形成了不同的资产。从流动资产运用的管理上看，管理会计中与产品有关的管理方法有产品生产和定价决策、标准成本法、成本核算方法、预算管理法、变动成本法、质量成本会计和作业成本法等；与材料物资、产品和商品有关的管理内容有存货控制；与人力资源有关的有人力资源会计；与流动资产综合运用有关的有销售、成本、利润、资金需要量等经营预测、短期生产经营预算管理以及日常控制等；与长期资产运用有关的管理内容有长期投资决策、资本预算管理和日常控制等；与资产综合管理有关的内容有环境管理会计、战略管理、风险管理、绩效考核评价和管理会计的报告（非公开财务会计报告）等。

主要参考文献

迈克尔·查特菲尔德：《会计思想史》（1977 年）（中译本），中国商业出版社，1989 年版，第 280 页。

潘飞：《管理会计》，上海财经大学出版社，2003 年版。

彭韶兵、郑伟宏："企业转型升级、成本管控优化与管理会计本土化研究——中国会计学会管理会计与应用专业委员会 2013 年学术研讨会综述"，《会计研究》2014 年第 2 期。

王斌、顾惠忠："内嵌于组织管理活动的管理会计：边界、信息特征及研究未来"，《会计研究》2014 年第 1 期。

许亚湖："适应市场经济发展需要　改革会计专业课程设置"，《会计研究》1993 年第 5 期。

余恕莲、吴革："管理会计的本质、边界及发展"，《经济管理》2006 年第 6 期。

Paul A. Sharman, The Case for Management Accounting, Strategic Finance, October 2003: 43 - 47.

第四章　预算及其管理问题研究

本章将阐述预算及其管理的基本模式、预算及其管理的作用、预算和预算管理模式的分类、预算编制程序模式等基本原理，对国内外预算管理的研究现状、实施现状和主要研究问题和成果，并对有关问题进行更为深入的研究。全面预算与综合经营计划有相同之处和不同之处。将本土的综合计划与引进的全面预算相结合，再增加和调整有关内容，可形成全新的“全面计划”管理体系。包括全面预算在内的综合经营计划控制属于综合价值标准控制。超越预算模式是市场价值标准与社会价值标准相结合的控制模式。预算编制的起点是与不同时期战略控制层次相联系的经营目标。确定全面预算编制起点的经营目标，要遵循九项基本项原则。全面预算管理方法与超越预算管理方法可以结合运用。

第一节　预算及其管理的基本原理

一、预算和预算管理的概念

预算是企业单位战略的组成部分，是战略计划的具体化表现，战略计划反映了一定组织和一定时期战略的具体安排，包括定量和定性两个方面的内容。预算是以战略为导向，基于预测和决策活动，按专门的方法和程序，确定实现决策目标的未来一定时期的以财务指标和非财务指标表示的定量性计划。

从以战略为导向上看，预算的确定要以所制定的战略为依据。任何企业单位在预算的确定过程中都不会或不应该脱离战略。只有当预算与战略紧密联系时，才能最大限度地发挥预算的作用。企业战略通常按公司的经营管理层次分为总公司层的总体战略、经营单位层的经营战略和职能层的职能战略三个层次战略，也有公司将总体战略与经营单位战略合并为一个层次的经营战略。企业长期预算（如资本预算）要与总体战略和经营战略相联系，而短期预算则要以职能战略为基础制定。（1）企业总体战略一般包括发展战略、稳定性战略和撤退性战略三大部分，其中，发展战略包括集中战略、一体化战略和多元化战略等；稳定性战略包括无变化、维持利润、暂停和慎重等维持性战略；撤退性战略，也称为紧缩型战略，包括转变、放弃和清算战略等。（2）经营战略是总体战略的具体化，一般包括基本竞争战略和业务投资战略，其中，基本竞争战略包括成本领先战略、差别化战略和市场集中化战略等。（3）职能战略又是经营战略的具体化，是企业各个职能部门的短期战略，如材料采购、市场营销、研究与开发、人力资源、生产和财务等战略。短期预算的确定通常是以职能战略为直接依据的。三个层次的战略是由粗略到细化变化的。总体战略和经营战略通常由企业高层管理者提出，如董事会根据基本竞争战略提出下年度利润增长的经营战略要求，企业在确定预算时就要根据这一要求进行。Neely 等（2001）认为，传统预算与战略基本上没有联系，管理的注意力多集中在短期经营细节，而不是关注长期战略执行情况，经调查显示有 60% 的组织没有将战略与预算联系起来。

预算的确定要通过预测和决策两个基本活动环节。预测是指运用适当的科学方法和技巧，根据有关的历史资料、现实状况和未来状况的新资料，对研究对象的未来状况和发展趋势所进行的预先估计、推测的过程。按预测的时间分为长期、中期和短期预测。通常长期预测是指预测期在五年以上的预测，中期预测是指预测期在一年以上和五年以下的预测，短期预测是指预测期在一年以下的预测。也有观点认为长期预测是指两年以上的预测、中期预测是指三个月至两年的预测，短期预测是指三个月以下的预测。在按时间划分预测时，也可将预测分为短期预测（一年以内）和长期预测（一年以上）两类。具体到企业，预测期就根据企业的具体情况而定。按预测的内容划分，预测可分为销售、目标利润、成本和综合预测。按预测的方法可分为定性预测、定量预测和综合预测。

决策是指为达到预定的目标（如达到利润增长的目标），在若干个可供选择的可行性方案中选择最优方案的过程。按决策时间的长短，决策可分短期经营决策和长期决策。短期经营决策是一般只涉及一年以内经营活动的决策，如生产和销售决策等；长期决策只指决策期超过一年的决策，如固定资产更新改造和新产品试制开发等决策。预测和决策的程序归纳来看，是确定预测和决策目标、收集资料、估计和推测、得出预测结果、形成多个可行的备选方案，比较分析和评价可行方案，选择确定最优方案。Charles T. Horngren、Srikant M. Datar 等（2010）将编制预算前的预测和决策过程分为确定问题与不确定性、获取信息、预测未来、选择方案做决策、实施决策、评价业绩与学习。在我国有关预算管理的教学、研究和实务中，普遍不够重视将战略、预测和决策环节与预算相衔接的过程，战略、预测和决策与预算各自独立，存在脱节的问题，甚至产生了有关预算编制起点的不够正确的认识和争议。在预算起点的认识上，有观点认为不是销售，而是利润。笔者认为，利润目标实际上是在战略制定环节已提出，再通过预测和决策予以确定，然后根据市场信息和其他相关信息，如价格信息，从销售价格和数量上预计销售收入，开始确定预算的工作。从这个意义上说，具体预算编制的起点是销售收入；从整个体系上看，预算确定的起点可以说是战略，如战略利润目标。

预算管理是企业管理的组成部分，也是战略管理的定量管理部分。预算管理，也称为预算控制，是通过预算的编制，以所编制的预算为管理的依据进行预算的执行、控制、业绩衡量、纠偏和调整，对企业经营进行管理或控制的活动。预算管理是对企业材料采购、市场营销、研究与开发、人力资源、生产和财务等的数量方面内容进行的以预算为手段的管理，也是以战略为基础，以所确定长期预算和短期预算为依据进行的管理，从而保证企业战略的实现。预算管理涉及事前、事中和事后管理的内容，共同构成了完整的控制体系。预算的事前、事中和事后管理也可以说是前馈控制、同期控制和反馈控制。预算的前馈控制（feedforward control）是根据内外部有关信息，在预算发生之前就确定的有关数量发生范围和方向，对预算管理系统的预算值进行的控制。预算的同期控制（concurrent control）是在一定时期内预算执行过程中的控制。在预算的同期控制中要求管理者及时了解实际发生而与相应的预算额之间的偏差并迅速处理偏差，观察和监督执行预算人员的实际工作并及时对发生的问题进行调整处理。预算的反馈控制（feedback control）是对一定时期预算执行后的结果进行的控制。在预算的反馈控制中，管理者可获得预算执行结果的信息、与预算相比较的一定时期的差异（如一个月的差异），并将差异传送到预算管理的组织部门处理，根据差异采取适当的措施对预算进行维持和修改以及纠正预算执行工作的不当、对预算松弛情况进行调整处理和对执行预算的员工进行必要的奖惩，以充分调动员工执行预算的积极性。这三个方面的控制共同构成了一个完整的预算复合控制系统，预算的前馈控制与反馈控制的区别还表现在前馈控制是由因推定未来一定时期的果，要在控制可能产生预算差异原因的基础上确定预算；而反馈控制是由一定时期的果来查处因，要根据一定时期预算执行的实际结果来查明造成预算差异的原因和采取措施进行控制；而预算的同期控制则是在一定时期内随时进行的由果来查处因的过程。

二、预算及其管理的作用

关于预算及其管理的作用，包括以下几个方面：(1) 预算可将企业战略数量化和具体化。通过预算的编制，可以将企业的总体战略、经营战略和职能战略通过数量予以具体化，便于管理者执行和控制，企业的战略应该尽可能定量化。(2) 明确目标。以预算作为经营管理目标有利于明确企业各部门和环节的具体任务，以便有关部门和环节按目标的要求采取有关措施进行预算的控制，从而争取达到目标的要求。(3) 有利于控制经营活动。预算既是一种目标，也是一种控制的标准。这种标准是衡量预算执行工作业绩的重要尺度。在预算实际执行过程中，管理者通过实际经营活动的具体数量与预算进行对比，可以揭示存在的差异，从而分析造成差异的原因，以便采取有效的措施进行纠偏和调整，保证战略的顺利实施。(4) 便于业绩衡量、评价。企业将预算分解落实到一定的责任主体，根据预算对经营各环节和各部门责任主体的业绩进行计量、评价和考查，提高员工完成预算的积极性，激励员工为实现目标去努力工作，不断提高有关主体预算执行的水平。(5) 资源的有效配置。预算反映了企业为实现战略将要投入和耗费的各种资源，如材料采购、市场营销、研究与开发、人力资源、生产等方面的资源运用，预算的确定为合理和优化配置企业的各项资源提供了重要依据。(6) 企业内部各部门和环节的协调配合。预算一般是根据企业内部各部门和环节的未来一定时期的经营情况确定的，是各部门和环节财务和非财务内容的综合。在预算的确定过程和执行过程中，要协调各有关部门和环节的工作，就要做好综合平衡工作，协调各有关方面的利益，使各有关方面的工作相互配合，从而保证预算的顺利执行和有效控制。

三、预算的划分

预算可以按多种不同的标准分类。

（一）长期预算与短期预算

按预算的时间跨度划分为长期预算和短期预算，要根据企业的具体情况而定，不能一概而论。一般来说，对于经营比较稳定，节奏变化不是很快的组织，长期预算是指预算期在一年以上的预算，是长期战略计划的组成部分，如资本预算；短期预算是指预算期在一年以内的预算，是短期经营计划的组成部分。对有的组织来说，也可将预算期在一年至五年期的预算称为中期预算，超过五年期的预算称为长期预算。在经营节奏较快的组织内，一年期的预算也可是长期预算，季度预算是中期预算，月度预算是短期预算。

（二）战略预算、战术和作业预算

战略预算、战术和作业预算是从预算所涉及的组织管理者层次、时间和活动范围划分的。战略预算是由高层管理者负责对长期的、整个组织活动范围所做的总体、长远和根本性的定量安排。Kaplan 和 Norton（1992）认为以平衡计分卡为基础编制的预算具有战略功能。战术预算是由组织中层管理者负责对较短时期的、阶段性和局部性的活动范围所作的数量安排，如生产部门预算。作业预算是由基层管理者和具体的从事某项工作的人员负责对短期的（如月度、周和日）、部门和个人的具体活动所作的数量安排。战术预算与作业预算也可结合在一起统称战术预算或作业预算。战略预算与战术、作业预算之间各自独立又彼此相联系，共同构成预算的完整体系。战略预算对战术和作业预算具有指导和统驭作用，战术和作业预算从属于战略预算，通过战术和作业预算的实施可以保证战略预算的完成。

（三）专项预算与综合预算

专项预算与综合预算的划分是按预算的内容进行的。专项预算是指对组织内部职能部门或项目的活动所作的数量安排，如生产预算、销售预算、研究与开发预算和财务预算等。综合预算是指组织内部整体经营活动的总体数量预算，是由各种项目或部门预算集中组成的预算，这种预算通常称为总预算（Master Budget）或全面预算（Comprehensive Budget）。在专项预算的划分上也有些不同观点。如 Charles T. Horngren、Srikant M. Datar 等（2010）将总预算内的各种专项预算分为经营预算（Operating Budget）和财务预算（Financial Budget），其中经营预算包括收入预算、生产预算、生产成本预算、销售成本预算、研发设计成本预算、营销成本预算、分销成本预算和预算利润表等内容，财务预算包括资本支出预算、现金预算、预算资产负债表和预算现金流量表；我国一般将全面预算分为经营预算（也称为业务预算）、财务预算和专项预算，其中的财务预算包括现金预算、损益预算、资产负债表预算和现金流量表预算等，将资本预算（如厂房、机器设备等固定资产购置、扩建、更新和改造的预算）作为专项预算单独列出。在预算体系中，除财务预算以外的各种专项预算要根据企业管理要求和外部环境需求而增减合并设置，如根据外部环境管理的要求增加设置环境成本预算。除财务预算以外的各种预算最终都要集中以货币的形式反映在财务预算中。

（四）固定预算与弹性预算

固定预算与弹性预算是按编制时所依据的业务量是否变动划分的预算。固定预算，也称为静态预算，是按预计特定和不变的业务量编制的预算，在实际的预算执行期内不管业务量如何变动都不会对预算确定赖以存在的业务量产生影响。在预算执行期内，如果实际的业务量与预计业务量相比没有太大的变化，则实际数额与预算的数额之间就可以比较分析，否则可比性较差。

弹性预算法是美国通用汽车公司和吉列安全剃须刀公司等企业在 20 世纪 20 年代创造的预算方法。弹性预算是按预计变动的业务量编制的预算。在弹性预算下，可以按多种业务量编制预算，主要用来编制成本预算和利润预算。通常在编制弹性预算时要将成本分为固定成本与变动成本两个部分，确定固定成本预算和预算单位变动成本。在预算执行情况分析时，可直接根据实际业务量与预算单位变动成本计算确定以实际业务量为基础的变动成本预算，再加上固定成本预算，用固定与变动成本预算的合计数额与实际成本进行比较，使成本分析、评价和考核建立在可比的基础上。确定单位变动成本所选择的业务量应该与成本之间存在因果关系，这些业务量也称为产出量，包括产量、销售量、生产工人工时、机器工时、材料耗用数量等。在德国成本会计体系（GPK）中，强调资源成本与产出之间的因果关系，从而使预算的计算和成本的分配更加合理科学。另外还有修正的弹性预算——概率预算。它是通过对影响预算对象有关变量的预期概率编制的预算，充分考虑了预算期各种变量影响因素可能发生的情况，使所确定的预算更符合实际。

（五）有基预算与零基预算

有基预算与零基预算是按编制时是否有预算数额起点划分的。有基预算，亦称增量预算，是指预算编制时以上期实际发生数为基础，考虑预算期的具体情况加以增减调整所确定的预算。在这种预算下有可能使预算执行者在上一个预算执行期结束之前尽可能用完预算的数量。零基预算（Zero－Base Budget）是20世纪60年代在美国佐治亚州的政府预算中首次采用，20世纪70年代美国的德克萨斯仪器公司开始采用。零基预算是在没有考虑上期实际发生数，直接根据预算期经营活动情况确定的预算。这种预算的编制可以消除上期非合理使用预算数的问题，但编制成本比有基预算编制成本要高。

（六）定期预算与滚动预算

定期预算与滚动预算的划分是根据编制预算的时期是否会移动进行的。定期预算指编制时所依据的预算期是不会变动的预算，如按日历年度编制的预算。滚动预算（Rolling Forecast Budget）是指确定一定时期的预算后，在随时间推移和组织内外条件的变化而不断延伸向前并进行适时调整的预算。在滚动预算下，当执行完一个分期预算后就在总预算期后增加一个分期，使总分期数始终保持不变。这种预算主要适用于长期预算的管理。如果以年度预算为长期预算、以季度预算为中期预算和以月份预算为短期预算，采用这种预算形式是比较合适的，如四个季度预算，从第一季度开始编制，然后移动和调整。滚动预算提高了预算应对变化的内外部环境的能力，具有动态性，避免了预算的僵滞性。

（七）超越预算与非超越预算

在超越预算观点提出后，非超越预算就是指传统的预算。1998 年 1 月国际高级制造协会在当时有 55 个国家参加的“超越预算圆桌会议”（Beyond Budgeting Round Table，BBRT）的研究论坛上研究了传统预算所存在的增加企业内部职能失调的诸多问题，认为需要放弃传统预算和开发一个新的管理方法，这种新的方法就是超越预算法。从 1970 年开始，一些知名企业已经不使用或部分使用传统预算，并获得成功，如 Svenska Handel Sbanken 银行（1970）用投入资本回报率、收入成本比和人均利润三个指标的平均数为指标，用分公司经理的业绩与这三个平均值比较，衡量和评价分公司业绩的优劣。Jeremy Hope、Robbin Fraser 和 BBRT（1997 年、2000 年、2001 年和 2003 年）先后在研究放弃采用传统预算企业的成功经验后，总结超越预算的系统构成、基本原理和模型的八个步骤，初步构建了超越预算的基础理论。

BBRT 的负责人 Jeremy Hope 和 Robbin Fraser 将超越预算（Beyond Budget）的组织管理系统分为三个部分，即：（1）通过财务预测和计划设置短期财务业绩目标；（2）建立综合业绩评价系统，以减少在预算控制中人们操纵短期财务报告数据或预算数据的行为；（3）主要以相对标准为基础，运用标杆法对业绩水平进行奖励，而不像在传统预算中那样以既定的预算目标为依据，减少在预算编制中讨价还价的行为。他们还归纳了超越预算方法的应遵循的基本原理，即治理、业绩责任、分权授权、结构控制、系统协调、指导帮助、目标设定、评价和控制以及奖励和报酬。在业绩责任中，超越预算要求管理者对具有竞争性的结果负责，而不是对固定预算负责。BBRT 将开发的超越预算模型分为八个步骤，即：制定阶段目标、开发创新战略、论证所有资源、协调交叉领域、挑战所有成本、制定没有偏见的和准确的预测、使用先导性指标、应用同行压力进行激励。

从超越预算基础理论的有关内容上看，超越预算法，是以根据组织内外部情况（主要是市场因素）所确定的关键相对财务业绩指标为目标依据，通过分权和授权方式对经营活动进行管理的方法。超越预算具有与传统预算不同的主要特点，即：(1) 取消全面、详细、繁琐的和主要是绝对数量指标的传统预算及其编制过程，改为应用价值基础管理、关键成功因素（CSF）和关键业绩指标（KPI）、滚动预算、平衡计分卡、标杆和准确预测等方法，根据内外部基准的比较，确定几个相对的和阶段性的财务业绩指标作为阶段目标，并以这几个业绩目标对企业内部各单位经营活动进行控制，相对业绩指标体系的建立是超越预算的一个很重要的特点；(2) 主要运用标杆法，将各部门的实际业绩与目标业绩进行比较，衡量各部门业绩大小，以公司或部门的竞争业绩来实施奖励，这一奖励是在与外部同行业业绩比较和与内部其他部门业绩的比较中确定的；(3) 采用分权团队管理方式。在超越预算下不将奖励与个人业绩挂钩，而是与分权管理的单位或组织的总体业绩相联系，体现团队的努力程度，业绩讨论的重心是与必须达到的最低业绩水平和与其他经理相比的业绩水平；(4) 超越预算是一种超越传统的全面预算或总预算的预算，由于超越预算要确定短期目标，因此可以认为超越预算是只确定短期的关键相对业绩指标的预算（目标），应该视为一种新的预算形式。在实际应用中，可以将超越预算的合理因素，如相对业绩指标的确定、与同行业和内部有关部门进行业绩比较和奖励、分权下的团队努力等结合在预算管理中，使预算管理可以更好地发挥其控制的作用。

四、预算编制程序模式

预算编制程序模式包括自上而下、自下而上和上下结合的编制过程模式。自上而下的预算编制模式也称为强制式预算编制过程，是由企业上级管理者直接编制预算并向下级部门下达要求执行有关指标的编制预算过程。自下而上的预算编制程序，也称为参与式预算编制程序，是指由下级管理者参与预算指标的确定过程。自上而下的预算编制模式和自下而上的预算编制模式都具有一些优点和缺点。国内外学者对强制式模式和参与式模式曾有较多的争议。Charles T. Horngren、Srikant M. Datar 等（2010）认为，下级管理者积极参与预算编制过程，预算才是最有效的。下级管理者参与预算编制增加了预算编制的可信度，对预算产生了更大的承诺和责任，但下级管理者参与预算编制可能产生预算松弛、讨价还价等问题。如何避免预算松弛和其他相关问题，国内外学者均对这些问题有相关研究。上下结合编制程序模式是由上级管理者与下级管理者结合编制预算程序模式。上下结合程序模式是一种比较理想的编制预算程序。我国财政部颁布的《关于企业实行财务预算管理的指导意见》中，要求按照“上下结合、分级编制、逐级汇总”的程序编制财务预算。

第二节 预算管理的研究情况

一、国外预算管理研究情况

（一）预算管理研究的调查

预算管理产生于20世纪20年代。长期以来，预算管理问题一直是管理会计研究的重要问题。就美国的预算管理研究情况看，在20世纪20年代经历了一个由注重政府预算研究转向注重企业预算研究的变化过程。在20世纪20年代后，有关预算研究兴趣一直没有减退，在各个时期的预算研究的文章几乎一直保持在总数的“10%左右”。Marquette和Fleischman（1992）研究发现政府预算研究文章从1920年的100篇下降到1921—1922年的50篇，与此同时，企业预算的文章数从12篇增加到140篇；在1923—1927年间，这种变化更为突出，除了有40篇关于政府预算的文章，大约有300篇关于企业预算的文章。Shields（1997）在对20世纪90年代北美管理会计研究回顾时，在所评论的152篇论文中，预算管理研究的论文有21篇，占论文总数的13.8%。Scapens和Bromwich（2001）在英国管理会计研究杂志上10年内发表的有关预算管理的论文占发表论文总数的13%。在研究方法上，Birnberg等（1990）认为在进行预算研究时要将多种方法结合运用。从近年的国外预算研究情况看，实验研究和调查研究占有较大比例。Horngren（2004）认为，在管理会计的研究中，“预算特别让我入迷，为什么？因为预算证明了管理会计的本质——将会计和管理融为一体。没有什么其他管理会计的分支比预算能够更好地说明，会计如何与管理结合在一起，以及为什么行为科学能够在重要性上与经济学平起平坐。”

（二）预算管理实施的研究情况

预算管理在国外早在20世纪20年代就开始实施。在美国管理会计协会（IMA）和Ernet & Young的一份管理会计应用的调查报告中，组织调查的Ashishi Gartg、Debashis Ghosh和Jarmes Hudick等（2003）发现，在180份答卷中，有75%的公司采用了经营预算法（Operational Budgeting），有65%的公司采用了作业管理（ABM）预算和标准预算法（Std. Budget），有61%的公司采用了资本预算法（Capital Budgeting），可见预算方法在公司得到广泛采用，这也说明还有一些公司没有采用经营预算、作业管理预算法、标准预算法和资本预算法。

（三）主要预算管理问题的研究状况

1. 预算编制的参与预算和预算松弛问题的研究。参与性预算是下级管理者参与预算的编制过程。一般认为Argyris是最早对参与性预算进行研究的学者。Argyris（1952）在其《预算对人的影响》一书中，对参与性预算进行专门研究，该研究成果是在一项预算过程的实地调查基础上形成的。在该调查中，Argyris发现预算完成的压力产生于种种行为，如下级的压力，因而极力推崇采用参与性预算。在预算编制中有下级管理者参与，有时候会因为下级管理者的行为导致预算松弛。Shields和Young（1993）对选择参与预算的原因进行了研究。J. F. Shields和M. D. Shields（1998）研究发现参与原因在组织和个人（如满意度和压力感）的不同层面上发挥的作用不同。

预算松弛（budgetary slack）是因为预算编制中人为因素所发生的低估预算收入或高估成本使目标更容易达到的情况。有关预算松弛存在不利论、有利论、有利与不利并存论三种观点，如：Becker和Green（1962）认为，预算松弛会使下级很轻易完成预算和影响企业资源的分配（不利论）。Onsi（1973）通过实地研究认为预算松弛是管理者防御不确定性的工具，参与减少了导致防御和预算松弛的行为（有利论）。Merchant和Manzoni（1989）在调查研究后认为，松弛预算存在于大多数公司中，预算松弛可为经营环境的不确定性提供了必要的缓冲，上级通过较容易实现的预算来提高利润预测能力和降低下级管理者不良行为的风险（有利论）。Nohria和Gylati（1996）认为，“预算松弛既不是天生的对企业具有破坏作用，也不是防止失败、维持创新的良药”（有利与不利并存论）。Charles T. Horngren、Srikant M. Datar 等（2010）认为，“预算松弛为管理者提供了一道抵御意外不利情况的篱笆，但同时也掩盖了公司实际获利潜力，可能对最高管理层产生误导，这可能导致公司不同部门之间无效的资源计划、分配和协调”（有利与不利并存论）。有利与不利并存论既承认预算松弛有利，也认为有不利的情况。

如何避免不利的预算松弛是长期研究的问题。有关研究观点主要有：M. L. Weitzman（1976）认为，上级通过改变某些预算参数及其相互间的数量搭配可以控制作为预算执行者的下级行为，无论下级的预算行为多么恶劣，那都是上级可设计的奖励制度有意无意让他们那样做。因此，有必要设计良好的奖励制度。Kren（1993）认为，上级对下级实际工作能力的了解程度有助于阻止下级经理将松弛引入。因此，要加强对下级工作的了解。Charles T. Horngren、Srikant M. Datar 等（2010）指出，可以使用多种指标评估管理业绩和让管理者定期了解他们的下属在干什么、定期与下属沟通和熟悉业务流程的方法来降低下属产生预算松弛的机会。关于预算松弛问题，有研究者以代理理论、组织行为学和社会心理学为基础对影响因素进行了研究。

2. 预算与经济后果问题和其他问题的研究。Lindquist（1995）就分配公平、过程公平和参照认知对满意和业绩的影响进行了检验。Abernethy 和 Brownell（1999）研究发现，战略变化与业绩存在显著正相关关系，战略变化下的预算模式与业绩之间存在显著正相关关系。Clinton 和 Hunton（2001）研究发现，组织业绩与参与需要和参与程度之间存在弱相关关系，参与适合度与组织业绩之间存在显著正相关关系，参与需要与可能之间差异越小越好。其他研究涉及的问题主要有预算紧控制（tight budgetary control）和预算松控制（loose budgetary control）、诊断控制和交互控制及权变选择，对传统预算的批评和对一些预算法（如零基预算与滚动预算、作业预算和价值链预算等）进行改进，对超越预算、平衡计分卡预算与作业预算结合等的研究。

二、我国预算管理研究情况

（一）预算管理研究的调查

我国与预算相关内容（定量计划部分）在 20 世纪 90 年代以前是从计划

范畴上进行研究的，一般没有提到预算范畴，有关计划的范畴涉及固定资产折旧计划、成本计划、利润计划等，这些统称为财务计划的内容，构成了现在还出现在教科书中的综合经营计划的组成部分。现代企业综合经营计划包括生产计划、销售计划和财务计划等。从20世纪80年代开始引进管理会计的理论和知识，有了预算范畴的专门研究，并开始流行用预算范畴替代计划范畴。于增彪、袁光华和刘桂英等（2004）对1995年至2004年5月在我国《会计研究》杂志上发表的文章统计得到的结果是预算管理的论文有6篇，在《财务与会计》杂志上发表的论文有17篇。李志斌（2008）对2001年至2005年6月发表于《会计研究》、《财会通讯》、《财务与会计》三种期刊上有关预算管理研究的文章进行了统计，得出的结论是我国预算管理相关研究在数量上保持增长趋势，但总数量仍然不太多，只有62篇。在这62篇文章中研究的内容涉及预算管理现状、预算的起点、目标和松弛、集团预算、资本和财务预算、新型预算管理办法、预算控制、信息技术运用和其他内容；研究的方法有规范研究法、案例研究法和问卷调查法等，采用规范研究法研究的文章较多，占总数量的77.42%，采用案例研究法的文章占总数量的20.97%，采用实验研究法的文章几乎为零。杜容瑞、肖泽忠和周齐武（2009）根据18种核心期刊杂志上的论文，研究发现有关经营预算的论文在1997—2001年和2002—2005年分别为8篇和36篇，数量增加较多，学者的研究兴趣较高，研究规模较大；资本预算研究的文章增加的不太多，由第一阶段的1篇增加到第二阶段的3篇。孟焰、孙健、卢闯和刘俊勇（2014）根据21种主要杂志上的论文，研究发现有关经营预算的文章在2005—2008年、2009—2013年分别为9篇和10篇，论文数量没有大的变动；有关资本预算研究的文章没有变动，第一阶段和第二阶段都只有1篇，表明我国学者对预算管理的研究趋于稳定，两个时期研究数量保持在管理会计研究文章总数量的6%、接近7%的水平。在教学上，从20世纪80年代开始引进国外管理会计教材至今，在有关预算基本教学内容上变化不大。

（二）预算管理实施的调查研究

南京大学会计学系课题组（2001）对全国企业实行预算管理的现状和作用，进行了预算管理科学性的评价、预算编制工作的组织情况、预算编制的种类和方法、预算控制情况和预算调整情况五个方面的调查，得出绝大多数企业认为以销售预算为出发点的全面预算比以生产为导向的生产经营计划更为科学；总体看来设有负责预算编制工作组织的企业占57.1%；预算编制的内容存在差异和存在编制预算内容不全的情况，编制管理费用预算的企业最多，其次是销售预算，编制预计资产负债表、现金流量预算和资本支出预算的企业较少，有关投资活动的预算是中国企业目前的薄弱环节，也是我国企业预算管理亟需加强的领域；编制预算的出发点也存在差异，有63.5%的企业是以目标利润为编制预算的出发点，其后分别是销售量（55.6%）、产量（34.4%）和上级任务（20.6%）；77%的企业由财务部门对预算控制，87.9%的企业对预算基础进行执行情况分析；有42.1%的企业预算权集中在总经理层次，其后为总会计师、财务部门、计划部门、董事会和董事长、专门的预算机构。在该调查报告中还对其他相关问题的调查结论进行了说明。

于增彪、袁光华和刘桂英等（2004）在2003年初经过对140位MBA学员的问卷调查得出我国有95.8%的企业单位已经实行预算管理。中国会计学会管理会计专业委员会（2008）认为，从20世纪80年代开始，我国国有企业实施了责任成本预算制度；20世纪90年代以来，随着我国集团公司的形成和发展，我国企业全面预算管理制度也逐步发展起来，出现了诸如中国石油（开始于1994年）、中国中化、中国外运、中兴通讯、石药集团等若干成功的案例。2008年由财政部、证监会、审计署、银监会和保监会联合印发的《企业内部控制基本规范》第三十三条明确规定的“预算控制要求企业实施全面预算管理制度”，是全面预算管理制度化的具体表现。2011年我国国资委在其发布的进一步深化中央企业全面预算管理工作的通知中，强调建立全面预算管理工作体系要坚持战略引领与价值导向，将预算管理与战略管理相联系，全面预算管理在我国中央企业得到推开。

（三）主要预算管理问题的研究状况

1. 预算目标、编制起点问题的研究。如何界定预算编制起点和预算目标是需要从理论上予以明确的问题。王彬和李苹莉（2001）认为，编制预算过程中最重要前置工作是如何确定预算目标，企业预算目标的确定是一个讨价还价的过程，从根本上说都是公司股东、董事会、经营者等利益相互协调的过程，涉及股东的期望、董事会期望和总经理的期望。汤谷良（2004）从战略角度考虑，认为预算目标不可能是单一目标，否则无法协调资本预算、经营预算和财务预算三者之间的关系，要从持续增长、投资回报和风险控制等三个维度设置关键绩效指标（KPI）作为预算目标。关于预算编制的起点，所研究的起点有生产、销售、利润、成本、现金流量和资本支出等。王斌（1999）认为，根据产品生命周期理论，可将预算管理分为四大模式，不同模式的起点不同，这四大模式分别是以资本预算为起点的企业初创期的预算管理模式、以销售为起点的企业增长期预算管理模式、以成本控制为起点的市场成熟期的预算管理模式和以现金流量为起点的衰退期的预算管理模式。前述南京大学课题组调查报告（2001）中阐明，“理论上讲，全面预算以目标利润为起点，从销售预算开始，编制各生产、费用预算。”从调查结果看，现在企业采用的预算编制起点有目标利润、销售量和上级任务。于增彪和梁文涛（2002）在界定以生产为起点和以销售为起点的两种传统预算编制所适用条件的同时，论证了以所有权与管理权分离为特征的现代公司应以每股收益或利润为起点编制预算的观点。

2. 参与预算与预算松弛问题研究。我国对参与预算和预算松弛问题的研究成果不多。张鸣和张美霞（1999）认为，强制性预算和参与性预算对人的行为因素做了不同的解释，强制性预算认为人的行为是反应式的、机械式的，参与性预算则认为人的行为是主动的、积极的；预算松弛直接影响到预算的有效性：过于宽松的预算难以激发企业的潜力，带来无效成本，为管理者提供了掩盖失误的弹性空间，妨碍查明预算差异的原因，影响到业绩评价的客观性；预算松弛的原因是目标不一致和利益冲突、信息不对称、规避不确定性带来的风险、防备上级的层层消减或层层加码；参与性预算导致预算松弛的根源不在参与本身，而在于企业的业绩评价制度。

3. 预算控制问题。汪家常、韩伟伟（2002）探讨了战略预算管理体系的构建及其产生新问题和处理方法等问题。于增彪、袁光华和刘桂英等（2004）研究发现我国企业预算实务上的主要问题是预算与战略、与奖励制度、与作为预算动因的非财务指标相脱节，预算徒有其名；认为应将中国集团公司预算管理系统分为产能导向、销售导向和利润导向三种模式，每一种模式中又包括五项内容。高晨、汤谷良（2007）认为可将预算、平衡计分卡、经济增加值、作业管理和超越预算等服务于组织控制的管理工具予以整合。白夏平、李世新（2011）认为，现有预算管理存在预算管理与战略相脱节、管理高层参与程度不够、基层员工的参与程度较低、预算管理机构不健全和预算管理各环节缺乏协调等问题。近年来，有关预算管理存在的问题和对策研究的文章发表在很多专业期刊上。

4. 超越预算和其他问题的研究。在21世纪初我国有不少学者对超越预算问题进行了研究，如冯巧根（2005）对超越预算的思想及其应用、超越预算存在的问题及改进策略进行了研究，冯雪莲、汤小青（2006）研究了传统的预算、改善的预算与超预算的协调功能问题，其他的诸如超越预算的激励机制或模式、对我国未来预算管理的启示和对预算改革的主要意义、应用模型等问题均有一定研究。其他研究问题有与预算管理相关的信息技术和基本作用等问题。

三、对国内外研究情况评述

1. 从预算管理研究的调查研究情况看，国外从20世纪20年代就开始预算管理的研究，有关研究从以政府预算为在重点转向以企业预算为重点，各个时期发表的预算管理的文章占发表的全部管理会计文章的10%左右，基本状况是稳定的，我国的研究在20世纪90年代前是计划范畴，之后是预算范畴，虽然在发表的管理会计文章中有关预算管理的文章所占总数不多，但在数量上呈现增长的趋势。随着对管理会计体系建设的深化，有关预算管理的研究还会呈现稳中有升的趋势。在研究方法上，虽然有学者认为在进行预算研究时要结合运用多种方法，但从近年的国外预算研究情况看，实证研究和调查研究占有较大比例；我国研究运用了规范研究法、案例研究法和问卷调查法等，采用规范研究法研究的文章占总数量的绝大比重，其次是采用案例研究法的文章，采用实证研究法的文章基本上没有。显然，今后我国学者在进行相关研究时有必要运用实证的方法，以弥补在研究方法运用上的不足。

2. 从预算管理实施的调查研究看，国外有关预算管理的实施比较广泛，但也还存在一些企业没有采用预算管理方法，如美国的一些企业。国外已有企业采用了超越预算法并取得成功。我国大多数企业实施了预算管理，但所编制的预算并不全面，在预算编制的起点上还有一些不同的处理，近年来已有相关法规要求企业全面实施预算管理。

3. 关于参与预算编制的原因研究，国外有不同层面上的参与原因的组织和个人（如满意度和压力感）发挥不同作用的认识，我国有研究者从人的行为因素解释参与性预算，认为参与性预算中人的行为是主动的、积极的。国外关于预算松弛存在不利论、有利论、有利与不利并存论三种观点，可通过设计的奖励制度和对下属工作的理解等方法来避免不利预算松弛的影响。我国的研究认为预算松弛直接影响到预算的有效性，分析了预算松弛的原因，并认为业绩评价制度的设计对预算松弛有影响。

4. 国外有较多关于预算与经济后果问题实证研究的文章，我国鲜见这方面的研究成果。国外还有对预算紧控制和预算松控制、诊断控制和交互控制及权变选择，对传统预算的批评和对一些预算法的改进、对超越预算、平衡计分卡预算与作业预算结合等的研究。我国比较重视对预算目标、编制起点问题的研究，也研究全面预算和超越预算和其他管理工具及其整合、现有预算管理中存在问题与对策等问题。国内外都有关于预算与其他管理工具的结合研究。今后我国有必要进行预算与经济后果以及预算控制等问题的深化研究，为预算管理的实施提供理论依据。

第三节 综合经营计划、全面预算和超越预算管理问题

一、综合经营计划问题的提出

从20世纪20年代开始至今，国外企业采用过和学术界研究过标准成本制度和预算成本控制制度、杜邦通用模式和全面预算管理方法，以及20世纪80年代兴起的超越预算、作业预算和改进预算等预算管理方法。在过去较长时期内（1978年以前），我国企业的预算管理，是采用生产技术财务综合计划管理的方法进行的，其后实施责任成本管理制度，从20世纪90年代开始采用全面预算管理的方法（中国会计学会管理会计委员专业委员会，2008）。我国最近10来年，已有不少学者在继全面预算管理研究之后，开展了对超越预算管理问题的研究，取得了一些成果。在国内外关于全面预算管理和超越预算管理问题研究中，不少研究者指出现有全面预算管理存在诸多问题和主张彻底摒弃预算管理、采用超越预算管理方法。

现在的问题是，现行制度中规定要采用的全面预算管理制度与我国生产技术财务计划管理制度有什么不同？能不能将由国外引进的全面预算管理制度与我国本土传统的综合计划管理制度进行中外结合（这是第一个结合问题）？从战略上思考，如何正确认识全面预算与超越预算？这两种管理方法从战略控制上看又应该各归属于什么方法？应该如何正确认识目前全面预算管理制度存在的问题？能否将全面预算管理方法与超越预算管理方法相结合（这是第二个结合问题）？

当今企业实施全面预算管理制度时，似乎对生产技术财务计划制度有所冷落。一般认为，我国的生产技术财务计划，是企业全面安排本企业的生产经营活动的经营综合计划，按计划期的长短可分为长期（5—10 年）、中期（1—5 年）和近期（1 年以下）计划。近期计划包括年度、季度和月度计划。年度综合经营计划一般包括的内容较多，由多项专业计划所组成，有销售、生产、科研、供应、劳动、技术组织措施、成本、利润和财务计划等内容。张云亭（2003）认为，企业经营计划体系包括年度目标及财务、投资、融资、资本运营、营销、生产、原材料供应、成本费用、组织与人力资源、子公司经营计划等内容。一般认为，全面预算所包括的内容有业务预算（或经营预算，operational budget）、投资预算（investment budget）和财务预算（financial budget）三大预算，其中的业务预算包括生产预算在内。就经营综合计划与全面预算进行比较，两者的相同之处是计划与预算都是对未来经营活动的安排、都包括财务指标与非财务指标，都要根据战略分析确定经营目标；两者的不同之处是：计划包括定量和定性的内容，可以用数字和文字表达（如降低成本的措施计划），而预算只是定量的内容，只能用数字表达；经营计划的内容大于预算的内容，预算只是经营计划的组成部分；在一些编制方法上有所不同，如成本计划与成本预算存在编制方法上的不同；计划是本土的管理方法，而全面预算是引进的管理方法。仅从定量上看，综合计划也是一种“预算”，而且是在非财务指标上多于现行全面预算内容的预算。

通过比较，笔者认为，可以将本土的综合经营计划与引进的全面预算相结合，再增加和调整有关内容，形成全新的“全面计划”或“总计划”管理体系。在全面计划管理体系的构建中，对具有相同内容的以财务预算为核心的预算编制方法与相应的计划编制方法相结合，也可由企业选择采用；可在综合计划有而全面预算没有的非财务计划的内容基础上，结合采用价值链分析和平衡计分卡分析方法，进一步确定关键表现领域或环节的计划，增加新的内容；还可在综合计划有而全面预算没有的定性计划内容的基础上，根据关键分析的方法，确定合适的定性计划，如产品创新计划或科研计划、营销组织计划和人力资源管理计划等，充实原有不完备的全面预算和经营综合计划的内容，以便更好地发挥计划在企业经营管理中的作用。从战略控制的层次上看，全面计划是集一年期以上的战略计划和一年以下的战术计划为一体的计划。

企业战略控制，是企业在战略目标引导下，通过实际结果与战略目标的比较，揭示存在的差异和存在的问题及责任，有针对性地采取措施及时进行调节的过程。从时间跨度和控制的条件上看，一般可将战略控制分为事前控制、事中控制和事后控制，对应的也可称为前馈控制、同期控制和反馈控制。关于战略控制的方法，William G. Oachi 在 1980 年提出三种控制方法，即市场控制、行政官僚制控制和小团体控制，并认为这三种类型的控制或许会在一个组织中间出现。（1）市场控制（market control）是利用价格机制，以市场价格作为衡量依据，将公司的业绩与其他公司的业绩进行比较，确定差异和衡量业绩的。我国邯郸钢铁股份公司的内部模拟市场控制就是一种市场控制。（2）行政官僚制控制（bureaucratic control）是利用预算、计划、标准、规则、政策、制度、权威层级和其他组织机制，以各种组织行为的标准化作为衡量依据，将实际业绩与标准进行比较，确定差异和评估业绩的。这种控制强调企业的整体控制。（3）小团体控制（clan control）是以利用社会手段为主，以公司文化、共享的价值观、承诺、传统、信念等社会价值因素为衡量依据进行行为控制的。虽然在小团体控制中也采用规则和预算，但控制的依据主要还是上述的社会价值因素。这三种控制方法都可应用于企业整体和下属部门或单位，它们的不同之处是衡量的依据不同，这些依据分别是市场价值标准、综合价值标准和社会价值标准。因此，笔者认为，按衡量业绩标准不同，可将战略控制方法分为市场价值标准控制、综合价值标准控制和社会价值标准控制三种方法。

综合经营计划制度的衡量标准，是企业在对外部环境的利弊和内部条件的优劣、主观和客观因素等进行全面和综合分析后所确定的总战略目标，以及基于总战略目标而确定的具体目标。虽然在目标的确定上考虑了市场因素，但显然市场因素不是目标确定的唯一考虑因素。综合的经营目标是企业的价值目标。从目标的确定上看，包括全面预算在内的综合经营计划控制应该属于综合价值标准控制。超越预算（beyond budget），是基于对传统的预算管理的否定而提出的一种控制模式。在1970年瑞士亨道银行就采用过这种控制模式。欧洲学者杰瑞米·霍普（Jeremy Hope）和罗宾·弗莱泽（Robin Fraser）在1997年12月和1998年6月的《管理会计》杂志上撰文提出了“超越预算”的观点。1998年1月，国际高级制造业协会（CAM－I）在专门成立的“超越预算圆桌会议”（Beyond Budget Round Table，BBRT）研究了传统预算存在的诸多问题，认为应放弃传统预算而采用超越预算。在Jeremy Hope和Robin Fraser将超越预算分为财务预测和计划、以综合指标为基础的业绩评价系统和以相对标准为基础设计激励机制三个核心部分中，由于有关业绩指标是根据竞争对手的业绩（如市场的投资收益率）确定的，因此超越预算模式的评价标准具有市场性；又由于超越预算模式强调分权控制，在组织中替代正规的预算控制而形成了一种非正规的社会控制（如公司文化、社会观念和道德因素等），使超越预算模式具有社会价值标准控制（小团体控制）的特点，因此，可以将超越预算模式归于市场价值标准和社会价值标准相结合的控制模式。

二、综合价值标准控制的全面预算管理问题

（一）全面预算基本内容问题

为了论述的方便，以下将经营综合计划中涉及数量方面的内容均用“预算”一词来表述。在引进和目前要求采用的全面预算的基本理论内容中，财务预算包括现金、利润表和资产负债表预算，业务预算包括销售、生产、直接材料、直接人工、制造费用、产品成本、销售及管理费用预算、财务费用预算等，专项预算也称为专项决策预算，一般指的是投资预算或资本预算。全面预算是由一整套预计的财务报表和其他附表所组成，是以财务预算为中心、以财务指标为主的预算，非财务指标主要是产品品种、销售、生产产品的数量、材料单耗及人工小时。目前的全面预算体系并不完善，具体表现为：（1）非财务预算的内容很少；（2）从现有的全面预算基本理论内容上看，确实存在严重依赖财务预算的问题。笔者认为，可以结合经营综合预

算，借鉴平衡计分卡方法，从价值链视角，增加一些非财务预算。所增加的非财务预算主要有科研预算、职工薪酬预算、技术组织措施预算、营销预算（包括不同地区的市场份额、顾客满意度等）、人力资源管理预算（包括人力资源的取得、开发、使用等预算）和应对大数据时代到来的全面信息系统建设预算等。这些非财务预算一般应是企业关键表现领域的预算。

（二）预算编制的起点问题

预算编制起点问题，是从引入全面预算至今我国学术界在认识上和实务界在处理上都存在差异的问题。学术界在预算编制的起点认识上有生产、销售、利润、成本、现金流和资本投入等多种不同起点的观点。在南京大学会计学系课题组2001年发表的调查报告中，显示企业预算编制所确定的出发点或起点有目标利润、销售量、产量、上级任务等。所谓编制预算的起点是预算编制开始的时间和项目。从全面预算的程序和涉及的内容上，编制的时间起点和项目起点应该是与不同时期战略控制层次相联系的经营目标。这里的经营目标不是笼统的经营目标，而是不同层次的经营目标。企业经营目标，是企业在对外部环境的利弊和内部环境的优劣以及企业主客观因素全面分析的基础上，确定的一定时期企业经营活动所期望达到的结果，是经营活动的出发点和归宿点。企业经营目标的作用表现为七个方面：（1）凝聚企业的整体力量，使企业的经营活动在总的目标下系统进行；（2）确定企业的发展方向，从而减少经营管理的盲目性；（3）制定经营活动行动纲领，明确经营的基本步骤；（4）具体反映企业使命、发展战略和经营思想，使经营管理建立在超越企业的更宽泛的范围和更高的层次上；（5）评估和考核企业价值的基础，为企业一定时期的经营活动的价值提供评价和考核的标准或依据；（6）约束经营者的工作，防止经营活动的随意性；（7）奖励努力工作的经营者的依据，可以激励经营者取得好的经营业绩和保持企业处于好的经营状态。

企业经营目标可分为财务目标和非财务目标，也可分为定性目标和定量目标、中长期的战略目标和近期的战术目标。企业经营目标的设置不应过于偏重财务目标（如合理的利润和销售额的增长），还要考虑非财务目标。卡普兰（Robert S. Kaplan）和诺顿（David P. Norton）在1992年认为，公司意识到在竞争和快速变化环境中成功地进行组织控制，组织需要一个对财务和业务均衡方法的均衡观点。惠普公司的比尔·休利特认为，惠普公司从来没有把利润最大化作为他们的经营目标，但也从来没有把利润放在所有考虑问题之外。惠普公司将经营目标确定为培养、发展忠诚的客户，合理利润（超过行业平均水平），行业领导地位（保持在第一、第二位，并形成规模），持续增长（有动力和潜力），员工发展，团队领导力提升和社会责任等七大目标。也有研究者认为，战略目标包括利润、产品、市场、竞争、发展、职工福利和社会责任七个方面。笔者认为，基于战略控制的经营目标的设置，应该从交换价值与使用价值两个方面考虑，具体内容包括企业价值的增值（利润和销售额的增长、市场占有、品牌领先、顾客满意程度、竞争优势等）和员工及社会责任价值增加，这里涉及企业、员工及社会责任价值三个大的方面价值的增值，不只是利润和销售额增长。企业中长期战略目标决定企业在较长时期的发展方向，是中长期预算编制的起点；短期的执行性战术目标决定企业近期的经营方向，是近期预算编制的起点。

在编制具体预算时，要根据各种预算的内容，采用不同的方法确定预算的各个要素的数量。根据预算要素之间的数量关系，按经营目标的要求，企业编制某个预算时要先确定某个要素的数量，这个要素就成为编制该具体预算的起点或基础。在编制利润表预算和附表预算时，所选择的一定时期的生产、销售、利润、上级任务等指标作为编制预算的起点，是根据企业管理制度和市场状况决定的，编制的起点不能一概而论。当企业的经营任务是由上级部门下达时，就要根据下达任务编制销售预算；当供小于求时，企业以生产量为基础编制预算；当供大于求时，企业以销售量为基础编制预算。至于利润项目则已经包括在经营目标中，是总体预算编制的起点。在编制资产负债表预算时，是以期初数为编制基础或起点的。企业除了编制财务预算以经营目标为起点外，还要以经营目标为起点编制其他非财务预算。

（三）经营目标的确定原则与预算编制、执行、评价和调整或变革问题

确定作为全面预算编制起点的经营目标，要遵循以下九项基本原则：(1) 目标分级原则：要将战略控制的经营目标分为长期、中期和近期目标，或战略目标和战术目标，以及分为企业、下属部门和责任人目标，以便在编制中长期预算与近期预算、企业总体预算与下属部门和责任人预算时作为起点。(2) 与企业内外部环境保持动态平衡原则：当环境发生变化时要及时调

整经营目标，使经营目标能始终起到导向的作用和使评价标准保持合理性。(3) 与企业使命保持一致原则：分级和分解的目标要始终与企业使命相联系，不脱离或不背离使命的要求。(4) 注重定量确定原则：经营目标有定性与定量目标，在确定经营日标时应尽可能设置定量目标或通过定量方式来描述，使目标可计量，以充分发挥目标的价值评价和激励的作用。如确定一个年度的定性目标是实现合理利润，则定量的目标就是年度利润额达到多少，净资产利润率和总资产利润率达到多少。(5) 时效性原则：合理确定经营目标完成的最后期限。(6) 多样性原则：要从企业提供满足顾客需要的产品或服务和获得更多的利润上确定多种经营目标，财务目标与非财务目标要达到均衡。(7) 综合平衡原则：经营目标要综合企业内外部环境因素，上下结合、充分论证、协商和综合平衡确定。乔治·奥迪奥恩（George S. Odiorne, 1965）认为，要实行“参与式管理”，即经过上下结合的方式反复协商、综合平衡定下来的目标更具有动员性和奖励性，有利于目标的实现。不过这种协商现在被人们认为容易产生讨价还价的问题。(8) 客观性原则：要求所确定的目标要有一定的根据，如以市场公开披露的信息为依据，不是凭空设定，从而减少主观随意性，防止出现预算游戏（budget game）的情况。经营目标的客观性，将有助于确定客观的具体预算指标。(9) 权变性原则：要求根据企业外部和内部环境可能发生的变化，准备应对特殊情况出现的备用或应变的目标。

预算管理涉及预算编制、执行、评价和调整的全过程。基于战略控制的事前预算管理所要确定的经营目标要建立在企业使命和所选择的战略基础之上，全面分析论证对预算形成有影响的企业外部和内部的各种关键因素，确保经营目标的客观性、适当性、可行性和激励性。从企业层面上看，确定经营目标要分析论证的外部和内部因素主要有外部行业水平和风险程度、竞争对手水平、宏观政治法律和经济以及社会状况、内部实现目标的能力、企业历史经营情况、中长期目标与短期目标的协调等。从企业下属部门和个人层面上看，确定的部门和个人经营目标要与企业目标相衔接。在确定经营目标时，要在分析论证的基础上，尽可能消除对目标实现有影响的不利因素。以经营目标为起点编制预算，就要求所编制的预算要能充分利用外部环境所给予的机会和化解外部环境可能带来的危机，使内部的优势能够得到充分发挥，劣势能够避免，与各项财务与非财务经营目标所确定的方向相符合；根据经营目标中的利润目标和其他财务目标以及非财务目标编制销售预算、生产成本预算、直接材料预算、直接人工成本预算和其他财务预算、产品质量预算、作业预算、研究和开发预算等财务与非财务预算，使财务目标和预算与非财务目标和预算相平衡，经过目标和预算的分解，使长期目标和预算与短期目标和预算相平衡，企业内部条件与外部环境相平衡。在编制的预算中，由 Coopers Lybrand Deloitte 提出的作业预算（Activity - Based Budget, ABB），是对组织预期作业的数量表达，反映完成战略目标所需进行的各项工作及相应的各种财务、非财务资源需求，同时还反映为提高业绩所做的各种改进（Robert Rachlin, 1999），是将作业类型、数量和成本这些非财务指标与财务指标集为一体的预算。

传统的预算管理一般被认为是闭环管理或控制系统。传统的预算管理是包括经营目标设定、预算编制、实际结果与预算数据的比较、反馈等四个阶段，这种闭环管理系统的特点是确定被控制对象的实际值，将实际值反馈送来与设定的预算值之间进行比较，对所形成的偏差进行控制，使偏差缩小或消除，达到实际值与预算值相一致的目的。闭环预算控制的关键在于反馈。这种反馈控制体现在预算的事中和事后控制中。这种控制系统的不足之处是由于信息反馈较迟导致控制不及时和系统内各个环节因为控制不当所导致的系统崩溃，在对投资预算进行管理时更显得反馈迟缓。由于预算的设定所依据的环境是相对稳定的，预算值是相对不变的，以便实际值与预算值进行比较，因而这种预算控制是相对静态的控制，适用于环境相对稳定的公司。

基于现代战略控制的预算管理是开环控制与闭环控制相结合的动态控制系统。开环的预算控制，是不需要对实际值进行计量，只衡量经营目标和预算输入值并对它们进行控制，考虑影响经营目标和预算确定所依据的各种环境因素的变化，根据变化情况比较新的测算值与原测算值之间的差异，及早改变经营目标和预算值，始终以适时的预算值对经营活动进行控制，具有控制及时的优点。由于要考虑环境因素的变化，在开环控制中就要求企业持续监控各种环境因素的状况。开环预算控制的关键就在于前馈。这种前馈控制体现在预算的事前控制上。开环预算控制的不足之处是只考虑输入最大值，不考虑输出值，不揭示和消除偏差。将闭环与开环控制相结合，可以充分发挥预算的控制作用。在大数据时代，企业可以借助互联网，建立专门的信息处理系统，对环境进行全面监控，及时发现环境的变化，确保前馈控制的顺利实施。

关于预算管理中采用的编制方法，目前涉及到的有固定预算法、弹性预算法、概率预算、增量预算法、零基预算法、定期预算法、滚动预算法，以及我国企业实践中采用的试算平衡基础法、加权平均定额成本法和成本核算过程法等。各种方法都有其特点和利弊，将各种方法结合运用方可充分发挥各种方法的作用。这里有引起我们思考的问题，即：在建设具有中国特色的管理会计理论体系（包括预算管理理论体系在内）的过程中，我国研究者做出了哪些贡献？过去的一些管理方法是否应保留？笔者认为，在预算编制方法的选择采用上，企业一方面要积极采用国外一些先进的方法，另一方面也不放弃在我国本土采用的一些行之有效的编制方法，这些本土的方法也是我国研究者在具有中国特色管理会计理论体系建设中所做的贡献。

实施基于战略控制的预算管理需要克服存在的各种障碍。P. Lorange 和 D. C. Murphy（1984）将战略控制过程中的障碍大致分为三类，即体系障碍、行为障碍和政治障碍。根据预算管理实际工作中反映出的问题，从理论上进行分析归纳，笔者认为，我国企业在预算的执行、评价和调整或变革过程中存在五个方面需要克服的主要障碍，即：作用认识障碍、主体组织障碍、各方利益障碍、信息输出障碍和调整变革障碍。（1）对于作用认识障碍：企业上下层次经营管理者能否正确认识预算管理的作用，直接关系到预算管理的成败。现代企业预算管理是企业战略管理的组成部分，其作用在于保证战略目标的实现、合理和科学分配资源、协调和组织企业内部经营活动、计量实际输出值、评价和考核出现的偏差、调整或变革经营管理。由于预算管理覆盖企业经营活动的方方面面，需要各有关单位和个人积极配合，企业内任何一个单位或个人对预算管理的作用没有认识到位，都会在一定程度上影响企业预算管理的有效实施。（2）对于主体组织障碍：由于预算管理涉及财务与非财务资源，又事关战略实施，需要有一个企业高层和综合性的权威部门进行统一组织，也需要将预算指标通过分解和归口的方法划归有关部门、不同经营阶段的有关下属单位和个人，还需要有保证预算有效实施的监督部门，各级管理者应具有预算管理的职责和权限。如果预算管理的职权分配不合理和组织工作不扎实、不完备和不沟通，就将会影响预算管理的有效实施。（3）对于各方利益障碍：由于预算管理要根据实际值与预算值的比较来决定对相关单位和个人的奖励，涉及各有关方面的利益多少。在利益分配上如何做到公平、公正和公开，是预算管理必须解决的主要问题。(4) 对于信息输出障碍：为了保证输出实际值的客观、准确和有效，需要建立和健全信息处理系统，防止各种干扰输出值和虚假信息（如报喜不报忧的信息）产生的行为发生。(5) 对于调整变革障碍：企业根据实际值与预算值的偏差及时调整或变革经营目标和预算值、制度、经营过程、经营组织和经营方向等。在调整或变革中，如何根据偏差、外部环境、内部过程、组织结构、调整或变革的阻力和习惯因素等的变化，进行应对性的经营管理调整或变革，是预算管理中需高度关注的问题。

三、超越预算管理问题

（一）传统预算管理存在问题的分析

超越预算管理是在针对传统的全面预算管理存在的问题的基础上提出的。不少研究者认为，传统预算管理存在的主要问题有预算对经营管理好坏影响不大、管理层对预算不感兴趣或不重视、预算对管理者有太多束缚、编制预算费时和成本高、企业内外部环境因素变化太大对业绩有影响以及编制预算的主观性强、缺乏柔性、内向性而不是市场导向、没有与战略相联系并有预算松弛、预算编制和执行结果容易被人为操纵等等。对有关研究者所指出的一些问题，实际上在预算管理的改进和完善过程中已在一定程度上得到解决，如预算与战略脱节和内向性的问题；有的问题即使在超越预算管理下也会存在，如实际业绩的计量也有可能存在人为操纵的问题，这一问题并非传统的全面预算管理所独有。

笔者认为，有关传统预算管理存在的主要问题可以从以下几个方面认识，即：预算编制有主观成分、难以适应市场变化和缺乏灵活性、相对综合业绩指标的缺乏和与业绩评价体系基本上没有直接的联系、业绩考核激励不够科学和合理。(1) 预算编制有主观成分：传统预算的确定具有综合性的特点，要考虑编制预算时的内外部环境（包括市场因素在内），经过组织上下协商确定，有客观性内容，也会受到主观因素的影响（如讨价还价因素），其客观程度比单纯以市场数据为标准要差一些。(2) 难以适应市场变化和缺乏灵活性：传统预算管理强调预算的稳定性，当企业面临科技进步较快和消费需求变化较快等多变的外部环境时就显得难以适应；在外部环境多变时，原编制的预算无法起到稳定的控制依据的作用，也无法较好地适应环境变化，没有灵活性。（3）相对综合业绩指标的缺乏和与业绩评价体系基本上没有直接的联系：从现有的全面预算基本理论上看，所编制的预算中反映经营业绩的指标主要是利润额和销售额，其他相对的综合业绩指标和非财务业绩指标没有直接反映，与业绩评价体系基本上没有直接的联系，不利于企业对综合业绩进行全面的预算管理。（4）业绩考核激励不够科学和合理：由于传统预算管理在业绩衡量上所确定的预算是相对不变和存在一定的人为操纵可能性，特别是在环境多变的情况下，使业绩评价与激励显得不够科学和合理，而超越预算以公司或部门的实际市场竞争业绩指标为相对依据，运用标杆法实施奖励，更具有科学性和合理性。

解决传统预算管理存在的主要问题的对策有：（1）编制预算时要将市场因素与企业条件密切结合，尽可能消除主观因素的影响；（2）采用滚动预算法和多种应对措施，在预算执行一段时间后可根据外部环境的变化修订计划，使计划能很好地适应外部环境变化和具有一定的灵活性。（3）尽快制定相对综合业绩指标和与业绩评价体系保持直接联系的预算管理机制，以便企业对综合业绩进行全面的预算管理。（4）可考虑结合采用超越预算方法，以公司或部门的实际市场竞争业绩指标为相对依据，运用标杆法实施奖励，减少人为操纵因素，使业绩衡量能在一定程度上随外部环境变化而变动。

（二）超越预算与战略控制方法、全面计划

超越预算的提出试图超越传统预算而采取不编制预算的方式进行经营活动的控制。从超越预算的核心内容上看，超越预算仍然要进行财务预测和计划，确定财务业绩和设置财务业绩目标，因此，可以说超越预算还是一种预算，这种预算既有财务业绩预算，也有非财务业绩预算的内容，是以滚动和最近的预测为基础，不断进行调整的预算。超越预算与全面预算在一个企业中是否可以结合运用？关于适用范围，有观点认为，超越预算管理适用于产品寿命周期较短、产品更新换代较快、市场动荡和科技进步较快等环境多变的企业或组织。尽管超越预算管理有许多优点，但我国有较多观点认为我国目前还不具备广泛运用超越预算管理的条件。从超越预算的核心内容、与现有业绩评价体系相匹配、战略控制方法体系和全面计划体系上看，笔者认

为，一般的企业也是可以采用超越预算管理方法的。其理由是：(1) 按照超越预算管理方法提出者所阐述的核心内容，企业可以采用滚动预测方法对近期的财务和非财务业绩进行预测与计划（即使外部环境变化不大也可对近期业绩进行预测和计划），并设定业绩目标；建立综合业绩评价体系；以竞争对手的相对标准为基础运用标杆法进行奖励。这种方法的基本原理对任何企业都是适用的。(2) 超越预算管理所建立的综合业绩评价体系与现有业绩评价体系相一致，通过预测确定近期和与市场保持一致的计划值，解决过去在进行业绩评价时缺乏明确的比较标准值的问题。(3) 充分发挥战略控制的市场价值标准控制法、综合价值控制法和社会价值控制法的作用，将分权控制与集权控制相结合，自主管理与集中管理相结合。预算管理与超越预算管理可以同时在一个企业出现。超越预算的市场价值是市场竞争对手的业绩值，如销售额和投资收益率等。(4) 完善全面计划的内容。超越预算可单独编制，也可与现有的全面预算体系相结合，在现有全面预算内容的基础上增加综合业绩指标，弥补现有预算管理的不足，完善计划管理的内容。

主要参考文献

白夏平、李世新：“我国企业预算管理现状与创新”，《企业经济》2011年第9期。

冯巧根：“超越预算的实务发展动向与评价”，《会计研究》2005年第12期。

冯雪莲、汤小青：“传统的预算、改善的预算与超预算的协调功能”，《管理世界》2006年第8期，第152页。

高晨、汤谷良：“管理控制根据的整合模式：理论分析与中国企业的创新——基于中国国有企业的多案例研究”，《会计研究》2007年第8期。

亨利·明茨伯格（Henry Mintzberg）：《公司战略计划（The Rise and Fall Strategic Planning）》，云南大学出版社2002年版。

李志斌：“我国预算管理研究现状与展望”，《财会通讯》2008年第5期。

南京大学会计学系课题组：“中国企业预算管理现状的判断及其评价”，《会计研究》2001年第4期。

汪家常、韩伟伟：“战略预算管理问题研究”，《管理世界》2002年第5

期，第137—138期。

王斌："企业预算管理及其模式"，《会计研究》1999年第11期。

于增彪、袁光华、刘桂英、邢如其："关于集团公司预算管理系统的框架研究"，《会计研究》2004年第8期。

张鸣、张美霞："预算管理的行为观及其模式"，《财经研究》1999年第3期，第44—50页。

张云亭：《顶级财务总监》，中信出版社2003年版，第456—457页。

中国会计学会管理会计专业委员会："我国企业预算管理的引进与发展——纪念我国改革开放30周年"，《会计研究》2008年第9期。

Abernethy, M. A. & P. Brownell. The Role of Budgets in Organizations Facing Strategic Change: an exploratory study. Accounting Organizations and Society, 1999, 24 (1): 189 - 204.

Argyris C. The Impact of Budgets on People. NY: The Controllership Foundation. Connell University, School of Business and Public Administration. 1952.

Ashishi Gartg, Debashis Ghosh, Jarmes Hudick and Chuen Nowacki. Roles and Practices in Management Accounting Today, Results From the 2003 IMA - E&Y Survey. Strategic Finance, July 2003: 30 - 35.

Becker, S., Green, D. Budgetary and employee behavior, Journal of Business, 1962.

Birnberg, J. G., M. D. Shields & S. M. Young. The Case for Multiples in Empirical Management Accounting Research (with an illustration from budget setting). 1990 (2): 33 - 66.

Clinton, B. D., J. E. Hunton. Linking participative budgeting congruence to organization performance. Behavioral Research in Accounting, 2001 (13): 127 - 141.

George S. Odiorne. Management by Objectives, Marshfield, Massachusetts, Pitmn Press. 1965: 26.

Horngren, C. T. Management accounting: some comments. Journal of Management Accounting Research, 2004 (16): 207 - 211.

Kren, L. Control System Effects on Budget Slack. Advances in Management Accounting. 1993 (2).

Lindquist, Tim M. Farness as an Antecedent to Participative Budgeting: Examining the effects of distributive justice, procedural justice and referent cognitions on satiafaction and erformance. Journal of Management Accounting Research, 1995 (7): 122 - 147.

Marquette, R. P. & Fleischman, R. K. Government/business synergy: Early American Innovation in Budgeting and Cost Accounting. Accounting Historians Journal, 1992 (19): 123 - 145.

Merchant, K. A. , J. F. Manzoni. The achievability of budget targets in profit centers: a field study. The Av \\ ccounting Review, 1989, 64 (3): 539 - 558.

Nohria, N. , Gylati, R. Is slack good or bad for innovation? Academy of Management Journal, 1996 (39) .

Onsi M. Factor Analysis of Behavioral Variables Affecting Budgetary Slack. The Accounting Review, 1973, 48 (3): 535 - 548.

P. Lorange and D. C. Murphy. Consideration in Implementing Strategic Control. Journal Business Strategy. Vol. No. 4. 1984: 27 - 35.

Robert Rachlin. Handbook of Budgeting. John Wiley & Sons. Inc. 1999.

Robert S. Kaplan, David P. Norton. The Balance Scorecard - Measures That Drive Performance, Harvard Business Review. 1992: 71 - 79.

Scapens, R. W, & M. Bromwich. Management Accounting Research: the first decade (Editorial Report) . Management Accounting Research, 2001 (2): 245 - 254.

Shields, M. D. , S. M. Young. Antecedents and Consequences of Participative Budgeting: Evidence on The Effrcts of Asymmetrical Information. Journal of Management Accounting Research, 1993 (5): 265 - 280.

Shields J. F. , M. D. Shields. Antecedents of Participative Budgeting. Accounting, Organization and Society, 1998 (1): 49 - 76.

Shields, M. D. Research in Management Accounting by North Americans in The 1990s. Journal of Management Accounting Research, 1997 (9): 3 - 61.

William G. Oachi. Market, Bureaucracies and Clans. Administrative Science Quarterly 25. 1980: 120 - 141.

第五章　企业成本及产品成本核算理论

在资金运用中，资金的投放和营运会发生成本与费用，企业成本与费用是管理会计的重要对象。本章将要阐述的内容有企业成本的概念、特性和分类、企业产品及其成本的界定、产品成本核算和费用化成本问题。

第一节　企业成本的概念、特性和分类

一、企业成本的概念

进行企业管理会计活动，需要明确企业成本的概念。只有在明确企业成本概念的基础上，才能够建立起科学的企业成本体系。但长期以来在成本概念上还存在模糊不清的问题。这对于正确使用成本概念，乃至在明确成本概念的基础上进行正确的成本管理不无影响。目前，关于企业成本概念有多种不同的观点，概括来说，主要有两大类企业成本的概念。

（一）以“目的状语+价值牺牲”为表述形式的成本概念

成本是“为了什么而付出的价值牺牲或资金耗费”的概念。关于这类成本概念在美国的四个会计组织的有关文件中可以看到。（1）美国会计学会（AAA）在1951年的《成本概念与标准委员会报告》中对成本所下的定义是：“成本是为了实现一定目的而付出（或可能付出的）用货币测定的价值牺牲。”（2）美国注册会计师协会（AICPA）所属“名词委员会”在1957年第4号会计名词公报（Accounting Terminology Bulletin No. 4）中对成本所下的定义是：“为了得到或将要得到的物资或劳务，而以货币计量其所支付

的现金、所发行的股票、所提供的劳务或所发生的负债数额。”（3）美国财务会计准则委员会（FASB）在1978年第1号财务会计概念公告《企业财务报告的目标》中对成本所下的定义是：“成本是经济活动中发生的牺牲，即为了消费、储蓄、交换、生产等所放弃的。”（4）美国全国会计工作者协会在1983年的《管理会计专门术语》中对成本所下的定义是：“为达到一项目标而需要的现金等价物，这些目标如：履行一项合同，完成一项任务或生产、分配一种产品。”

国际会计准则第16号（1998年）中的成本定义是“成本，指资产购置或建造时，为取得该资产而支付的现金或现金等价物的金额，或其他对等的公允价值”。在2000年我国发布的《企业会计制度》中，对成本所下的定义是“成本，是指企业为生产产品、提供劳务而发生的各种耗费”。我国有学者（1988）认为“一般地说，成本是指为特定目的而发生的资金耗费”。

（二）“取得资财的代价”或相类似的成本概念

在我国的《经济大词典会计卷》（1991）中对成本所作的解释是：成本是“取得资财的代价或对象化的费用（或两者兼而有之）”。在日本的一本会计大辞典中“将成本理解为取得某项物资或服务所要支出的金额”。我国一般也将成本解释为“生产一种产品所需要的全部费用”，这是一种对产品成本所作的解释。

笔者认为，这两类概念均存在值得商榷之处。

1. 第一类概念没有准确地反映成本的本质特征，与费用的概念相混淆。在我国的《企业会计制度》（2000）中对费用所作的解释是：“费用，是指企业为销售商品、提供劳务等日常活动所发生的经济利益的流出”。一般也将费用解释为“企业生产经营过程中发生的各种耗费”。“经济利益的流出”可以理解为耗费；“生产经营过程”可以理解为生产经营产品和提供劳务的过程。由此看来，第一类成本概念几乎与费用的概念在内涵上重叠，这也难怪人们在使用成本概念与费用概念时经常将两者混用。

2. 第二类概念在外延上显得窄小，没有能够涵盖成本这一对象的全部内容。这类成本概念仅仅把成本看作是取得包括产品和劳务在内的资财或资产的代价，没有将取得非资产项目的代价包括在内（如选择决策方案的机会代价等）。那么，能否认为实现一定目的的价值牺牲也是成本呢？“实现一定目的”这一提法比“取得资财”的提法在外延上要宽，但显得过宽，因为支付债款也可以理解为价值牺牲或经济利益的流出，但支付债款却不能算作成本。

笔者认为，成本最一般的概念就是获得或取得一定成果的代价。这一成本概念在现实生活中具有普遍的适用性。那么，企业成本的概念是什么呢？企业成本是企业在生产经营管理过程中获得一定成果的代价。企业获得一定成果的项目有固定资产、无形资产、产品、劳务和决策方案等。生产中获得产成品的代价就是产成品的生产成本。关于费用的概念实际上有两个层次的概念：（1）费用的一般概念，即生产经营管理过程中发生的各种耗费，包括购建固定资产的费用、购买原材料的费用和生产产品发生的生产费用等。（2）财务会计报表的费用要素概念，即为取得一定收入而相应发生的各种耗费，包括销售产品的生产成本、期间费用、非常支出（通常指营业外支出）和对外投资损失等。这些费用是配比费用，并不包括生产经营管理过程中发生的不与收入相配比的其他耗费。一般所说的“费用要素”就是财务报表的费用要素。前一层次的费用概念在外延上要宽于后一层次的费用概念。根据以上认识，笔者认为，费用的一般概念是企业在生产经营管理过程中为获得一定成果所发生的耗费，财务会计报表的费用要素概念是指为取得收入而相应发生的耗费。企业成本的一般概念可以解释为企业生产经营管理过程中获得一定成果的费用。

二、企业成本的特性

日本有学者提出了一般概念的成本所具有的4个本质特征，即：（1）成本是消费的价值；（2）成本是对一定经营成果计算的价值；（3）成本是同经营目的相联系着的；（4）成本是正常情况下形成的成本。笔者认为，企业成本具有成果性、代价性、依附性、垫支性、流动性和多样性等特性。

1. 成果性（结果性）。成本是企业在生产经营管理活动中取得的用货币表现的成果。企业一定生产经营管理活动的完成可以通过所取得的一定成果形式表现出来，如购建的固定资产、购买的原材料和选择的项目等，就是一定的成果形式。一定成果形式是一定代价的承担者。

2. 代价性（耗费性）。企业在生产经营管理活动中取得的一定成果是要付出代价的，所付出的代价就是生产经营过程中取得成果所发生的耗费。所付出的代价是因获得而发生的，与获得有直接的联系。代价表现为资产的减少或转变，不包括负债的增加（因为负债的增加会使资产增加，而不是资产的减少）。

3. 依附性。成本是依附于一定的成果形式而存在的成本，如依附于产品上的产品成本、依附于所选择的方案的机会成本、依附于收入项目的费用化成本等。脱离所依附的成果形式的“成本”就不能称其为成本，这种依附性决定了取得成果所发生的各种耗费的吸收或归集。

4. 垫支性（预付性）。成本是企业在生产经营管理活动中实际或可能发生的垫支数额。企业在从事生产经营管理活动中，必须在取得长期资产和流动资产等方面先行支付，然后才有可能以收抵支，取得利润。这种在取得成果上的先行支付数额就是成本数额。先行支付的数额的大小决定成本数额的大小。企业垫支一定的数额是期望通过获得的收入予以补偿。

5. 流动性（转化性）。企业成本是一种资产或成果的价值形态向另外一种资产或成果形态的转化价值。埃尔登·S. 亨德里克森（1997）认为“费用这个词也是一个流转概念，表现企业资产的不利变动。”可以这样认为，取得成果的成本就是企业资产或成果价值的流动或可能流动，如生产产品的成本是固定资产部分价值、所用原材料和人工价值等向产品价值的转化。

6. 多样性。成本具有成果形式和代价形式的多样性。成本所依附的成果可以是固定资产、产成品和劳务，也可以是资金、收入和决策的方案等。在代价的形式上，成本可以是单一代价形式的成本，如人工成本；也可以是综合代价形式的成本，如产品完全成本就是由材料成本、人工成本和制造费用成本所组成的成本。林万祥等（2001）认为成本具有在经济性质和内容上的多元性。

三、企业成本的分类

在对成本概念和特性研究的基础上，为了有效地进行成本管理，有必要对企业成本按不同的标准进行分类。企业成本的分类研究，应在传统的成本分类理论的基础上有所创新，建立满足新经济条件下成本管理的需要的企业成本体系。

1. 静态成本与动态成本。按成本的流动特性，将成本分为静态成本与动态成本两类。静态成本是指处于成本流动过程中相对静止状态下的成本。它是系统动态学（System Dynamics，以下简称“SD”）所说的流位（level）变量，是截止某一时点累积计算的某种获得成果的代价，如根据截止某时点取得的某项固定资产所付全部支出确定的固定资产成本，根据会计期末一时点计算的产品成本。动态成本是指处于绝对不断变化中的成本。这类成本是一定时期内一定成果的增加和减少的成本，是SD的速率变量，如固定资产成本的增减成本、产品的增减成本。这种分类的作用是根据对静态成本的认识来计算静态成本和把握静态成本的经济内容，以及根据对动态成本的认识来了解成本的发展趋势、成本变动链和控制成本流率。

2. 短期成本与长期成本。按成本从垫支到可以得到补偿的时间，将成本分为短期成本与长期成本两类。短期成本是指成本的垫支可以在一年内通过取得的收入予以补偿的成本，如原材料成本和工资（人力）成本等。长期成本是指成本的垫支通过一年以上的收入予以补偿的成本，如固定资产成本和无形资产成本。这种分类的作用是有助于管理者根据成本的特点采用适当的成本管理方法进行管理。

3. 生产成本与非生产成本。按发生的成本与生产的关系，将成本分为生产成本与非生产成本两类。生产成本是企业生产产品发生的生产费用。非生产成本是与产品生产无直接关系的成本，包括未转化为费用化成本的生产资料成本、期间成本等。这种分类的作用是正确计算生产成本和根据成本与生产之间的关系进行成本管理。

4. 有形成果成本与无形成果成本。按成果是否具有实物形态，将成本分为有形成果成本与无形成果成本两类。有形成果成本是指依附的成果具有实物形态的成本，如固定资产成本、原材料成本和产成品成本等。无形成果成本是指依附的成果没有实物形态的成本，如无形资产成本、某个项目的成本、选择方案的机会成本、取得信息资源的成本等。这种分类的作用是有助于全面把握成本的内容，为进行各种成果形式的成本管理提供依据。

5. 财务活动成本与管理成本。按企业财务管理的特点，将成本分为财务活动成本与管理成本两类。企业财务活动成本包括资金筹集和运用的成本。资金筹集成本是指取得资金的成本，包括取得资金的手续费和支付的利息等。资金运用成本是指资金投入生产经营过程中形成的生产成本和长期对内、对外投资形成的投资成本及取得收入的成本等。管理成本是指企业行政管理部门组织和管理企业生产经营而发生的成本。这种分类的作用是便于对财务活动和管理活动中的取得成果所发生的耗费进行管理。

6. 配比成本与非配比成本。按成本与收入的配比关系，将成本分为配比成本与非配比成本两类。配比成本是指与一定会计期间所取得的收入相配合的成本。配比成本是财务会计报表的费用要素，是利润计算的基本要素之一。一般认为配比成本仅包括配比的产成品生产成本与期间成本。笔者认为，配比成本除了产成品成本和期间成本外，还应包括对外投资的损失和非常经营支出（营业外支出）在内。这是因为对外投资损失和非常经营支出也是取得收入所付出的代价。非配比成本是不与一定会计期间的收入相配比的成本，如期末固定资产成本、原材料成本、在产品和产成品成本。这种分类的作用有助于根据收入与配比成本之间的因果关系，正确计算、分析和考核企业的利润。

7. 正常成本与非常成本。按成本发生的情况，将成本分为正常成本与非常成本两类。正常成本是指企业生产经营管理过程中正常或经常发生的成本。从成本与收入的配比关系上看，这类成本一般指产品成本和期间成本。非常成本是指在生产经营管理过程中不经常或偶然发生的成本，如自然灾害损失。这种分类的作用是正确计算由正常成本所确定的正常经营利润，在排除偶然情况下使不同时期的经营成果具有可比性，以及正确计算企业的利润总额，分别对正常成本和非常成本进行管理。

8. 客观成本与主观成本。按成本形成的主、客观条件，将成本分为客观成本与主观成本两类。客观成本是指由一定客观条件所决定会发生的成本。这类成本不管管理者的主观意愿如何，都是客观存在的。对于企业来说，客观成本也是被动成本。主观成本指由管理者的主观意愿所决定形成的成本。这类成本会因管理者的主观意愿变化而产生或消失，是企业的主动成本。这种分类的作用有助于管理者进行成本决策和分析。

9. 单一成本与综合成本。按形成成本的项目的多少，将成本分为单一成本与综合成本两类。单一成本是指仅有一个成本项目的成本，如人工成本。综合成本是指由多个成本项目组成的成本，如产品的完全成本就是由直接材料、直接人工和制造费用等成本项目组成的成本。这种分类的作用是便于了解成本的构成，从而针对有关项目进行管理。

第二节 企业产品及其成本的界定

在对企业成本的概念、特性和分类认识的基础上，将进一步阐述企业产品及其成本的概念问题。我国财政部会计司 2013 年 8 月发布了《企业产品成本核算制度（试行）》（以下简称“试行制度”），并要求企业在 2014 年 1 月起开始施行。已发布和实施的试行制度在一定程度上继承了我国传统产品成本核算处理的规则和要求，又增添了一些新的处理规则和要求，明确了一些新的概念，推动了成本核算理论的发展和应用。为了配合试行制度的实施，财政部会计司又编写了《〈企业产品成本核算制度（试行）〉讲解》（以下简称“试行制度讲解”）一书。试行制度讲解对试行制度做了全面和详细的阐释，对理论和实务工作者正确学习和理解试行制度有很大帮助。试行制度的基本内容反映了现有成本核算理论的有关内容。试行制度的制定和发布有助于规范企业产品成本核算行为，也引起了人们对有关产品成本核算理论一系列问题的反思。对试行制度的研究实际上也是对现有成本核算理论的研究。根据试行制度及其讲解的有关内容，以及国内外有关企业产品成本核算研究的文献，笔者认为，企业产品成本核算在有关理论和应用上还存在一些值得进一步研究的问题。研究和解决这些问题，对进一步深化包括企业产品成本核算在内的管理会计理论的研究、加强相关理论的应用、促使我国管理会计理论与实务上台阶是有重要意义的。本章第二节和第三节将对企业产品及其成本和核算问题的一些基本概念方法，如企业产品、产品成本、产品成本对象、产品成本核算对象和核算方法等问题进行了探讨。

一、企业产品的界定

进行企业产品成本核算，首先应明确“企业产品”这一基本概念。试行制度第二条规定该制度适用于除金融保险业以外的其他企业。企业是指从事产品生产、流通或服务性活动，并实行独立核算的营利性经济组织。不论是产品生产，还是流通或服务性活动，都涉及“产品”。那么，什么是产品呢？

试行制度第三条对该制度所称产品进行了界定，即：产品“是指企业日常活动中持有以备出售的产成品、商品、提供的劳务或服务。”这一产品的定义是根据会计准则的存货准则确定的，但没有将生产企业的在产品列为产品范畴。实际上，人们在对“在产品”进行解释时，是将其解释为处于生产过程中没有最后加工完成的产品，不论是处在某一个生产阶段加工中的产品，还是已完成一个或几个生产阶段的加工但就一个企业的基本生产目的来说还没有最后加工完成的半成品，都是企业的产品。另外，企业的产品有的不是待售而是待用产品，如辅助生产的产品。

现代汉语词典将产品解释为“生产出来的物品”。英文的产品是用“product”来表示的，其含义有产品、结果、作品、产物和成果等。“产品”中的“产”字含有加工、制作、作用和处理等活动的意思。从一般意义上看，可将产品解释为企业为满足消费者或使用者的需要而通过一定的主体采用一定的手段对一定的客体进行处理而得到的结果。一定的主体是企业的生产经营者、劳务或服务的提供者、软件的制作者等，一定的客体是处理的材料、物品和信息等，处理的结果是有形的物品与无形的服务和软件。从生产性企业看，产品作为存货包括以备待售或待用的产成品或商品产品，以及处在生产过程中的在产品，它们都是生产出来的物品，而不论产品生产是完成了企业生产目的百分之百的生产过程，还是完成小于百分之百的生产过程。

关于产品整体概念的含义有三层次、五层次和四属性等观点。产品概念三层次结构依次为核心层、形式层和延伸层（附加层），其中，核心层产品是给购买者的基本消费利益，是产品的功能和效用，即产品的使用价值；形式层是产品中给购买者带来的外观，如产品品名、包装、商标、造型、设计风格等；延伸层是产品中给购买者提供的售后服务的附加利益，如运送、安装、咨询、维修、声誉、资金融通和保证等好处。产品概念的五层次结构包括核心利益、一般产品、期望产品、扩大产品和潜在产品。产品四属性包括内在、外在、表现和抽象属性。产品概念的三层次观点为人们所一般接受。

笔者认为，产品概念三层次结构内容涉及购买者（顾客）的价值或好处的问题。对购买者的有用性被加到了企业产品中，一系列的购买者的有用性形成了价值链。根据迈克尔·波特的理论，可将企业价值链活动分为主要活动和辅助活动。主要活动有供应、生产、储运、市场销售和服务，辅助活动有采购、技术开发、人力资源管理、财务服务和企业基础管理活动。从购买者价值链上看，产品概念的层次结构可以分为生产层（即核心层，生产形成的使用价值）、销售层（提供外在形式和售后服务的价值，包括主要活动的储运、广告宣传、市场销售和服务活动）和管理层（带来除前两层次内容以外活动的价值，包括研发、流程设计及其他经营管理的价值）三个层次。现有的产品三层次的观点只涉及生产层次和销售层次，没有包括管理层次的内容，产品的整体概念是不完整的。企业管理工作好坏对产品的销售或服务的提供是有影响的，也就是说购买者购买企业产品实际上也购买了企业的管理。企业所核算的核心层产品成本，即核算传统的生产成本或制造成本，会给人们造成所销售的产品成本只有生产成本这部分内容的假象，产生了很低的成本却有很高的销售价格的问题。近期媒体的一篇“一斤茅台酒的成本不会超过40块钱”的报道引起了社会各界专家学者对商品成本的广泛争议。媒体所说的不到40块钱茅台酒的成本只是从总成本费用中扣除广告推广费、管理费和折旧费等后的成本，主要还是产品的生产成本，没有包括产品的销售层的一些成本和产品中管理层的成本在内，产品的附加价值没有加入其中。从完整意义上看，企业核算的产品成本应该是包括生产层、销售层和管理层的成本。从这个意义上说，在产品成本核算制度中有必要增加包括销售费用和管理费用在内等成本核算规则的内容，以避免人们对产品成本造成误解。过去我国的产品成本核算内容中就包括了企业管理费的内容。当然，三层次产品不仅仅是狭义的生产品，而是生产性企业的广义生产品（以下没有特别说明的生产都是狭义的生产），或者说是生产经营品。明确界定产品的层次结构，对正确核算产品的生产成本和销售费用、管理费用、财务费用等成本是很重要的。从产品的三个层次上认识有助于产品成本内容的正确界定。

企业产品可以按多种标准分类。试行制度讲解将产品从形态上分为有形产品和无形产品，另外还对不同行业企业产品进行了分类。就制造企业来说，企业产品按产品在生产经营的不同阶段可以分为在产品和产成品，按具体形态可分为固体、液态、气态产品和无形产品，按生产目的的不同分为辅助生产产品（如为基本生产车间提供的水电等，一般不对外销售，不是以备待售产品）和基本生产产品。

二、企业产品成本的界定

企业产品成本是企业在生产、流通和提供服务过程中获得一定成果的代价，其经济内容应由产品概念三层次内容所决定。从生产产品层次上看，企业产品成本是产品的生产成本，包括产品生产过程中耗用的直接材料、直接人工、燃料和动力及制造费用。这也是试行制度所要求核算的产品成本——产品生产成本或制造成本。基于产品概念三层次的产品成本是产品生产经营成本。

试行制度第三条所界定的产品成本，是指生产产品过程中所发生的直接材料费用、职工薪酬等，以及不能直接计入而按一定标准分配计入的各种间接费用。这里的“各种间接费用”，在排除产品成本的前两项内容之后就应该属于制造费用了。那么，制造费用是不是就是间接计入费用呢？在我国传统产品成本核算理论中，与产品成本有关的生产费用在直接与间接的划分上有两种方法：一是按生产费用与产品生产工艺的关系分为直接发生费用和间接发生费用，二是按生产费用计入产品成本的方法分为直接计入费用和间接计入费用。试行制度所述产品成本中的制造费用是第二种划分的间接计入费用，而前两部分的直接材料和职工薪酬又是按第一种划分的直接费用，在一个定义中将两种划分混在了一起。如果按第一种划分标准划分，直接成本中还应有机器设备折旧费。如果按第二种标准划分，直接材料和直接人工也可能是间接计入费用。在产品生产成本定义的确定上应按一种划分标准来确定才是合适的。

在美国的亨格瑞（Charles T. Horngren）等（2010）的《Cost Accounting》一书中也将产品成本分为直接与间接两部分，划分根据是与某个特定成本对象相联系，是否以经济可行（有成本效益）的方式追溯到该成本对象，能以经济可行（有成本效益）的方式追溯到某特定成本对象的成本是直接成本，否则是间接成本（见 Charles T. Horngren 等的《Cost Accounting》第54页）。这里的划分方法，笔者的理解是，对与特定成本对象相联系的生产费用，按其是否以简便的方式归属于某对象划分直接与间接费用，能以简便的方式归属于某对象的费用是直接费用，否则是间接费用。对这两种费用也可称为直接归属费用和间接归属费用。产品生产成本中除了直接材料和直接人工以外的费用中有的是可以简便的方式归属于某对象，如检验费用和设备调整费用等，有的是不可以简便的方式归属于某对象，如车间管理人员的工资和车间折旧费等，并不都是间接归属费用。可以这样认为，从各项费用占总成本的比重上看，列为产品生产成本的直接成本是主要费用，其他成本是次要费用或其他费用。因此，对产品生产成本可作如下定义，即生产产品过程中所发生的直接材料费用、职工薪酬等主要费用，以及能够或不能以简便方式归属于各种成本对象的其他费用。对次要费用可以称为制造费用（manufacturing overhead costs）、车间费用（factory overhead costs）或综合费用。我国过去也曾将这部分制造费用称为车间经费。如果严格按是否以简便的方式归属于某对象来划分，直接费用的项目将会有所增加，如直接材料、直接燃料和动力、直接人工、设备调整费用、检验费用等，制造费用部分的内容将有所减少。在企业只生产一种产品时企业产品生产费用全部都是直接归属费用，在这种情况下，笔者所下定义也是合适的。能够以简便的方式归属于某对象的费用有的是直接计入费用，有的也是需要分配的间接计入费用，按是否以简便的方式归属于某对象对生产费用划分与按计入产品成本的方法划分费用是不相关的，如生产甲和乙铸铁件要共同耗用生铁，所耗用生铁的费用可归属甲和乙铸铁件，是直接归属费用，但需要分配才能计入甲和乙铸铁件成本中，又是间接计入费用。

综上所述，产品生产成本的直接与间接费用就可按三种标准划分，即生产费用按与生产工艺的关系分为直接发生与间接发生费用、按计入产品成本的方法分为直接计入与间接计入费用和按能否简便归属于某成本对象分为直接归属与间接归属费用。

第三节　产品成本核算问题

一、产品成本核算对象和成本对象

试行制度第二章明确规定，要根据生产经营特点和管理要求，确定成本核算对象。从第二章第九条到第二十条的有关规定上看，企业要确定的产品成本核算对象是单一产品、分类产品与多元化的产品。在国外的一些教科书上，没有看到产品成本核算对象的提法，但有成本对象（cost object）的提法。在亨格瑞（Charles T. Horngren）等的《Cost Accounting》一书中是这样界定成本对象的，即：成本对象是“需要计量其成本的任何事项”。在我国的有关文献也有成本对象的提法。那么，产品成本核算对象与成本对象是相同的概念还是不相同的概念呢？关于这两个概念，我国学术界有两种不同的观点，一种观点认为两者是不相同的两个概念；另外一种观点认为两者是相同的概念，成本对象是成本核算对象的简称，成本对象就是成本核算对象。笔者认为产品成本核算对象与成本对象不是相同的概念。笔者在1996年曾指出，产品成本核算对象不是产品，而是产品成本的发生过程。产品成本核算是会计核算的组成部分。一般将会计核算解释为以货币为主要量度，对经济组织的生产经营活动过程及其结果进行的计量、记录和报告的活动。会计核算的对象就是经济组织以货币为主要量度反映的生产经营活动过程及其结果，具体表现为资产、负债、所有者权益、收入、费用和利润等要素。那么，产品成本核算对象就应是生产经营过程中发生的成本，而不是产品。根据对产品概念三层次的认识，产品成本核算对象就是生产经营过程中发生的生产成本和期间费用。

产品成本对象，是需要计算其成本的产品。试行制度所规定的产品成本核算对象实际上是指“产品成本对象”。产品成本对象不应是产品核算对象的简称。试行制度对制造企业和农业、批发零售业、建筑、房地产、交通运输、信息传输、软件及信息技术服务、文化业和其他行业的产品成本对象作了具体的规定；还规定企业在有内部管理要求时，可按照现代企业多维度和多层次的管理要求，确定多元化的对象。就制造企业产品成本对象的确定上看，试行制度根据现有理论，在第九条中对一般情况下的三种成本对象和在产品规格繁多时的类别产品成本对象作了规定。三种一般情况下成本对象是根据生产特点和是否提供生产步骤成本信息的管理要求确定的。按试行制度规定，三种对象的确定依次为：（1）大量大批单步骤生产产品或管理上不要求提供有关生产步骤成本信息的，一般按照产品品种确定对象；（2）小批单件生产产品的，一般按照每批或每件产品确定对象；（3）多步骤连续加工产品且管理上要求提供有关生产步骤成本信息的，一般按照每种（批）产品及各生产步骤确定对象。第（1）种对象与第（3）种对象相比较，第（1）种对象的表述不够完整，第（3）种对象的表述不够确切。第（1）种对象的完整表述可以是“大量大批单步骤生产产品或管理上不要求提供有关生产步骤成本信息的大量大批多步骤生产产品的，一般按照单步骤的产品品种确定对象”，增加了“大量大批多步骤生产产品的”和“单步骤的”内容；第（3）种对象的确切表述可以是“大量大批多步骤连续加工产品且管理上要求提供有关生产步骤成本信息的，一般按照各生产步骤的每种产品确定对象”，在多步骤前加了“大量大批”的内容，将对象定为“各生产步骤的每种产品”，这是因为对象是产品，生产步骤是修饰的定语，生产步骤不是对象。两种对象的区别就在于是单步骤的各种产品还是多步骤的各种产品。

试行制度的第（2）种对象的确考虑了生产组织的特点，但没有考虑生产工艺过程的特点，实际上在范围上涵盖了试行制度的第（3）种对象，划分过宽。如果从生产组织特点上确定成本对象，对第（1）种和第（3）种对象就要加上“大批量生产产品”的表述了。实际上，不论是大量大批生产，还是小批单件生产，都要以各种产品为对象计算成本，生产组织的批量大小对成本对象的确定没有影响。因此，一般情况下的产品成本对象应为两种，即：单步骤生产产品或管理上不要求提供有关生产步骤成本信息的多步骤生产产品的，一般按照单步骤的产品品种确定对象；多步骤连续加工产品且管理上要求提供有关生产步骤成本信息的，一般按照各生产步骤的每种产品确定对象。由这两种对象决定的产品成本计算方法应是单步骤品种法和分步骤品种法，品种法与按类别产品计算成本的方法是一对实际成本计算方法。

试行制度的第二十条规定的多元化成本对象，是根据新的管理要求确定成本对象的。在管理上要求提供多维度和多层次的产品成本信息时，可根据需要确定成本对象。应该注意的是，这些对象仍然是各种或各类产品，只是在产品前加了修饰的定语，如从生产设备、成本性态和工作环节或活动维度确定的核算生产设备费用的产品、核算变动与固定费用的产品、某产品的工作环节或活动，从管理层次上确定核算成本的工厂、部门、车间、班组和工序的产品。

二、产品成本计算方法

产品成本核算理论相对过去已经有了很大的发展，已经有了为人们所普遍接受的产品成本计算方法体系，但我们也应注意到在产品成本核算理论上还存在一些需要进一步研究的问题。本书将对产品成本核算的一些理论问题进行深入分析，探讨成本核算规律，构造一个科学的新型产品成本计算方法体系，在成本核算理论研究上有所突破，以推动产品成本核算理论向前发展。

在会计词典和大量的成本会计教科书上，我国一般认为，在制造成本法下的传统产品成本计算方法体系是由简单法或品种法、分步法和分批法三种基本方法与分类法、定额法等辅助方法组成的体系，并一致认为决定成本计算对象或成本计算方法的生产类型特点是生产工艺过程和生产组织的特点。在国外的一些成本会计教科书上提到的产品成本计算方法是分批成本法和分步成本法，如亨格瑞等的《Cost Accounting》和英国杰·白蒂的《高级成本会计》书上的介绍。国外关于产品成本计算方法的分类与我国的现有分类有所不同。

关于产品成本计算方法体系存在有以下几个值得研究的问题。

（一）分批法是否应成为一种独立的成本计算方法

一般认为，简单法是按产品品种计算产品成本，分步法是按产品品种和生产步骤计算产品成本，而分批法则是按产品批别计算产品成本；分批法与简单法在成本计算的空间范围和实体上相同，在成本计算时期上不同，前者是按生产周期计算产品成本，后者是按日历月份计算产品成本；分批法与分步法在成本计算时期、空间范围和实体上都不相同。对这些观点，笔者有不同的看法。

1. 在多步骤小批单件生产条件下，能否按产品批别计算产品成本的问题。在目前的方法体系中，分批法仅适用于单步骤小批单件生产条件。对于多步骤小批单件生产，则是采用分批法与分步法相结合所形成的“分批分步法”计算产品成本。这种方法实际上是将分步骤按产品品种计算产品成本的分步法变成了分步骤按批别产品计算产品成本的分步法，也就是说在多步骤生产条件下是可以按步骤的批别产品计算产品成本的。既然是这样，那么，分批法就名不副实了，没有完全将分批计算产品成本的内容包括在内，犯了概括不全（划不全）的逻辑错误。

2. 成本计算期问题。一般认为，在成本计算时期上，分批法采用生产周期，简单法和分步法采用日历月份。对此，也存在有不同的看法。贺南轩（1979）认为，“各种基本方法的成本计算期都相同”，即都是以日历月份作为成本计算期。我国《企业会计准则》第五十一条规定，“成本计算一般应当按月进行”。那么，对成本计算期问题应该怎样认识呢？笔者认为，从存货估价上看，不论是在大量大批生产条件下，还是在小批单件生产条件下，也不管各种产品是否完工，月末都要计算各种产品的成本。如果说成本计算期是指产品从开工到完工的时间，按各批产品的生产周期计算成本似乎可以说得通，但在大量大批生产条件下，在生产某种产品的某个月份内，当月投入生产的产品可能完工，可能没有完工，如果没有完工，是不是就不计算产品成本呢？显然不是的。因此，“成本计算期是产品从开工到完工的时间”的观点是不正确的。在按月计算产品成本时，月末产品没有完工就计算在产品成本，产品已经完工就计算完工产品成本，产品既有完工也有没有完工的，就计算完工产品与在产品的成本。在大量大批生产条件下是这样计算，在小批单件生产条件下也应是这样的。确定以日历月份作为成本计算期，分批法与简单法在成本计算期上的区别就不存在了。

3. 生产组织特点对成本计算方法的确定有无影响的问题。分批法的命名与生产组织特点有关。如果都以生产组织特点对成本计算方法命名，则简单法和分步法就应称为“大批量法”了，而实际上对简单法和分步法是以生产工艺过程特点命名的。在分批法下，是按小批单件生产的某种产品计算成本；在简单法和分步法下，是按大批大量生产的某种产品计算成本的。在“某种产品”上，简单法、分步法与分批法没有什么区别，再考虑到前述的在单件小批生产条件下也可分步骤计算产品成本和各种成本计算方法在成本计算时期上没有区别这两点，可以将分批计算单步骤生产和多步骤生产的产品成本的内容分别并入简单法和分步法，从而取消分批法的提法。这样，分批法就不再以一种独立的方法而存在。简单法就是在单步骤大量大批和小批单件生产条件下，按月计算各种产品成本的方法；分步法就是在多步骤大量大批和小批单件生产条件下，分步骤按月计算各种产品成本的方法。生产组织的特点对产品成本计算方法的确定是没有影响的。

（二）生产工艺过程特点和成本管理要求对确定成本计算方法的影响

生产工艺过程特点和成本管理要求是确定成本计算方法的客观根据和主观根据。按生产工艺过程特点，产品成本计算方法分为单步骤成本计算法和多步骤成本计算法，即简单法和分步法两种。在多步骤生产条件下，按是否分步骤计算产品成本这一成本管理要求，成本计算方法分为不要求分步骤计算产品成本的方法和要求分步骤计算产品成本的方法，前者并入简单法。这样，简单法就成为了适用于单步骤生产和管理上不要求计算步骤成本的、视为单步骤的多步骤生产及任何生产组织条件的一种成本计算方法。

（三）分类法与简单法、分步法的关系

从产品的种类上对产品成本计算方法进行划分，应分为按产品品种计算成本的简单法、分步法和按产品类别计算成本的简单法、分步法。这两类方法可以称为品种法和分类法。按产品品种计算产品成本也就是按项目产品计算成本。按产品类别计算成本方法的独立存在是由生产产品组合的客观性和简化核算要求所决定的。区别各种实际成本计算方法的第一个标志就是产品种类，以这一标志划分形成品种法和分类法两大类方法；区别的第二个标志是生产工艺过程特点和成本管理要求，由此形成按产品品种（类别）计算成本的简单法和分步法。因此，可以认为，分类法不是产品成本计算的辅助方法，而是产品成本计算的基本方法。

（四）实际成本计算法与定额（标准）成本法的区别

实际制造成本计算方法是只计算产品实际成本的方法。定额（标准）成本法是制定定额（标准）成本，进行成本差异的分析、揭示、控制和成本差异的账务处理的一种成本计算与控制相结合的方法。在定额（标准）成本法下，首先要制定定额（标准）成本和进行成本差异的分析，然后再计算产品的实际成本。定额（标准）成本法之所以可以独立成为一种与实际成本计算法并列的方法，是因为其适应了生产的特点和满足了加强成本控制的要求，不应将其列为从属于实际成本计算方法的辅助方法。

（五）对国外产品成本计算方法的认识

应如何正确认识与我国成本计算方法在表述或认识上不完全相同的国外产品成本计算方法呢？国外教科书上介绍的分批成本法（job costing system）是以独特的产品或服务的一个或几个单位为成本对象，将成本分派到不同的单位产品或服务上，为每一产品或服务单位计算成本的方法。分步成本法（process costing system）是以大规模同质或近似的产品或服务为成本对象，

将成本分派到大规模同质或近似产品上，按平均成本计算单位成本的方法。分步成本法也涉及分步成本计算。多数企业采用整合了两种方法的系统计算成本。国外学者们认为，两种方法的本质区别在于计算产品或服务的单位成本时平均的程度不同（见 Charles T. Horngren 等的《Cost Accounting》一书，第 627 页）。笔者认为，如果这两种方法表现在单位成本计算上不同，那么这两种方法就应称为非平均单位成本法和平均单位成本法。就方法的实际内容来看，涉及是否分步计算各种产品成本的问题，不论是独特的产品生产或服务，还是大规模同质或近似的产品生产或服务条件下，都需要按单步骤或多步骤计算各品种产品的成本。因此，笔者认为，仍可将产品成本方法分为单步骤品种成本计算法和分步骤品种成本计算法，至于是否需要平均计算产品单位成本，就视各种产品的批量大小而定，如果是单件产品就不平均计算产品单位成本，如果是批量产品（不管是大批还是小批产品）就平均计算产品单位成本。

（六）变动成本法与制造成本法（完全成本法）的区别

变动成本法与制造成本法（完全成本法）这两种方法是一对方法。制造成本法要计算的是产品的完全生产成本；变动成本法只计算产品变动成本，而将固定成本作为期间成本计入当期损益。这两种方法的区别是所计算的成本包括内容不同。变动成本法是适应了生产特点和满足了成本决策与控制等需要而独立存在的方法，也不应将其列为从属于实际完全成本计算法的辅助方法。变动成本法可以根据生产特点和成本管理要求，不分步骤或分步骤计算各种（类别）产品的变动成本。

根据以上论述，笔者认为可以构造如图 5－1 所示的产品成本计算方法体系。

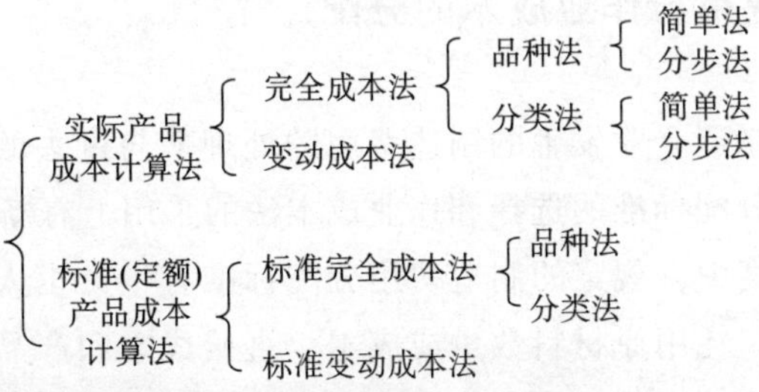

图 5－1 产品成本计算方法体系

三、对制造成本法的进一步研究

（一）关于简单法

在按多种产品的批别计算成本时，如果月份内完工批数较少，可采用间接费用累计分配法，计算完工批别产品应分配的费用，而不分产品批别计算在产品应分配的费用。有人认为间接费用累计分配法只是一种间接费用分配的方法，也有人认为这是一种简化的分配法。笔者认为，间接费用累计分配法简化的是间接费用的分配和在产品成本的计算，在成本计算程序上并没有简化，产品成本计算过程中仍然有费用的分配与汇集这一步骤。如果说简化在产品成本计算可以说是成本计算方法的简化，那么几种简化的在产品成本扣除法不就是几种简化的产品成本计算方法吗？显然不是的。这些简化方法简化的是在产品成本的计算，而不是成本计算方法的简化。因此，应将间接费用累计分配法列为费用分配的方法，而不列为成本计算的简化方法。

（二）关于分步法

分步法是多个简单法的结合应用的成本计算方法，对于逐步结转分步法来说是连接式结合应用，对于平行结转分步法来说是平行式结合应用。采用平行结转分步法也要按简单法的原理汇集各步骤各产品的生产费用，分步骤计算各步骤应计入产成品成本的费用份额。从分步骤计算产品成本上看，平行结转分步是符合分步法的特征，成本计算的空间范围特征没有失去，只是在计算的程序上作了简化处理，没有计算和逐步结转各步骤半成品成本。

四、制造费用与作业成本的分配

试行制度在制造企业发生的制造费用的处理上与过去的有关会计制度和准则相比较，在分配标准的选择和作业成本法的采用上有新的规定。在2001年的企业会计制度中，规定的制造费用分配标准有生产工人工资、生产工人工时、机器工时、耗用原材料数量或成本、直接成本和产品产量，但没有提到可以采用作业成本法下的分配标准；在季节性生产企业基本生产车间的制造费用分配上，是根据制造费用年度预算数和产品的全年计划产量，计算确定计划分配率，据以进行分配的。在2006年的企业会计准则讲解中也规定了与企业会计制度相同的六种分配标准。试行制度明确规定可以采用的分配标准包括机器工时、人工工时和计划分配率等。比较而言，试行制度明确规定的分配标准有所减少。在国外的成本会计学教科书上提到的成本分配基础（标准）有财务的（如直接人工），也有非财务的（如机时数）标准。笔者认为，为了方便实务中根据具体情况选择采用分配标准，在制度规定上还是可以根据2001年企业会计制度，进一步明确规定一些财务与非财务的分配标准。

试行制度将计划分配率也列为分配标准。笔者认为，分配率是根据需分配费用与分配标准计算确定的，不应将分配率作为分配标准。在制造费用分配上可以采用实际分配率与计划分配率，可在制度中明确说明在费用分配上可采用这两种分配率。计划分配率是根据一定期间的计划费用与相应期间的计划分配标准确定的。我国对非季节性生产企业通常是按月份计算实际分配率分配制造费用，没有考虑年度内季节性因素（如冬季有取暖费，其他季节没有）和非季节性特殊因素（如节假日工资和设备维修等）对制造费用的影响，是根据各月实际发生费用进行分配的，在处理上并不平滑处理全年的制造费用。如果年度内季节性和非季节性因素的影响金额较大时，可以考虑采用计划分配率分配制造费用。

试行制度规定，制造企业可以根据经营管理特点和条件，利用现代信息技术，采用作业成本法对不能直接归属于成本对象的成本进行归集与分配，这是对制造费用核算进行改革的具体举措。现在的问题是，具体到企业应如何确定作业成本及其分配标准。

作业成本法（以下简称“ABC”）是20世纪80年代末在美国产生和在一些企业中得到应用的方法。在时隔20多年后的2003年国外有关调查中，显示ABC的推行情况没有取得很好的效果。在我国实施产品成本核算制度时推行ABC，应重视ABC发源地的美国推行的实际情况和研究情况。笔者认为，推行ABC，首先必须充分认识ABC在解决一些项目制造费用分配不合理，没有考虑费用发生的因果关系，使提供的成本信息不够真实和准确，影响企业的经营决策（如产品定价决策）等问题上的优点；其次可采取逐步推行的办法（渐进的方法）。企业可先选择一些主要的、金额较大的费用和有明确因果关系的作业动因进行作业成本的分配，然后再进一步扩大作业成本的范围，使开始实施的ABC系统不显得过于复杂。在制度方面，可将一些制造费用的作业动因明确规定为分配标准，如分配设备调整费的调整次数、分配检验费的检验次数等，以规范分配标准和便于实务中选择采用。对一些因果关系不明确或不够明确的制造费用可仍按传统的分配标准进行分配。

第四节 费用化成本问题研究

一、问题的提出

2006年新发布的企业会计基本准则（以下简称“基本准则”）与1992年的企业会计基本准则（以下简称“原基本准则”）相比较在费用相关内容的规定上发生了一些变化。变化的主要内容有：（1）修改了费用的定义。原基本准则中费用的定义是：“企业在生产经营过程中发生的各种耗费。”基本准则中的费用定义是“企业在日常活动中发生的、会导致所有者权益减少的、与向所有者分配利润无关的经济利益的总流出（财政部，《企业会计准则2006》，2006）。”新定义由于明确了减少所有者权益的经济利益的流出这一特点，使得费用的利润报表要素特点予以明确化。原基本准则的费用定义在范围上要比新基本准则的费用定义范围要宽，是范围最宽的费用定义，包括了生产经营过程中发生的所有耗费，不论这些耗费是否减少所有者权益。从基本准则第三十条和第30号财务报表列报准则规定的有关内容上看，新定义在内容上仅涉及销售产品或提供劳务的成本、销售费用、财务费用、管理费用、营业税金和所得税费用的内容。（2）基本准则的费用要素规定没有专门使用“期间费用”的术语来表示销售费用、财务费用和管理费用这三项费用，而原基本准则中这三项费用被确定为期间费用。在2000年财政部的企业会计制度中也将这三项费用规定为期间费用。（3）基本准则明确了费用与资产、负债、所有者权益、收入、利润为会计要素，而原基本准则没有这样的规定。（4）基本准则在费用要素的确认上与原基本准则相比较有了一些新规定。(5) 原基本准则有“营业外支出”的规定，现行基本准则没有使用“营业外支出”的术语，而改用“损失”的术语。

我国现行企业会计基本准则与国际会计准则在费用的内容比较上，也存在一些不同之处。这些不同之处有：(1) 我国基本准则没有将费用要素明确确定为财务报表要素，而国际会计准则的费用要素被明确确定为财务报表要素。(2) 国际会计准则中的费用要素包括“损失”在内，在概念框架中不把损失作为单独的要素（国际会计准则委员会，《编报财务报表的框架》，1989）。我国基本准则规定将损失分为两部分，一部分计入当期损益，一部分计入所有者权益，没有将损失列入费用要素中。我国基本准则与国际会计准则在损失的归类上还存在差异。除了前述范围最宽的费用定义外，国际会计准则的费用定义被认为是广义的费用定义，我国准则的费用定义是狭义的费用定义。

通过我国现行基本会计准则与原基本准则、国际会计准则中与费用相关规定内容的比较，笔者认为有一些值得进一步研究的问题。这些问题是：(1) 费用要素的性质是什么？准则中费用要素到底是财务报表要素或会计对象要素，还是会计要素？会计要素与财务报表要素的关系是什么？(2) 费用要素到底应该包括些什么内容？损失与营业外支出在范围上是否相同？损失应列为费用要素，还是计入当期损益和所有者权益？在寻求会计准则的国际趋同的要求下为什么我国新的基本准则在费用要素和其他要素的内容上仍然没有与国际会计准则的有关规定保持一致呢？这涉及到中国特色问题还是仅仅是认识上的差异问题？笔者认为，从理论上研究和解决这些问题对会计准则制定、寻求会计准则的国际趋同和推动有关理论的发展是有重要意义的。

二、费用要素的性质和构成

我国现行会计基本准则中的费用要素是会计报表要素，是会计实践要素的一个组成部分。尽管会计要素可以说是狭义的会计要素，解释为会计对象或会计报表要素，但毕竟在要素前的“会计”一词一般理解为会计实践，会计实践要素的内容就大于财务会计报表要素。从我国新基本准则中的资产、负债、所有者、收入、费用和利润要素的有关规定上看，这些要素都是指确认列入资产负债表和利润表的内容，因此可以将这些要素明确为会计报表要素，这样也可以与国际会计准则的相关规定保持一致。

现行会计基本准则中的费用要素是计入当期损益的费用化成本。一般将企业成本分为资本化成本、计入存货成本和费用化成本三部分。笔者认为，从成本实际所包括的具体内容上看，企业成本可按是否计入当期损益分为计入资产成本和计入损益的费用化成本。计入资产成本可以分为不计入存货的资产成本和计入存货的资产成本两部分。计入资产的成本是不会导致所有者权益的减少、与向所有者分配利润无关的、预期会给企业带来经济利益的支出，不是计入当期损益的未耗成本。计入当期损益的费用化成本是会导致所有者权益的减少，从企业收入中得到补偿的支出，是一定会计期间获得收入的代价。

现在的问题是，收入和费用要素是不是经营收入和经营费用。新基本准则第三十七条规定："利润是指企业在一定会计期间的经营成果。"从"经营成果"的意义上看，确定经营成果的收入和费用就应当是经营收入和经营费用。收入和费用是企业在经营活动中形成或发生的使所有者权益增加或减少的、不与所有者投入资本或向所有者分配利润无关的经济利益的流入或流出。企业是专门从事生产经营活动的营利性经济组织，企业的生存和发展都要以营利为基础和前提，因此，在一定的企业内外部环境影响下合法获取的各种收入都应该是企业的经营性收入，而不论这些收入是在正常情况下获得的，还是意外获得的；为获得这些收入而发生的各种支出都应该是企业的经营费用，而且也不论这些支出是正常情况下发生的，还是意外发生的。企业只有通过将一定时期获得的经营收入与发生的经营费用相比较，才能确定最后的经营成果。

我国原会计基本准则和 2000 年企业会计制度中的"营业外支出"与新基本准则和国际会计准则中的"损失"在内容上有相同之处，但在处理上有所不同。"营业外支出"包括固定资产盘亏、处置固定资产净损失、处置无形资产净损失、债务重组损失、计提的无形资产减值准备、计提的固定资产减值准备、计提的在建工程减值准备、罚款支出、捐赠支出和非常损失等(财政部，《企业会计制度 2001》，2001)。在新基本准则中没有提到"损失"的具体内容，但在第 30 号财务报表列报准则中有相关的内容，这些内容有公允价值变动损失、资产减值损失和非流动资产处置损失等。国际会计准则中的"损失"包括水灾和火灾等灾害形成的损失、处理非流动资产的损失、外币汇率损失等内容。这些准则在非流动资产处置损失和非常损失上具有相同的内容。

对以上所提到的各种支出应该如何定性和进行会计处理才是合适的呢？关于“营业外支出”的性质，原基本准则规定这类支出是与企业生产经营没有直接关系的支出，一般也认为它们是意外和偶然发生的支出，不应当列入经营成果中而作为考核的内容。的确，在这类支出中有偶然发生的支出，如非流动资产的处置损失和固定资产的盘亏等，那么，偶然发生的支出是不是都为“营业外支出”或损失呢？我们知道，在会计处理中，流动资产的处置损失和盘亏是计入管理费用中的，流动资产的处置损失和盘亏也不一定是必然发生的，只是其发生的可能性大于非流动资产发生的可能性。无论是流动资产处置损失还是非流动资产处置损失，无论是流动资产盘亏还是非流动资产盘亏，都是与经营者管理相联系的事项，性质是相同的。同样性质的事项在处理上为什么要截然不同呢？与此相同，资产减值准备也是具有经营管理费用性质的支出。有人认为因为这类支出不形成产品的价值或无助于产品价值的形成，不应作为费用或成本列支，但是不是所有的损失都不列为费用或成本呢？我们知道废品损失和停工损失是不形成产品价值的支出，但被列为了成本，它们会随着产品销售而转化为费用化成本。同样是损失为什么在处理上又要有所不同呢？因此，从这些事项的性质上看，可以将非流动资产处置损失和固定资产盘亏损失列为费用。

关于捐赠支出是不是经营外发生的支出问题，要由捐赠支出的性质来决定。由于企业是一个以谋求利润为目标的经济组织，因此它所进行的一切活动都具有获利性。捐赠活动尽管还有公益性和其他非公益性的目的，但从企业角度上看归根到底还是有获利性目的的。企业的捐赠活动实际上是一种公共关系管理活动，所发生的支出应该列为管理费用。如果捐赠支出过大，可以将捐赠支出资产化处理，分期摊销费用。这里要注意区分企业捐赠与企业职工以集体形式自发捐赠、合法性企业捐赠与不合法捐赠的不同，企业合法性捐赠应列为费用，企业职工捐助不属于企业支出，与企业经营活动无关，由职工个人承担。

自然灾害所造成的损失是非正常情况下的支出，这类支出是在企业经营活动中发生的、并不是与企业的生产经营活动没有直接的关系。在国际会计准则中将“明显区别于企业正常活动，因此预计不会经常发生或定期发生的事项或交易产生的”支出确定为非常项目，非常项目包括资产被征用、地震或其他自然灾害等。国际会计准则认为“事项或交易是否能清楚地区别于企业的正常活动，取决于与企业正常业务相关是事项或交易的性质，而不是取决于这些事项预计发生的频率”。非常项目“都是不受企业管理层控制事项”。非正常情况下发生的损失是意外损失，作为特别的费用而存在，是费用要素的一个构成内容。非正常损失不是有意识和有目的发生的支出，其他的损失也不是企业有意识和有目的发生的支出，因此有观点认为凡不是有意识和有目的发生的支出就不能列入费用要素。笔者认为，企业在经营过程中发生的费用应分为有意识和有目的的主动性费用与没有目的和没有意识的被动性支出，被动性支出是在经营过程中难以预料的、往往是无法避免和无法控制的支出，是在日常活动中为获得利润而伴随发生，因此应列入费用要素之中。将被动性支出列为费用有利于企业完整把握导致所有者权益减少的支出的情况。

罚款支出是企业违反有关法律法规发生的支出。如果将罚款支出计入缴纳所得税之前的损益中，将会使国家的所得税减少。为了不使因为违规反而少缴所得税的情况出现，保护国家利益，应该将违规性支出确定为计入缴纳所得税之后的利润中，为税后利润的扣减项。基于这样的认识，可以将费用要素分为合规性费用和非合规性费用两类。属于非合规性费用的项目除各种罚款支出外，还有超过标准的工资支出和招待费、超过比例提取的工会经费和职工福利费及职工教育经费及不符合法律法规规定的捐赠支出。

综上所述，合规性企业费用化成本可以分为正常费用和非常费用两部分，正常费用包括销售产品的成本、营业税金、销售费用、财务费用、管理费用、所得税费用、非流动资产处置损失、固定资产盘亏、资产减值损失和企业捐赠支出等内容。非常费用为自然灾害和其他不为管理层控制的损失。笔者认为在费用要素所包括的内容上我国准则与国际准则的差异只是认识上的问题。

三、费用与收入的配比

我国现行基本准则第三十五条对费用的确认作了新的规定，即：计入当期损益的已销售产品和已提供劳务的成本、不产生经济利益或能产生经济利益但不符合或不再符合资产确认条件的支出、发生负债但不确认资产的交易或事项的确认规定。这些规定与国际会计准则的有关规定（《编报财务报表的框架》第 97 和 98 段的规定）有相同之处。国际会计准则的费用确认规定与费用确认三原则有相同之处。美国会计师协会会计原则委员会在 1979 年 10 月发表的第 4 号声明书《企业财务报表的基本概念和会计原则》中提出了费用确认的三项普遍原则（Three Pervasive Expenses Recognition Principles）（许毅、杨纪琬、王振之主编，《成本管理大辞典》，1987）。这三项原则是因果关系原则、系统而合理分摊原则和立即认定原则。根据这三项原则确认费用，与产品或劳务收入有直接因果关系的费用是产品成本或劳务成本，其他费用项目则与一定的收入没有直接的因果关系。

笔者认为，企业的收入是企业在经营活动中取得的，取得这些收入是企业生产经营各个环节的人员和部门共同经营管理的结果，这种共同经营管理是以费用这一代价形式来表示的。为获得收入所花费的合法性代价是全面的经营费用，不能因为收入的依附实体（产品或劳务）是什么就认为与其有因果关系的支出就只是所依附实体的成本，而不将其他未确定具体依附实体的费用包括在内。实际上，与一定产品销售收入相配比的销售产品成本与该收入并不一定有严格意义上的因果关系，因为取得销售收入的产品并不一定与所销售特定产品的成本是相对应的。有的费用的发生也不一定与当期取得的收入相关，如企业研究开发费用、广告费用、捐赠支出等都可能是使以后若干期受益的费用。收入与费用的配比，实际上是建立在会计期间假设和简化计算的要求之上的。一定期间与收入相配比的费用是计入当期损益的期间费用。费用与收入只是在会计期间假设下进行比较的。Charles T. Horngren 等（2010）认为，期间成本（period costs）是利润表中除了销售成本之外的所有成本，期间成本被当作会计期间的费用，因为人们预计它们会带来当期收益而不是未来收益，在发生当期将这些成本费用化以实现收入与费用配比。笔者认为，过去仅将销售费用、财务费用和管理费用确定为期间费用是不妥的。计入当期损益的期间费用应包括全部的费用，即合规的销售产品或提供劳务的成本、营业税金、销售费用、财务费用、管理费用、所得税费用等正常费用和单独列出的非常费用及非合规费用。笔者认为销售成本也是期间费用的一个部分。在这一认识下的利润是一定会计期间的收入与合规的正常费用、非常费用及非合规费用相配比的期间经营结果。

四、费用与所有者权益

我国现行基本准则是将“损失”作为利润要素和所有者权益要素的直接抵减项列出的，这一处理与国际会计准则中将损失列入费用要素的处理是有所不同的。应该如何正确认识损失的处理问题呢？

在我国现行基本准则的利润要素、所有者权益要素中损失的定义与费用要素的定义在内容上的不同之处在是否为“日常活动”的支出。基本准则规定的损失是非日常活动所发生的支出，费用是日常活动所发生的支出，但二者均是导致所有者权益减少和与向所有者分配利润无关的支出。笔者认为，企业损失均为在日常活动中发生的支出，非常损失支出是在日常活动中非正常发生的支出，日常活动中发生的流动资产相关损失与长期性资产相关损失在性质上是相同的，不应将损失不列为日常活动所发生的支出。在确定“损失”与其他的费用均为日常活动中发生的支出后，从总额上确定包括“损失”在内的费用总额是有意义的。在一个以营利为目的的企业中，将一定经营期间所发生的费用总数额予以汇总，可以帮助“财务会计报表使用者对企业过去、现在或者未来的情况做出评价或者预测”。

从所有者权益要素上看，我国现行基本准则第二十六条规定，“所有者权益是指企业资产扣除负债后由所有者享有的剩余权益”，这种权益是事实上已经确定的所有者的资本“净额”。直接计入所有者权益的“利得”和“损失”还不是确定或还没有正式形成的权益，还需要计算后才能确定是否有增减的所有者权益。虽然不管是否计入所有者权益，各种损失的发生实际上都会减少所有者权益，但是从财务会计报表要素的定性和划分上，还是应该将损失归入费用要素，在收入与费用配比确定利润后，再将未分配利润转入所有者权益中，从而满足提供完整和分类反映的“企业财务状况、经营成果和现金流量等有关的所有重要交易或事项”的会计信息的需要以及划清所有者权益要素与费用要素之间的界限。

主要参考文献

[美] 埃尔登·S. 亨德里克森：《会计理论》（1977 年），立信会计图书

社 1987 年版，第 131 页。

［日］番场嘉一郎：《新版会计大辞典条目选译》，中国展望出版社 1986 年版，第 231 页。

财政部会计司：《〈企业产品成本核算制度（试行）〉讲解》，中国财政经济出版社 2014 年版。

财政部会计司：《企业会计准则讲解·2006》，人民出版社 2007 年版，第 19 页。

葛家澍：《会计学导论》，立信会计图书社 1988 年版。

国际会计准则委员会：《国际会计准则 2000》，中国财政经济出版社 2001 年版，第 35 页，第 92—98 页，第 108—109 页，第 533 页。

贺南轩：《成本会计学》，中国财政经济出版社 1999 年版。

贺南轩："论我国工业企业的成本计算方法"，《陕西财经学院学报》1979 年第 2 期。

林万祥：《成本论》，中国财政经济出版社 2001 年版，第 201 页。

欧阳清、万寿义：《成本会计》，东北财经大学出版社 2002 年版。

许亚湖："The Research on the Concept and Specific Property and Classification of Enterprise Cost"，《国际财务与会计》2002 年第 8 期。

许亚湖："产品成本核算理论的几个问题"，《会计研究》1996 年第 6 期。

许亚湖："费用化成本：基于新准则费用要素的思考"，《财会通讯》2008 年第 3 期。

许亚湖："关于产品成本核算的理论若干问题研究"，《贵州财经学院学报》2000 年第 6 期。

许亚湖："企业产品成本核算理论：反思与重构"，《财会通讯》2014 年第 11 期（上）。

许亚湖："试论确定成本计算方法的客观根据和主观根据"，《中南财经大学学报》1996 年第 6 期。

许毅、杨纪琬、王振之：《成本管理大辞典》，经济管理出版社 1987 年版，第 519 页。

阎金锷、贺南轩：《工业会计学》，中国财政经济出版社 1995 年版。

杨纪琬、娄尔行：《经济大辞典会计卷》，上海辞书出版社 1991 年版，第 24 页。

易庭源：《企业成本学（第二版）》，湖北科学技术出版社 1998 年版。

中华人民共和国财政部：《企业会计制度 2001》，经济科学出版社 2001 年版，第 514 页，第 43—45 页，第 51—59 页。

中华人民共和国财政部：《企业会计准则 2006》，经济科学出版社 2006 年版，第 2—5 页，第 147 页。

Charles T. Horngren, Srikant M. Datar, George Foster, et al. Coat Accounting A Managerial Emphasis (Thirteenth Edition). Pearson Education, Tic. Upper Saddle River, New Jersey, 07458. 2009: 54, 149, 627.

Paul A. Sharman. The Case for Management Accounting. Strategic Finance, October 2003: 46.

第六章　作业成本法与资源消耗会计问题

本章将阐述作业成本核算的基本概念和产生原因、作业成本核算的两种系统观、作业成本管理、作业成本法的实施和关于作业成本法国内外研究情况，并对研究情况进行评述。资源消耗会计（RCA）是21世纪初由美国管理会计学界推出的一种新的成本会计方法。与传统成本会计方法相比较，资源消耗会计具有一些新的特点。美国推行资源消耗会计对我国成本管理有着重要的启示。

第一节　作业成本法问题研究

一、问题的提出

作业成本核算法（简称ABC，也称其为作业成本核算或作业成本计算）兴起于20世纪80年代末。作业成本法的产生被认为是20世纪管理会计发展的最重要创新之一。1988年美国哈佛大学的Cooper和Kaplan最早对作业成本核算做出明确的解释。作业成本法产生后很快在美国、加拿大和欧洲等国家的企业单位中采用。由于作业成本核算法可以提供相对准确的信息，揭示哪些产品成本被低估或高估，揭露损益来源的数量等优点而被不少学者所推崇。美国管理会计师协会（2000）在管理会计公告中认为，作业成本核算（ABC）和作业成本管理（ABCM）在20世纪90年代就受到人们的赞赏，并随着人们跨入21世纪继续快速地发展；在私营领域，已有成千上万的公司采用了作业成本核算和作业成本管理来控制成本和提高收入。作业成本核算起源于制造业，随后在各行各业的应用证明了它的适用性，政府机构、公共服务组织也开始应用作业成本管理。但在20世纪90年代末和21世纪初，人们对作业成本核算的兴趣开始有所降低，有的采用了作业成本法的公司后来又放弃了。这里就产生了一个问题，“如果ABC有这么多的优势，为什么没有更多的公司应用它呢?”这就是所谓的“ABC之谜”(Gosselin，1997)。人们进行多方面的研究，试图揭开这个谜。不论人们对ABC如何评价，实务中，美国管理会计师协会(IMA)在1998年和2006年分别发布了《实施作业成本核算/作业成本管理的工具和技术》和《实施作业成本核算》两份专门的公告。我国财政部2013年8月在发布的《产品成本核算制度(试行)》第三十六条中，明确规定“制造企业可以根据自身经营管理特点和条件，利用现代信息技术，采用作业成本法对不能直接归属于成本核算对象的成本进行归集和分配。”这些处理，使作业成本法从理论研究转入了实务的制度层面，进入了应用阶段。在我国的制度中目前还没有关于作业成本法的具体处理和实施要求。为了解开“ABC之谜”，有必要阐明作业成本法的基本原理、评述国内外相关研究的状况和笔者的有关看法。

二、作业成本法的基本原理

(一) 作业成本法的概念和产生原因

关于作业成本核算法的概念有多种不同的解释。Hilton(2005)认为，“ABC是一个分两阶段进行的过程，它用来将制造费用分配到所生产的产品或服务上。在第一阶段，首先识别重大的经济作业，然后根据作业消耗资源的方式，将制造费用分配到作业成本库再分配到每一条产品生产线上。”IMA(2006)在其公告中认为，作业成本核算确定资源及其成本、各项作业的资源消耗量，以及生产产品所需要的作业，借此把间接成本(通常称“制造费用”)追溯给产品、服务和客户。可以这样认为，作业成本核算，是将通过资源消耗分配归集到多个作业成本库的成本，按作业动因分配到最终产品或服务上的制造费用核算方法。实际上，这些作业成本法的概念是根据两阶段作业成本核算理论阐述的，在两阶段作业成本算法理论下，简单地将资源成本分配给作业，再将作业成本分配给最终成本对象。而在多阶段作业成本核算理论下，在资源与最终成本对象之间还可能存在多项作业，成本的流动就会由一项作业到另外一项作业间的流动，作为作业成本的制造费用内部还存在中间作业成本的归集与分配。因此，基于多阶段作业成本核算的情况，作业成本法的概念是，将通过资源消耗分配到多个作业成本库的成本，再按成本动因分配到其他作业和最终产品或劳务上的方法。一般认为，作业成本法包括作业成本核算（ABC）和作业成本管理（ABCM）。笔者认为，作业成本法就是作业成本管理，其中包括作业成本核算和超过成本核算的其他作业成本管理的内容。由于存在约定俗成的问题，所以将一般所认为的作业成本管理看作超过作业成本核算的其他成本管理的内容。但严格意义上说，将作业成本法界定为作业成本管理还是合适一些。

IMA（2006）认为，在竞争日益激烈的商业环境中，如果组织希望保持或提高自身竞争力，就需要准确且相关的成本信息；采用作业成本核算（ABC）系统，是为了克服由成本分配过于简化导致的传统成本核算系统的过度一般化，从而造成间接成本缺乏清晰度的缺陷；在传统成本核算系统下，对间接费用做毫无逻辑的分配，它与产品或服务线单独耗费的费用极不相关，或根本没有关系，这很可能会造成产品成本的扭曲。作业成本法产生的初始原因，就是为了解决间接成本（制造费用）分配不合理的问题。从这个意义上说，作业成本核算就是制造费用核算的一种方法。在采用作业成本核算法的过程中，组织可以提供更准确、更相关的成本信息，避免任意、简单、全部平均分摊成本和误导生产经营决策。为了改善企业单位的经营管理，在作业成本核算的基础上，发展的重点已从作业成本核算（ABC）转化为作业成本管理（ABCM）。作业成本管理的产生是基于对资源、作业、成本动因的深入认识和相关核算信息（财务和非财务信息）的获取，以进一步加强经营管理和提高客户价值的需要。

（二）作业成本法的基本概念

在阐述作业成本核算的程序之前，有必要了解有关作业成本法的若干基本概念。这些基本概念有作业、资源、成本动因。

1. 作业（activity）。关于作业的概念有一些不同的表述。一般的表述是，从管理角度看，作业是指企业生产经营过程中的各个工序和环节或流程的总称。也有教材认为，作业是企业生产经营过程中各项独立并相互联系的活动；从作业成本核算角度，作业是基于一定的目的、以人为主体、消耗一定资源的特定范围内的工作或活动。Horngren、Datar 和 Foster 等（2010）认为，一个作业是一个时间、任务或具体目的的工作单元——例如，设计产品、装配机器、运转机器和分销产品；作业是动词，它们是企业做的事情。IMA（2006）认为，作业是由同一动因控制的、资源消耗强度相同的同一职能中的一组任务。这一组任务也可称为作业中心。笔者认为，作业是由人进行的生产经营活动或任务。按各项活动所汇集的成本就是作业成本。作业可按不同标准进行分类。通常，作业按确定因果（或受益）可分为单位产出、批数、产品维持和设备维持作业，按是否增加顾客价值分为增值作业和不增值作业。增值（价值创造）作业是生产顾客愿意购买的产品或服务的作业，否则为不增值作业。在生产经营过程中一系列有序作业的集合体就是作业链。

2. 资源（resource）。IMA（1996）认为，资源是组织购进并用于支持其经营活动和产出的价值创造潜力。笔者认为，资源是企业取得的并用于生产经营的初始经济要素。一定组织的初始经济资源的费用就是生产经营要素费用，是 IMA 所说的成本要素。资源费用包括货币、原材料、人力、动力、机器设备、建筑物、用品等的资源费用。在作业成本法中要将资源成本按资源动因分配到作业上。

3. 成本动因（cost driver）。成本动因是导致成本发生的活动量或资源量，是变量指标。成本动因的概念是 Cooper 和 Kaplan 在 1987 年提出的。他们认为间接成本后有隐藏的推动力，这一推动力就是成本动因。资源动因是反映一项作业所消耗的资源数量，如作业占用的厂房面积、从事某项作业的人数和作业消耗的电力数量等。资源动因是作业消耗资源的原因，是资源成本分配到作业的分配标准。作业动因是将作业成本分配给后续作业和最终成本对象——产品或劳务上的产出数量，是将作业成本分配到产品或劳务上的标准，也是反映成本对象对一项作业的使用频度和强度的变量指标，如使用机器小时数、安装小时数、设计产品的图纸面积（平方英尺）、检验次数或检验小时数和搬运次数等数量。作业动因是基于产品或劳务消耗作业的数量，解释了作业成本的习性和大小，反映了其他后续作业和产品或服务消耗的作业数量。

（三）作业成本核算的两种系统观

作业成本核算的两种系统观是成本分配观和流程观。美国学者托尼

(Turney)提出二维作业成本模型，形成了两种作业成本核算系统观。IMA(2006)将二维作业成本模型列入管理会计公告，使这一理论制度化。成本分配观，是将资源成本按资源动因分配到作业上，形成作业成本，再将作业成本按作业动因分配到最终成本对象（产出）上，负责提供关于资源、作业和成本对象的信息。流程观，是按时间顺序排列工作作业，从一个业务流程的开始到结束归集作业成本，提供关于业务流程及其所属的作业的经营（往往是非财务的）信息。这两种作业成本核算观一般用十字图形来说明。

成本分配观包括两阶段作业成本核算和多阶段作业成本核算。托尼的成本分配观是两阶段作业成本核算。多阶段作业成本核算是在资源与最终产品或服务之间存在多个相连接的作业，资源成本不是只经过一项作业就到产品上，而是经过两项或两项以上的作业才到最终产品上的，如资源成本分配到支持作业，由支持作业成本再到生产作业、客户作业和企业维持，再由生产作业成本到产品，由客户作业成本到客户的过程。在整个过程中，成本分配都是按成本动因进行的，中间承担成本的作业是中间成本对象。

（四）作业成本管理

作业成本法最初是以改变制造费用核算方法的新的方法出现的，目的在于提供更为准确的成本信息。在它出现以后，随着 ABC 的使用，学者和实务工作者发现关于作业和成本动因的信息对管理是有价值的。咨询者也发现，作业成本管理（ABCM）可以使 ABC 从一个“成本方法”上升为一种“管理哲学”(Jones & Dugdale，2002)。于是，作业成本管理这一新概念在 1991 年首次出现，由 ABC 发展到了 ABCM。Hilton（2005）对作业成本管理所下的定义是:“利用作业基础成本系统来提高一个公司的运作水平。”Turney（1991）认为，“成功的真正关键是，将 ABC 应用于工作中，来找到恰当的战略，改进产品设计，并且在作业运行中避免浪费。利用 ABC 来提高公司业绩，这被称为作业成本管理（ABCM），它引导我们努力改进公司战略来应对竞争压力，并且提高公司运转水平。”ABCM 与 ABC 的区别是 ABC 是核算方法，注重信息的准确性，而 ABCM 是控制方法，注重作业和作业动因的分析和作业的改进和优化，进而有效控制成本。Turney（1992，1993）和 Soloway（1993）认为，作业成本管理的目标是识别并消除非增值作业，并消减成本。作业成本管理的出现，为基于作业的成本管理提供更广阔的空间和用途。在1997年Gosselin提出，ABC是更为复杂的被称为“作业管理”（AM）的管理改革的一部分，不能将ABC单单看作是一种创新。

（五）作业成本法的实施

为了保证作业成本法得到成功的应用，IMA先后发布《实施作业成本核算/作业成本管理的工具和技术》（1998）和《实施作业成本核算》（2006）两项公告，在制度上对作业成本法的实施做了明确规范和指引。IMA（1998）认为，健全、有效的作业成本核算式作业成本管理系统设计始于实施方案的最初设计阶段，并贯穿于系统随着组织需要变化而持续改进和调整的始终。在1998年公告中，IMA对项目实施的七个步骤的实施工具和技术做了详尽的说明。这七个步骤是规划项目、确定财务和经营资源、定义作业和流程、成本模型概念设计、实施并验证成本模型、解读信息和确保持续系统要求。在2006年的管理会计公告中，IMA就作业成本核算系统实施问题提出了具体要求和措施：（1）重视设计和实施作业成本核算系统的“人”的因素。高管层的支持是作业成本核算系统实施的关键，管理会计师在作业成本核算系统设计中要发挥重要支持作用，建立有效的变革管理的流程，确保组织各级员工都支持作业成本核算系统，得到基层管理者的认可，对各级员工开展对于变革需求的有效宣传，对员工进行培训等；（2）设计和实施作业成本核算系统的方法多种多样，没有普遍适用的通用方法。可以采用选择一个组织的某个领域进行项目试点的方法和各多流域甚至整个企业全面实施作业成本核算的方法；（3）实施新系统必须在成本效益方面得到论证；（4）正式的项目管理机构和项目规划也是实施的必要条件；（5）选择新系统商业软件包，把繁重的成本计算自动化等。笔者认为，IMA的作业成本核算系统实施要求和措施对我国推行作业成本核算具有借鉴意义。首先，我国在作业成本系统实施时要关注对实施有影响的高层管理者、管理会计师和其他一般管理者、普通员工等各有关方面的人员；其次，要在认识上有所提高，充分认识实施作业成本核算的价值，做好宣传工作；第三，抓好实施的事前、事中和事后的实施管理工作。

三、关于作业成本法国内外研究情况和评述

（一）国外作业成本法研究情况

1. 作业成本法研究的兴趣。自从 1988 年作业成本法兴起开始，国外有不少学者对这一方法进行了研究，研究的兴趣经历了急速上升到降低的过程。Gosselin（2005）对 1988—2004 年发表的 1477 篇有关 ABC 论文进行了研究。在 1993—1999 年发表的有关 ABC 的论文较多，随后发表的有关 ABC 的论文数量逐渐降低。对作业成本管理研究的兴趣与 ABC 研究的兴趣相似，有较高兴趣的时期也是在 20 世纪 90 年代的中后期，在这之后，有关作业成本管理研究的文章数量急速下降。在 2000 年以后，学术界提出了一些新的方法和对 ABC 的改进方法，如资源耗费成本法（资源消耗会计）、时间驱动 ABC 和贡献基础 ABC 等。杨继良（2005）在对国外作业成本法推行情况的调查进行综述时，提到美国一家管理方面的文献库，从 1988 年到 2004 年底，逐年收录的内容中，带有 ABC 一词的文章的篇数，第一年只有 2 篇，1995 年到 1999 年是个高潮，1997 年达到 488 篇，最近 5 年则渐趋冷静，2004 年为 243 篇；根据英美和其他英语国家发表的调查报告，ABC 的推行经历了创新、高潮和冷静的发展轨迹。

2. 作业成本法实施情况的调查研究。尽管 ABC 从理论上说有很多优点，学者和管理者对 ABC 有极大的兴趣，但从其实施程度上看并不高。从 IMA 和其前身的美国国家会计师协会（NAA）分别在 1991 年和 1993 年调查情况看，被调查公司中有 11%—36% 的公司已经实施 ABC，加拿大的被调查公司有 14% 的公司已经实施，在欧洲一些国家被调查的公司中有 30% 的公司实施 ABC。Paul A. Sharman 在美国管理会计师协会（IMA）主办的《财务战略》杂志 2003 年第 10 期上撰文提到两家单位对 ABC 实施情况的调查报告。本因公司（Bain and Company）的调查显示，“在美国差不多有 60% 的企业推行过作业成本法，但只有 20% 的企业在继续使用这种系统。这就是说，ABC 的大部分方法都不具备可连续使用性。”另一项由国际高级制造财团（CAM－I）旗下的 RCA 利益集团所作的调查显示，“在 145 家被调查者中只有 30 家在推行 ABC”，仅占被调查对象的 20%。

3. 影响作业成本法实施的原因或因素的研究。影响ABC采纳和实施的环境和公司因素归纳来看有竞争、环境的不确定性、公司结构、产品多样性、公司规模、公司战略和跨国公司的子公司等。Anderson（1995）指出影响实施初始、采纳、适应和接受四个阶段的因素有外部环境、员工特征、公司因素、技术因素和任务特征。Sharman（2003）认为，“如果有60%的企业尝试过ABC，但是多数都没有用它来取代传统的分配制度，那么我们就应该认为，并无充分的理由促使这种变化的发生。”显然，“ABC没有达到预期的成功。”（Larry White，2004）Sharman（2003）总结了ABC系统失败的几个原因，即：（1）ABC系统过于复杂；（2）软件还没有一体化，ABC系统是在80年代末期，由小规模企业创始性开发作为基于PC机的模型工具，迄今为止仍然没有在整个企业范围内完成一体化；（3）ABC、ABM、ABP应用体系普遍没有与企业计量和管理体系实现一体化；（4）大部分应用非常糟糕。“ABC之所以遭遇不被连续使用的挫折，是因为尽管这一系统有良好而行之有效的分析方法，但是还有待于与未来的管理会计实务相融合，而且这种融合必须有效去除那些引起不被连续使用的因素。”Sharman和Vikas（2004）认为作业成本法没能在大多数组织中生存下来有两个原因，一是没有强调建立一个依照明确实践标准的强有力而专业的管理会计团体，二是学术界缺乏对基础管理会计原理的关注。

也有学者研究了ABC实施成功和失败的决定因素或问题。Shields（1995）研究认为，ABC实施成功的决定因素有高层管理人员的支持、绩效评价和补偿、培训、会计所有权以及资源是否充足。Foster和Swenson（1997）认为，影响ABC实施的因素有高层管理者的支持、培训、绩效评价、质量和资源充足性。还有学者认为员工满意度也是实施的相关因素。

4. 作业成本法实施效果和其他相关的研究情况。有关作业成本法实施效果实证研究的成果主要有：Kennedy和Affleck - Graves（2001）以若干欧洲公司为样本，从ABC第一年年初开始的三年中，采纳ABC的公司比未采纳ABC公司相比表现要好27%，ABC可以通过更好的成本控制和资产利用以及更大限度地使用财务杠杆来增加企业价值。Ittner、Lanen和Larcker（2002）用资产报酬率、质量、时间、成本和产品质量一次通过率和使用ABC前后的生产周期时间变化为企业业绩指标，研究发现在ABC的广泛应用和制造企业业绩之间存在一种正向的、适度的协同关系。他们研究发现，

ABC 的广泛使用与质量、时间和产品质量一次通过率正相关，但与资产报酬率和成本之间没有显著的联系。Dopuch 和 Nicholas、Babad 和 Balachandran、Banker 和 Johnson、Datar 和 Keker 在 1993 年先后对作业成本动因的概念、优化、实证和成本结构方面问题进行了研究。Herath 和 Kusy（2014）研究了作业成本法潜在的选择问题。

（二）我国作业成本法研究情况

1. 作业成本法研究兴趣。我国是在 20 世纪 80 年代末从国外引进作业成本法，并开始对作业成本法进行研究的。潘飞、周为利（2002）根据我国会计类核心期刊截至 2002 年发表的 100 多篇相关论文，研究发现以作业成本法为主的为 18 篇，占 17.14%；有关作业分析的为 4 篇，占 1.90%；有关作业会计和其他相关论文为 19 篇；我国的作业成本管理理论还是受到了一定的关注。杜容瑞、肖泽忠和周齐武（2009）根据 18 种核心期刊杂志上的论文，研究发现有关作业成本法或作业成本管理的论文在 1997—2001 年和 2002—2005 年分别为 14 篇和 17 篇，数量有一定的增加，学者的研究兴趣较高，研究规模较大。孟焰、孙健、卢闯和刘俊勇（2014）根据 21 种主要杂志上的论文，研究发现有关作业成本法或作业成本管理的论文在 2005—2008 年、2009—2013 年分别为 3 篇和 4 篇，论文数量明显减少，表明我国学者对 ABC、ABM 的研究兴趣有所下降。

2. 作业成本法实施情况的调查研究。南京大学会计学系课题组（2001）对中国企业成本管理及其效果的调查发现，在制造费用核算上，“作业成本法在我国已有个别企业开始采用。”朱云、陈工孟（2000）在 1999 年对香港地区应用专业成本法的情况进行了调查，使用了作业成本法的公司只占被调查公司总数的 15.55%，使用不是很广泛。胡奕明（2001）认为，我国目前 ABC、ABM 运用的基本情况是，作业成本计算法几乎未被企业运用，作业管理思想在一些企业局部性管理经验中有所体现，但有意识的、在作业成本管理理论指导下的运用几乎没有。

3. 影响作业成本法实施的原因或因素的研究。朱云、陈工孟（2000）对香港地区作业成本法应用情况进行调查，发现不采用作业成本法的原因有缺乏足够的培训人员、对现存系统满意、信息技术的缺乏、安装的时间花费、缺乏上层领导的支持和不充分的知识。缺乏足够的培训人员是不实施作业成本法的一个主要原因，对现存系统满意和缺少来自上层的支持也是主要的原因。周琳、潘飞、刘燕军等（2012）对实施 ABC 的影响因素进行了分析，发现西方先进的管理创新工具（ABC）在实地企业实施的制度化过程中受到与西方截然不同的因素影响，这些影响因素有外部环境、个人特征、组织因素、技术因素、任务特征。

4. 作业成本法其他的研究情况。杨伊勤和李天民（1989）、楼申光和陈建明（1989）开始对作业成本法进行研究。余绪缨（1993—1994）通过系列论文和课题研究，对作业成本法的基本理论框架和内容等进行了探讨。从 20 世纪 90 年代至今，有不少学者对作业成本法的有关问题发表了自己的见解，如孙航（1995）的“作业成本计算的应用研究”，温坤、邢莲平（1996）的“我国采用作业成本法的现实基础”，陈胜群（1997）的涉及成本分配观和过程观的经营意义的成本原理论分析，栾庆伟、何劭炜（1998）的作业成本会计系统开发研究，赵力三和王丹（1998）、王平心（1999）的成本动因研究，王心平、韩新民和靳庆鲁（1999）的作业成本计算与管理及其在我国应用的现实性研究，胡玉明（1994—2005）先后对作业成本计算法和作业管理问题所做的系列研究，许亚湖（1999）对作业成本计算法中的作业概念的浅析，欧佩玉和王心平（2000）的作业成本计算、作业成本管理和作业分析在企业中运用的研究，王耕、王志庆等（2000）对战略成本管理与作业成本法相结合的研究，林斌、刘运国等（2001）的作业成本法在我国铁路运输企业运用的案例研究。2001 年至 2005 年期间不少学者也开展了作业成本法和作业管理在非营利组织（如学校、医院等）中运用的研究，潘飞、刘芙蓉和周为利（2003）对作业成本计算运用的具体设计步骤进行了研究，穆林娟、潘爱香（2004）对构建作业基础标准成本系统进行了研究，张蕊、饶斌和吴炜（2006）通过卷烟制造业成本核算的案例研究了作业成本法应用问题，周琳、潘飞、刘燕军等（2012）运用实地研究方法将作业成本法引入企业的管理会计变革与创新问题。

（三）国内外研究情况的评述

1. 从对作业成本法研究兴趣上看，国外研究兴趣高涨时期主要在 20 世纪 90 年代的中后期，我国研究者的研究兴趣主要在 20 世纪 90 年代后期和 21 世纪初，兴趣程度与国外研究相比稍微滞后一些，显示出后发的特点。

2. 从对作业成本法实施情况的调查研究情况看，国外对作业成本法实施的调查比较频繁，调查面比较宽，涵盖美国、加拿大和欧洲的很多国家；从调查情况看，国外的作业成本法实施情况比我国要好，普遍一些，实施的比率比较高，在实施中还出现了放弃实施的情况。我国大陆内地地区关于作业成本法实施情况的调查几乎没有，只是在企业成本管理方法的调查中做了简单的说明，对香港地区做了一定的调查；我国对作业成本法的调查不频繁也不全面。我国企业实施作业成本法少和调查少的原因与我国现行制度没有要求采用作业成本法有一定关系。随着新的试行产品成本核算制度的执行，实施作业成本法的企业会有所增加。我国今后有必要加强对企业实施作业成本核算和作业成本管理的调查研究。

3. 对影响作业成本法实施的原因或因素的研究，由于国外企业实施作业成本法比较早和实施面比较宽，对影响实施的失败和成功的因素进行了广泛和深入的研究，所做研究对作业成本法的传播是有价值的。在 1998 年和 2006 年 IMA 发布的公告中特别强调实施的工作，公告中的有关规定与相关的研究是相联系的。由于我国企业实施作业成本法比较晚而且很少，在实施中反映出的问题不太多，有关研究也比较少。值得注意的是，我国一些学者在香港地区对实施 ABC 的不被采用的原因进行了调查，并在实地企业对实施中的影响因素进行了实地研究。显然，我国对影响作业成本法实施的原因或因素研究的深度和宽度不够，是需要进一步加强的工作。

4. 从作业成本法其他的研究情况看，国外对作业成本法实施效果进行了实证研究，对作业成本法的成本动因和其他相关问题也进行了深入研究，取得一些的成果；我国较多进行作业成本法的规范性研究和案例研究，很少有作业成本法实施效果的实证研究成果，今后需要加强这方面的研究。我国主要对作业成本法运用的步骤进行了联系一定企业的研究，对其他相关问题也开展了一定的创新研究，如战略成本管理、标准成本法与作业成本法的结合运用研究等。

第二节　资源消耗会计问题研究

一、资源消耗会计的概念

Clinton 和 Keys（2002）认为资源消耗会计是下一代的成本管理系统。作为一种新的成本管理方法，资源消耗会计（RCA）结合了德国成本会计（GPK）的基本原理和 ABC 的优点，是“以资源为中心、密切关注资源消耗量，并且考虑到成本性质会改变（Clinton 和 Webber，2004）”的成本会计方法。ABC 主要解决间接费用的分配问题，RCA 是用 ABC 的方法，把德国成本会计（GPK）的优点结合进来，解决资源消耗即价值从一个部门转移到另外一个部门的会计。

二、国内外研究和组织情况

美国会计学界从 2002 年开始，为解决 20 世纪 80 年代末开始推行的作业成本法（ABC）不尽如人意的应用（Paul A. Sharman，2003）、没有达到预期的成功和成本信息质量上存在严重不信任（Larry White，2004）等问题，推出了一种将德国的弹性边际成本法（GPK）与美国的 ABC 相结合所形成的新的成本会计方法——资源消耗会计（Resource Consumption Accounting，简称 RCA）。

（一）美国的有关研究情况

1. 对德国的弹性边际成本法（GPK）的介绍和研究。Paul A. Sharman（2003）在《The Case for Management Accounting》一文中，对作业成本法未被广泛接受，分析了失败的原因，对变化的必要性、德国成本会计方法和采用资源消耗会计等问题进行了阐述，认为资源消耗会计（RCA）这一创新方法的推出，已引发了一轮极有意义的美国式（made - in - the - U. S. ）管理会计方法的研究。接着 Sharman（2003）在《Bring on German Cost Accounting》一文中就德国成本会计的产生、特点、具体做法和对美国管理会计的启示进行了阐述，指出 ABC 不尽如人意的运用、GPK 已经在德国以及说德语的国家采用了长达几十年，德国的成本会计制度在很大程度上已经取得了美国 ABC 会计制度所不能获得的成功；Larry White（2004）对关注德国成本会计的四个原因作了阐述；Paul A. Sharman 和 Kurt Viks（2004）又对德国成本会计经验进行了多方面的总结。

2. 资源消耗会计的研究情况。B. Douglas Clinton 和 Sally A. WeBber（2004）在《RCA at Clopay》一文中，根据在 Clopay 塑胶公司进行试点的情况，总结了实施 RAC 存在的问题、解决的办法、试验的结果等；B. Maclie（2006）在其《将 GPK 与 ABC 合并为 RCA 的路径》一文中，对德国成本会计的产生与发展、处理过程和特点等进行了详细的说明，对 RCA 的基本原理、创新之处和试验情况进行了阐述，奠定了 RCA 的理论基础。

3. 2008 年在美国成立了 RCA 协会。该协会致力于 RCA 的推广工作，近年来基本上每个月都有相关的工作安排，如 2013 年的安排有介绍 RCA 和管理成本的概念框架模型、实施程序等，这些活动对推动 RCA 的实施起了较大的作用。

（二）我国的研究情况

杨继良（2005）根据美国管理会计师协会刊物《财务战略》上连续刊登的文章，对 2002 年开始在美国推出和试点实施的一种将美国的作业成本法（ABC）和德国的“弹性边界成本法（GPK）”相结合形成的新成本会计方法——RCA 的有关内容进行编译介绍，在该文中对资源消耗会计的概念、与 GPK 的基本差异、RCA 下对剩余式闲置生产能力的分析、辅助部门提供服务的处理方法、RCA 下的预算编制方法进行了详细的介绍。杨继良和尹佳音（2005）就德国的弹性边界成本会计进行了概述，冯巧根（2006，2007）对资源消耗会计产生的动因、理论基础、创新的积极意义以及新趋势进行了研究，白明（2006）对资源消耗会计的原理和应用意义进行了阐述，陈吉东（2006）对根据 RCA 在美国 Clopay 塑胶公司进行试点的情况的总结进行了研究，许亚湖（2007）对资源消耗会计推出的原因、创新之处和推行资源消耗会计对我国成本管理的启示进行了阐述等。我国近年来对 RCA 应用的研究主要涉及的内容有 RCA 的基本概念、产生的背景和基本原理、创新之处、特点、与传统成本管理系统的比较、RCA 应用意义、条件和前景、推广途径、可行性、条件和现实意义、闲置式剩余产能的计算和优缺点、RCA的基本框架等，也有文献谈到了资源消耗会计的应用情况。总的来说，我国近年来的RCA研究基本上还是以介绍和总结为主。

三、资源消耗会计的推出

（一）美国ABC的推行和成本信息质量状况

20世纪80年代末作业成本法（ABC）在美国、加拿大和欧洲等国家的研究全面兴起。ABC的产生在美国、加拿大和欧洲等国家会计界引起了极大的反响，并在一些企业中得到运用。在时隔20多年后的有关美国和其他国家的有关调查中，显示ABC的推行情况不尽如人意。许多调查者发现，ABC的实施显得过于复杂，许多过去采用过ABC的企业现在也开始放弃使用，如Innes、Mitchell和Sinclair（2000）重新对英国进行了调查，发现因为存在很多困难，许多已经采纳并实施了ABC的公司后来又放弃了它。Sharman（2003）分析总结了ABC系统失败的主要原因。除了ABC在美国和其他国家推行中存在诸多问题外，在成本信息质量上也存在严重的问题。IMA和Ernst & Young（E&Y）在2003年所作的一项调查中显示，要提供准确的成本数据是有障碍的，98%的被调查者认为有些因素导致成本信息在某种程度上被歪曲。为了解决ABC推行没有获得较大的成功和成本信息质量问题，美国会计学界在探寻新的成本会计方法。时任美国管理会计师协会主席的Larry White（2004）认为，之所以关注德国成本管理有四个方面的原因，即：（1）GPK广泛应用于德国制造和服务类企业已达四十余年，关于该方法的资料却少有被译为英文或其他语言。IMA有责任核查管理会计技术，然后将研究结果告知其成员，以便更好地服务于雇佣他们的组织；（2）德国相关从业人员认为他们所做的工作是理所当然的而忽视了他们所提供的信息的战略用途；（3）全球范围的公司并未能够将SAP的商业分析能力用于任何接近全部潜能的范围；（4）德国管理人员似乎非常满意他们的成本新质量。

（二）德国成本会计的成功经验

美国会计学界注意到德国成本会计方法在德国和说德语的国家得到普遍

和长期应用的情况，德国成本会计方法在有的公司中已采用了60多年，取得了美国ABC所不能获得的成功。有人认为，德国的弹性边际成本法（GPK）是一种完善的成本会计方法，德国成本会计包含了许多潜在的和有用的内容。德国的管理人员似乎非常满意他们的成本信息质量，而美国则不是这样的。Sharman（2004）说，我们无意贬低作业成本法，而是要解释这两种（作业成本法和GPK）相隔30至40年的方案会得到两种截然不同的结果。美国学者认为有必要开展对GPK的研究。Paul A. Sharman在2003年和2004年与Kurt Vikas先后发表了两篇论文，对德国成本会计经验进行系统和全面地总结和介绍。在第二次世界大战后不久，德国从事管理会计工作的自动化工程师Hans Geoge Plaut提出了一种新的成本会计方法，即弹性边际成本会计方法（Grenz plan kostenrechnung，英文简称GPK），也可翻译为“弹性分析成本计划和核算法（Flexible Analytic Cost Planning and Accounting）”，有时也翻译为“弹性标准成本法（flexible standard costing）”。这种方法后来发展成为具有现代控制文化基础的长期和稳定的方法。所谓弹性，是指以各成本中心的产出为标准划分固定成本与变动成本并进而制定弹性预算，如以质量检验中心的检验次数划分检验中心的固定与变动成本，以机械中心的开机时间划分机械中心的固定与变动成本。所谓标准，就是计划或预算，基本生产部门先确定计划或预算的服务需求量，然后辅助部门据此制定成本预算。Friedl、Kuuper和Pedll概括地说，GPK是关于边际成本（manginal cost）而非完全成本，支持短期决策而非长期决策，关于成本中心而非作业或过程的一种方法。

（三）GPK的原理

为了说明的方便，根据Paul A. Sharman在2013年12月《战略财务》期刊上撰文（《Bring on German Cost Accounting》）对GPK的原理介绍所举例子，对GPK的具体做法进行说明。

假设某企业有两个机械中心和一个装配中心共3个基本生产部门，辅助部门为质量检验中心，3个中心生产的产品要经过质量检验中心检验。

1. 质量检验中心制定年度预算。质量检验中心根据为基本部门提供的质量检验数量编制年度预算。该质量检验中心本年度提供的质量检验总次数为52500次。在年度预算中将成本分为固定和变动成本两部分。质量检验中心制定的年度预算如表6-1所示。

表 6-1　　质量检验成本中心的年度预算　　单位：美元

成本项目	固定成本	变动成本	合　计
工　资	85000	415000	500000
福　利	25500	124500	150000
工　具		50000	50000
设备折旧	50000		50000
场　地	25000		25000
电　力		15000	15000
总　计	185500	604500	790000
单位成本		11.514（604500／52500）	

根据质量检验部门的年度产出计划比例分配质量检验成本中心的固定成本，按单位成本和次数确定变动成本。质量检验成本中心的检验次数计划如表 6-2 所示。

表 6-2　　质量检验成本中心的检验次数计划

基本生产部门（初级成本中心）	年度检验数量（次数）	占总量百分比（用于固定成本分配）
1 号机械中心	14500	27.6%
2 号机械中心	23000	43.8%
3 号装配中心	15000	28.6%
总　计	52500	100%

2. 将质量检验成本中心的预算成本分配到各基本生产部门（见表 6-3）。

表 6-3　　从质量检验部门转入的年度成本预算　　单位：美元

基本生产成本中心	分配的固定成本	分配的变动成本	合　计
1 号机械中心	51198	166957	218155
2 号机械中心	81249	264829	346078
3 号装配中心	53053	172714	225767
总　计	185500	604500	790000

计算：如1 号机械中心分配的固定成本 = 185500 × 27.6% = 51198（美元）

1 号机械中心分配的变动成本 = 14500 × 11.514 = 166957（美元）

……

3. 编制各基本生产中心年度成本预算。由质量检验中心转来的变动成本与机械中心的机器工时有关，转来的固定成本与机械中心的机器工时无关。在这一基础上编制各基本生产部门成本中心的年度成本预算。转入的质量检验成本只是各中心成本的一部分。1 号机械中心是按机器小时划分固定成本与变动成本的。1 号机械中心年度成本预算见表 6 – 4 所示。

表 6 – 4　　1 号机械中心年度成本预算　　单位：美元、小时

成本项目	计量单位 机器时间	固定成本	变动成本	合　计
工　资		139000	325000 （325000 /25000 = 13）	464000
福　利		41700	97500 （97500 ÷ 25000 = 3.9）	139200
工　具			70000	70000
设备折旧		200000		200000
场　地		50000		50000
电　力			55000	55000
分摊质量检验的预算成本		51198	166957	218155
合　计		481898	714457	996355
数量/单位 单位成本	25000	40158 （481898 ÷ 12）	28.58 （714457 ÷ 25000）	

4. 实际发生成本与成本预算的比较分析。假设 1 号机械中心 5 月份实际发生机器工时 1500 小时，该中心成本预算变动部分总额为 42867（1500 × 28.58 = 42867）。1 号机械中心 5 月份实际成本与预算额的比较见表 6 – 5 所示。

表 6-5　　1 号机械中心 5 月份实际成本与预算额的比较　　单位：美元、小时

成本项目	计量单位 机器时间	月固定成本	变动成本	合　计	实际成本	开支差异
工　资		11583	19500	31083	32505	1422
福　利		3475	5850	9325	9103	-202
工　具			4200	4200	4331	131
设备折旧		16667		16667	16667	0
场　地		4167		4167	4167	0
电　力			3300	3300	3400	100
分摊检验成本		4267	10017	14284	14221	-63
总　额		40158	42867	83026	84394	1368
数量/单位 单元成本	1500		28.58			

其中：变动成本——工资 = 1500 × 13 = 19500（美元）

——福利 = 1500 × 3.9 = 5850（美元）

……

1 号机械中心 5 月份的变动成本预算是按实际机器小时（1500 小时）和预算单位机器小时变动成本（分项和总的单位预算成本）确定的，是弹性预算原理的体现。1 号机械中心对 5 月份产生的成本差异进行分析，查找原因，有针对性地采取措施。所有的差异都保留在该部门，由该业务部门负责。每一个成本中心的负责人只管理在其控制之下的那部分费用。在这种方法下，管理者能够每月监测支出情况和产出数量，从而减少或增加可用的资源或支出。GPK 是成本拉动型分配方法的一个典型，成本分配是从产出数量开始的，按事前确定的预算单位变动成本和固定成本分配的，基本生产部门的需求“拉动”辅助部门分配的费用。而 ABC 是成本推动型分配的一个典型，是将辅助部门的历史成本直接分配到基本生产部门，不考虑资源是否确实为接收部门所耗费。

5. 编制 GPK 损益计算表和盈利分析。在 GPK 下，损益表是分层次的。消耗于产品的资源成本，要向各组产品分摊，使经理人员知道每一种产品的边际成本和业绩。具体把贡献毛益分成多少级，要因企业的规模以及组织机构的设计而定。分层次的利润表提供的各个层次的信息对于企业短期决策很

有帮助。GPK损益计算如表6－6所示。

表6－6　　GPK损益计算　　单位：美元

项　目	第1类产品					第2类产品					总　计
	产品1	产品2	产品3	1组其他成本	1组合计	产品4	产品5	产品6	2组其他成本	2组合计	
收　入	100	200	300		600	400	600	500		1500	2100
直接材料	20	47	55		122	75	100	130		305	427
直接人工	10	22	40		72	35	51	67		153	225
变动间接成本	8	15	25		48	43	60	80		183	231
1a贡献毛益	62	115	180		358	247	289	323		859	1217
设备费用	5	11	14	20	50	22	27	33	112	194	244
应计资本利息		1	1	5	7	2	3	3	10	18	25
1b产品贡献	57	104	165	－25	301	223	259	287	－122	647	948
发运与采购				60	60				125	125	185
销售费用				75	75				125	125	200
2客户贡献				－135	166				－250	397	563
固定成本				40	40				60	60	100
推销费用				10	10				37	37	47
研究开发				100	100				50	50	150
3营业贡献				－150	16				－147	250	266
其他成本				10	10				15	15	25
4贡献净额				－160	6				－162	235	241

GPK损益计算表中有1a、1b、2、3和4五个层次，不同层次代表不同等级的信息。在第一个层次（1a）的边际收益后，通常的做法是将主要设备的费用从贡献毛益中扣除，以便了解各产品和全部产品的主要资源消耗情况。在第3层次要减去全部的固定成本，固定成本没有分配给产品。GPK的基本目标是满足决策者对经营有效成本的理解，不是仅仅满足编制财务报告的需要。要满足编制财务报告的需要，还要对成本数据进行调整。

（四）GPK的主要特点

1. 成本中心。GPK成本中心与ABC的作业中心相比较，重要的区别是

GPK最终的成本总汇是基于以资源为中心的观点，以求在资源消耗和适度成本动因之间确定一种强有力的因果关系。在GPK理论中，一个成本中心的成本动因具有同质性，每个成本中心只有一个成本动因，如质量检验中心只有检验次数一个成本动因，机械中心只有机器时间一个成本动因，一个成本中心只能有一个经理，但一个经理可以负责接收多个成本中心的汇报。Paul A. Sharman（2003）对GPK的成本中心作了如下说明：（1）成本必须是可区分的——它们对于成本中心所产生的输出必须是独特的；（2）产量必须是可重复性的；（3）输出必须由个体经理负责。一个成本中心只能设置一名经理，但是一位经理可以同时管理多个成本中心；（4）成本中心的规模大小应该是易于管理的；（5）成本、技术、资源类型、工作实绩都必须是彼此相互满足的；（6）成本作业动因必须是可计量的而且能够进行计划的；（7）成本中心是初级成本，或者是后援成本（也为服务成本）。初级成本中心是直接服务于制造产品的部门或者执行客户服务的部门。在ABC理论中，一个经理只管理一个成本中心，但在该中心有多项作业，成本中心的费用必须分配到各项作业中。

2. 编制辅助部门和基本生产部门（初级成本中心）的预算。在制定年度预算时，把每单位输出（动因）成本和总量需求作为需要考虑的十分关键的因素，以各成本中心前一阶段的实际成本为基础，考虑预计发生的变化，做出相应的修改后确定预算数。要编制反映辅助部门和初级成本中心的固定与变动成本总额、单位变动成本的预算。GPK下对固定成本和变动成本是按成本与成本中心的产出量的依存变动关系划分的。变动成本是按成本中心的产出量确定的，而不是按最终产品的数量确定的。GPK将辅助部门的固定成本和变动成本向初级成本中心分配时，是分为固定与变动两部分的，每个初级成本中心仍然保留辅助部门的这两部分成本。在GPK下进行分析是具有决定性的一个关键因素，而这一分析又是建立在预算制定的基础之上的。GPK是包含了决策、预算、执行和控制、分析等内容的完整体系，与企业管理体系保持了一体化，而在美国则很难发现ABC制度在预算中的运用情况。

3. 基本生产部门在各月进行成本分析时，要根据弹性预算法的原理确定当月实际产出量（如上例中1号机械中心的实际产出量是1500机器小时）下的变动成本预算和固定成本预算总额，将一定产出量下的变动与固定成本预算的总额与实际发生额进行比较，计算差异，有针对性地采取措施控制支出和产出数量。

4. 德国的成本会计软件使GPK得到进一步的巩固。为了跟上不断变化的软件技术和利用综合方案产生的数据，Plaut在20世纪80年代中期就与在世界领先的德国集成系统供应商SAP公司合作，将GPK方案构建到SAP系统中。新型的SAP成本制度提供了一体化和标准化基准，消除了与独立制度有关的问题。Plaut咨询公司与SAP软件用户的共同努力推动了德国成本会计制度的进一步发展。

（五）GPK与ABC的结合方法——RCA的推出

Sharman（2003）认为，ABC在管理和“非直接”成本中心上是对GPK的补充。将GPK的成功之处与ABC的优点结合起来，并进一步与有规律的方法和令人满意的软件相结合，将满足美国CFO的需要。许多美国组织机构已经适当采用了ERP软件，并准备通过运用结合了ABC的GPK原理来实施最佳的决策支持、计划编制和控制方法。GPK与ABC相结合形成的方法就是资源消耗会计（RCA）。

导致RCA产生的原因首先是ABC的推行没有达到预期的效果，ABC主要运用在间接成本的分配上，没有能够提供有助于决策的更为详细和准确的成本信息，没有形成与企业管理保持一致的决策、计划、控制和分析的系统，而标准成本法对战略应用又存在明显的不足，现行成本会计提供的成本信息质量较低劣而不为管理者所信任，在实务上迫切需要对成本会计方法进行改善和创新。其次，由于学术界长期缺乏对成本会计（管理会计）理论的关注，没有能够使成本会计在理论上得到发展。因此，从理论上关注和推动成本会计的发展也是促使RCA产生的重要原因。第三，德国会计界在20世纪对成本会计问题的研究和应用上所作的贡献对美国会计学界推动成本会计理论和实践的发展是有重要影响的。这种影响促使了RCA的推出。

四、资源消耗会计的基本原理

（一）资源消耗会计的几个基本概念

1. 资源和资源消耗。用货币购入的劳动力（工人工资、职员薪酬、福利待遇），员工接受报酬提供相应的劳动，购入的劳动对象（库存材料）、劳动手段（固定资产），固定资产按期摊入成本的价值（折旧）和转入成本的材料费用，企业的维修车间所发生的一切工、料、费等都是资源。在RCA下，对资源的理解是广义的。资源消耗是指部门之间的成本（价值）转移。RCA解决资源消耗即从一个部门转移到另外一个部门，故称资源消耗会计。笔者认为，从一般意义上理解，企业的资产都是企业的资源，基本的资源是企业的劳动对象、劳动手段和劳动力，具体包括人力资源、各种材料、固定资产等，也包括辅助生产部门提供的产品或劳务，如质量检验服务、运输服务、供电和修理等。这些资源的价值会随着其使用而转移，这种转移可以说就是资源消耗，这些消耗又会在企业内部各部门之间转移。在企业内部各部门之间转移的资源价值构成了资源消耗会计的内容。所谓资源消耗会计就是以在企业内部各部门之间转移的资源价值为对象的会计。RCA与ABC相比较，ABC主要解决间接费用的分配问题，而RCA解决资源价值从一个部门转移到另外一个部门的问题。

2. 资源结集点（资源库）和资源产出量。一般认为，资源结集点相当于美国管理会计的“成本中心”，这个单位所发生的成本（资源消耗）于此结集。笔者认为，资源结集点就是汇集资源成本的中心，如人力资源结集点汇集生产人员工资和管理人员的工资、机械资源结集点汇集电力和机器折旧费等。资源结集点的产出数量称为资源产出量，如人力资源结集点的产出数量是人工小时，机械资源结集点的产出数量是机械小时。每个资源结集点只有一个成本动因（资源产出量），这是RCA借鉴了GPK的做法，是ABC与GPK相结合的表现。

3. 初级和二级成本结集点。初级成本结集点是直接从事产品生产或提供可销售劳务的基本生产部门。二级成本结集点是为初级成本结集点服务的辅助生产部门，如质量检验部门和供电部门。由于基本生产部门和辅助部门要汇集资源，因此可以将这两个方面的成本结集点称为初级资源结集点和二级资源结集点。同样，也可将作业成本中心称为作业资源结集点。

4. 直接成本与转入成本。直接成本是指各结集点直接发生的成本，如材料、工资、福利费、折旧费等。转入成本是指由于消耗了其他资源结集点产出资源而结转来的成本，如基本生产部门因耗用供电车间的电力而发生的转入电费。

5. 初级费用与二级费用。初级费用反映一项成本费用固有的成本性质，与成本费用要素相似，与总账科目相同，如工资、福利、折旧和维修等（相当于我国应付职工薪酬、累计折旧、原材料、银行存款等总账科目内容）。二级费用反映由于资源结集点消耗资源而改变了的性质的费用要素。

6. 作业及作业成本。在 RCA 下仍然存在作业和作业成本，作业成本是介于资源消耗与最终产品之间的中间成本。作业成本的保留是 ABC 与 GPK 相结合的又一具体表现。作业成本及其处理方法是 ABC 所特有的。

（二）RCA 下对剩余式闲置生产能力的分析

为了便于 ABC 与 RCA 的比较和理解 RCA 的主要特点，根据整理后编译的例子来说明 RCA 下对剩余式闲置生产能力的分析原理。假设某成本中心（生产区域 1）从事操作机械和生产准备两项作业。操作机械量 400 小时，其中为 K、O、Z 产品分别提供 120、200、80 小时；生产准备次数 120 次，其中为 K、O、Z 产品分别提供 50、30、40 次。

1. ABC 下的处理方法。ABC 下的处理是由资源成本分配汇集到作业，再将作业成本分配到产品的过程。ABC 下的处理 1 如图 6－1 所示。

K 产品成本计算：操作机械：120 小时 ×843.75 元 =101250（元）

生产准备：50 次 ×1687.50 元 =84375（元）

其他产品成本计算方法同上。根据计算结果编制的产品盈利报告如表 6－7 所示。

表 6－7　　产品盈利报告　　单位：元

项　目	K 产品	O 产品	Z 产品	合　计
收　入	205625	231375	142000	579000
产品成本	185625	219375	135000	540000
利　润	20000	12000	7000	39000

如果将 K 产品生产准备次数从 50 次降低到 30 次，减少了 20 次。生产电力成本减少：20 次 ×22500 元 ÷120 次 =20 次 ×187.5 元 =3750 元。则有 ABC 下的处理 2（见图 6－2）。

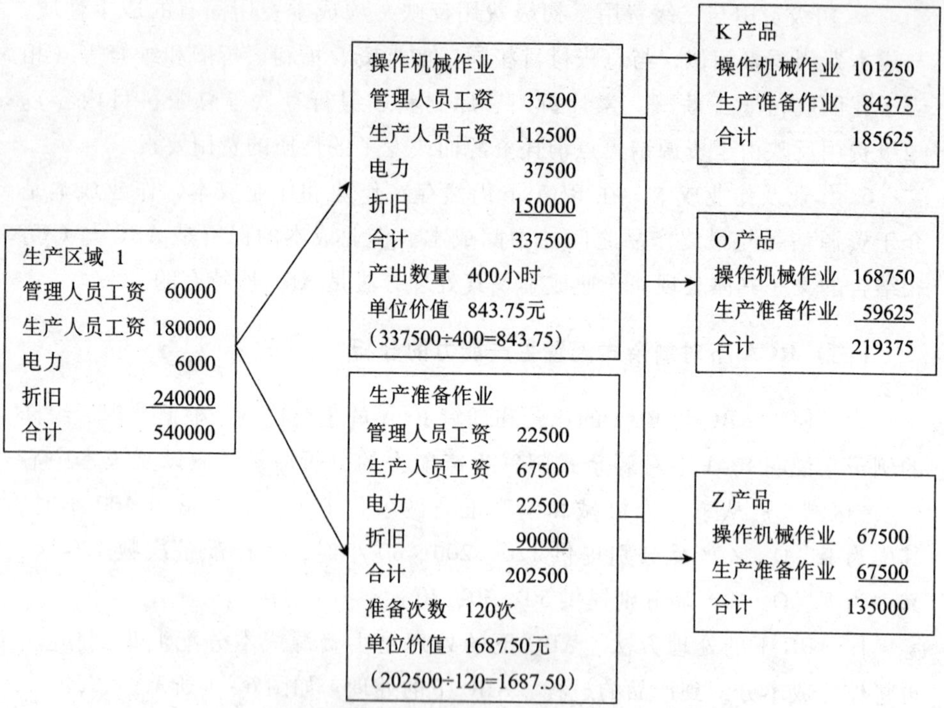

图 6-1 ABC 下的处理 1

K 产品成本计算：操作机械：120 小时 ×843. 75 元 =101250（元）

生产准备：30 次 ×1987. 50 元 =59625（元）

其他产品成本计算方法同上。根据计算结果编制的产品盈利报告如表 6-8 所示。

表 6-8　　产品盈利报告　　单位：元

项　目	K 产品	O 产品	Z 产品	合　计
收　入	205625	231375	142000	579000
产品成本	160875	228375	147000	536250
利　润	44750	3000	-5000	42750

由于生产准备次数减少，每次准备成本提高了，使 Z 产品发生亏损。这样的结果是不合理的，因为没有对剩余式闲置生产能力进行核算，没有反映剩余生产能力的价值。

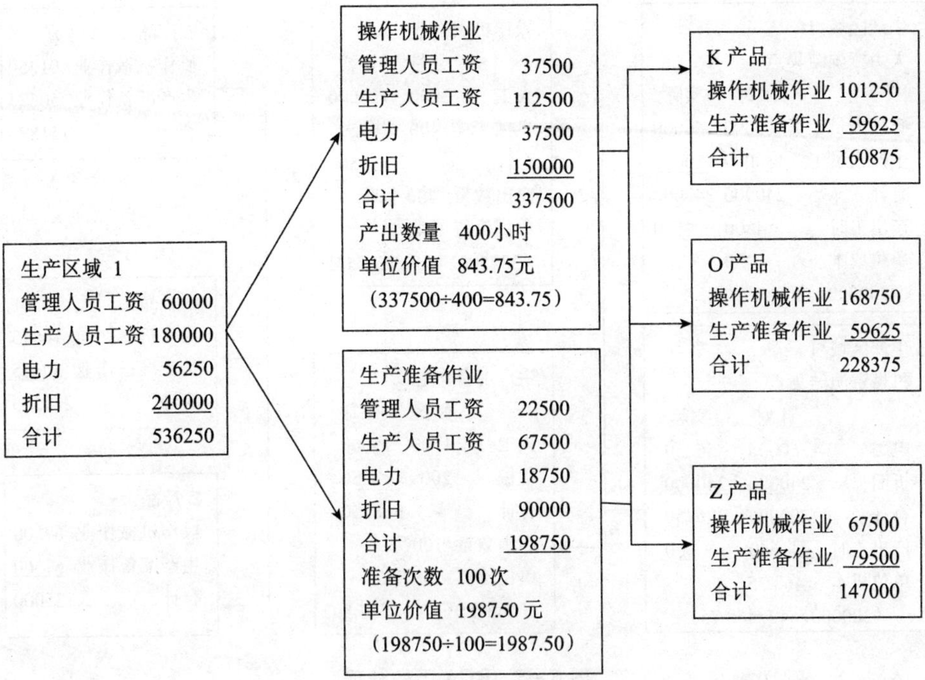

图 6－2 ABC 下的处理 2

2. RCA 下的处理方法（见图 6－3）。

因有人工和机械两种作业，需要将生产区域划分为两个资源结集点，一个资源结集点只有一个成本动因（人工小时或机械小时）。

分配到操作机械作业和生产准备作业的成本是按资源结集点实际产出量和计划单位成本计算分配的。

其中：操作机械作业成本

人工成本＝3000×50＝150000（元）

机械成本＝400×468.75＝187500（元）

生产准备作业成本计算方法同上。然后再根据操作机械作业和生产准备作业的产出数量和作业成本计算各自的单位作业成本。经计算，操作机械作业的单位产出（操作机械小时）成本为843.75元，生产准备作业的单位产出（次数）成本为1687.50元，接着根据三种产品的作业消耗量计算应分配成本。如：

K产品成本计算：操作机械成本：120×843.75＝101250（元）

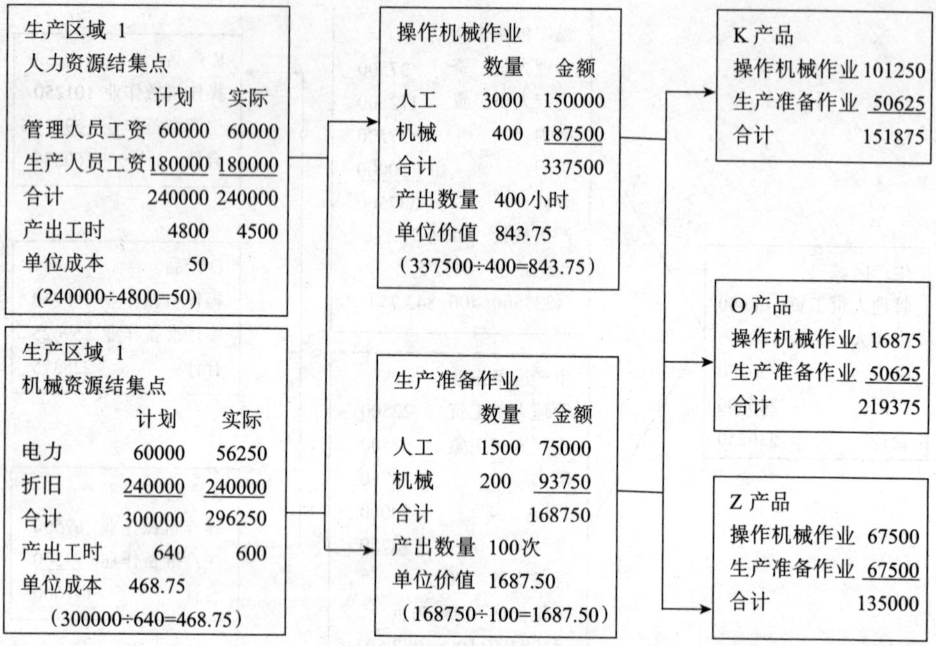

图 6-3 RCA 下的处理

生产准备成本：30×1687.50=50625（元）

其他产品成本计算方法同上。根据计算结果编制的产品盈利报告如表 6-9 所示。

表 6-9 **产品盈利报告** 单位：元

项　目	K 产品	O 产品	Z 产品	合　计
收　入	205625	231375	142000	579000
产品成本	151875	219375	135000	506250
利　润	53750	12000	7000	72750
剩余式闲置生产能力=300 小时 15000+40 小时 18750-少耗电力 3750				30000
营业利润				42750

生产准备次数减少：

剩余人工：20×1500÷100×50=300×50=15000（元）

剩余机械：20×200÷100×468.75=40×468.75=18750（元）

进一步说明如下：

实际总成本 = 240000 + 296250 = 536250（元）

按计划单位成本分配：

操作机械作业：4500 × 50 = 225000（元）

生产准备作业：600 × 468.75 = 281250（元）

因为减少生产准备次数而发生的成本：

剩余人工：20 × 1500 ÷ 100 × 50 元 = 300 × 50 = 15000（元）

剩余机械：20 × 200 ÷ 100 × 468.75 = 40 × 468.75 = 18750（元）

按计划单位成本分配的总成本 = 225000 + 281250 + 15000 + 18750
= 506250 + 33750 = 540000（元）

因为：成本差异 = 实际总成本 - 计划分配总成本

则：实际成本 = 按计划分配成本 - 差异

营业利润 = 收入 - 实际成本 = 收入 -（按计划分配成本 - 差异）
= 579000 -（506250 + 33750 - 3750）= 42750（元）

其中：剩余生产能力成本 = 33750 - 3750 = 30000（元）

在这个例子中，RCA 的处理，首先反映了三种产品利润的实际情况，K 产品利润增加，O 和 Z 产品利润没有变化，不会使两种产品的成本发生扭曲；其次，揭示了因减少 K 产品的准备次数而形成的没有得到利用的剩余生产能力。

五、辅助部门提供劳务的处理

在 RCA 下，在考虑存在固定成本与变动成本条件时，将辅助部门资源结集点的成本（如供电部门提供电力的成本）转移到基本生产部门（假设是电炉部门）的处理是，根据辅助部门的计划单位变动成本和实际耗用服务的数量（如电力数量）计算结转的服务成本（如电力成本），如果基本生产部门耗用辅助部门的服务分固定与变动两个部分，则相应计算接受辅助部门服务的固定与变动成本，基本生产部门将由辅助部门转入的成本加直接成本和其他转入成本计算总成本，再根据基本生产部门产出量计算单位成本。如果辅助部门有固定成本，就将辅助部门的固定费用按计划月成本转至基本生产部门。这里的处理与 GKP 相同。

如果在辅助部门（假设是维修部门）与材料采购资源结集点之间还有一

般采购作业成本，则根据材料采购资源结集点的单位产出（人工小时）固定成本和变动成本与一般采购作业产出的数量（采购订单数量）计算单位变动和固定成本；维修资源结集点根据一般材料采购作业单位固定和变动成本与固定和变动的采购订单数量计算固定和变动成本，加上直接成本后计算总成本和单位成本（产出是维修人工小时）。从生产过程上看，维修资源结集点的成本还要再计算分配到基本生产部门成本结集点。

RCA 下辅助部门的费用分配具有两个特点：（1）每一单位（生产区域、资源结集点、作业）只有一个成本动因，从而保证成本分配合理。（2）计算单位费用时将单位成本分为固定与变动两个部分，当一个单位的产出数量发生变化时，就能很容易计算出适应这种变化的新的预算数字。在上述第二种情况中，如果维修部门的产出量减少了，则维修部门需要的一般材料采购作业就要将原订单数量减少，材料采购资源结集点的预算金额也就需要作相应的调整。

六、RCA 的成本流程

根据所举例子，可设计 RCA 的一般流程。RCA 的一般流程如图 6－4 所示。

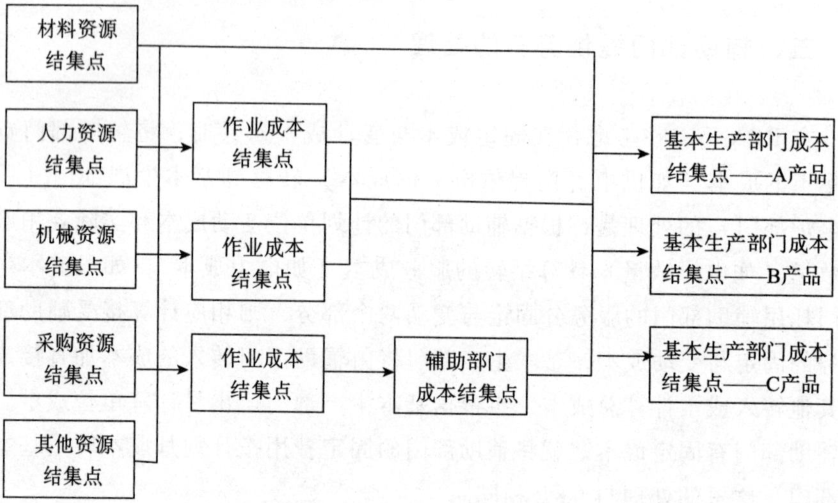

图 6－4　RCA 的一般流程

七、资源消耗会计的主要特点

RCA 主要有以下几个方面的特点：

1. 以资源为中心。以资源为中心是 RCA 基本原理的基本要素。RCA 是以资源为中心确定多样化和有相互关系的成本归属，以及提供产能的框架，解决了一个部门向另外一个部门因资源消耗而发生的价值转移的问题。这种资源价值的转移，不仅是由资源结集点向各项作业转移，还由各项作业向产品转移，是全过程的资源耗费的反映。ABC 将关注点放在作业和作业成本上，而 RCA 则把关注点放在资源和资源消耗上，在处理的过程中始终强调资源和资源消耗。管理焦点的变化是 RCA 与 ABC 最为显著的差别。

2. 成本性质和划分的新变化。从成本性质上，成本存在两个方面的性质。RCA 辨别成本固有的和潜在变化的性质的原则集中表现在两个方面：（1）基于如何消耗资源，根据管理决策或计划，确定一个项目成本在获得资源时的固有性质；（2）基于消耗模式，将最初按比例分配的成本性质转变为固定成本性质（Clinton 和 Webber，2004）。基于成本性质辨认的认识，RCA 将成本按三种不同标准进行划分：（1）按是否为本单位发生的成本将成本分为直接成本和转入成本；（2）按费用固有或改变的性质将费用分为初级费用和二级费用；（3）从资源层面按资源产出量将成本分为固定成本和变动成本（比例成本）。固定成本是不随资源产出量变化而变化的成本，变动成本是随资源产出量变化而变化的成本。在 RCA 下，这种划分是从最基层的资源结集点进行的，如在所举例子中，材料采购资源结集点的成本就可分为固定成本与变动成本两个部分。而传统的成本会计是从产品层面确定和分配固定或比例成本，使真正的成本消耗模式被模糊了。

3. 因果关系是关键。RCA 强调各个成本中心的确定与相对应的单一动因（各个中心的产出量）。在 RCA 下，成本中心是按区域管理原则建立起来的，当一个成本中心有多种不同的“产出”时，就要将这一成本中心按不同的产出分为多个资源结集点，一个资源结集点只有一个“产出”，即一个成本动因，如在所举例子中因生产区域 1 存在两种不同的产出（人工小时和机械小时），因此要将该区域分为两个资源结集点，一个资源结集点只有一个成本动因。这样的处理显然受到 GPK 的影响，是 RCA 不同于 ABC 之处，吸收了 GPK 的优点，其好处是有利于资源结集点计划的合理编制、资源消耗的反映、差异的计算和业绩的考核。在 RCA 下，对资源消耗的处理应正确认识成本分配的因果关系，如人力资源结集点成本分配的成本与人工小时之间的因果关系。

4. 成本分配是一种基于数量结构原则的成本分配转移机制。RCA 下，成本是基于数量关系从发送者向接收者流动的。将成本价值从资源消耗的各种联系中解脱出来，密切关注资源的消耗数量，明确资源消耗与成本分配（消耗的价值）之间的因果关系，是 RCA 下成本分配转移中所遵循的重要原则。初级成本结集点的成本是按结集点的资源产出量（成本动因）分配的。二级成本结集点的成本也是按资源产出量分配给各受益单位的。所计算的辅助部门的劳务费率（单价）分为固定和变动两部分，并“追踪”着它的流程将分割为固定和变动两部分的成本转移到受益单位。美国传统的管理会计也对辅助部门的劳务成本以产品为对象划分为固定和变动两部分，但分配给受益单位时会将这两部分成本合并为一部分。RCA 的做法显然与美国传统管理会计有所不同。这样处理，便于根据产出数量计算出适应变化的新的预算数，还有助于做出正确的辅助部门（如维修部门）工作的外包决策。

5. 反映剩余式闲置生产能力及其成本。剩余式闲置生产能力（Excess / Idle Capacity，简称 E/I 产能）分析也是 RCA 不同于 ABC 的一个重要特点。RCA 将 E/I 产能的成本归属到影响资源的责任人或层面，没有分配到产品中，对成本比率通过理论衡量向管理者显示 E/I 产能，进行产能分析。在前面所举例子中，可以看到没有分配到产品上的剩余生产能力成本 30000 元，没有得到利用的剩余人工 300 小时和剩余机械 40 小时，节约电力资源 3750 元，而传统的成本会计方法由于不能识别 E/I 产能，因此不能确切地与相关人或层面相联系，并且通常持续地分配给产品，对成本比率采用综合预算衡量，因此无法反映出 E/I 产能的会计信息。在 ABC 下是不核算剩余式闲置产能的，这样不利于管理者注意和解决这一问题。RCA 根据某个资源结集点的计划单位资源成本和实际作业量确定有关作业的成本，再根据单位作业成本和产品实际耗用作业量确定分配到产品上的成本，计算出基于资源消耗计划的成本、利润和剩余式闲置产能的，剩余式闲置产能成本没有分配给产品。当作业量没有发生变化时，产品的利润是预期的利润；当作业量发生变化时，产品的利润则会因作业量的增减而减少或增加。RCA 核算的目标就是将

E/I 产能及其成本显示出来，引起管理层重视，以便采取相关的管理措施。

6. RCA 预算编制的变化。

RCA 的预算在 E/I 产能的确定上起重要的作用。在 RCA 下编制预算是直接按资源数量分配计算作业费用，再根据单位作业费用率计算不同作业量条件下资源结集点的预算。在 RCA 下，预算的编制是以资源消耗量的有效利用为基础，计算资源结集点的单位费用率，确定 E/I 产能。当作业量发生变动时，可利用原剩余能量；同时，对转入成本又做了固定与变动的划分，作业量的增减不会影响固定成本的增减。这种 RCA 预算编制方法的原理实际上是以数量为基础的弹性预算编制的原理，但在具体编制时，又将成本分为直接成本和转入成本，并分割为固定成本与变动成本两部分，在内容上又与一般的弹性预算有所不同。RCA 预算或计划的编制有助于管理者利用实际非财务信息与计划或标准数量进行成本管理，而传统的成本会计由于没有追踪资源消耗的数量，而是按比例分配的，非财务信息往往缺乏或利用得不够。

7. 在战略层面上支持资源的管理和经营决策。

Benjamin 和 Simon（2003）在总结 RCA 的特点时认为其在操作方面，不仅是战术层面，而且在战略层面也支持资源的管理和经营决策。除有利于辅助部门外包决策外，美国学者认为，RCA 还能利用重置成本折旧法提供有用的内部成本边际分析决策支持信息，具有为决策者提供从资源层到组织层几乎任何层次追踪和组合的成本信息的能力，而传统成本会计使用外部报告制度规定的、往往不能反映经济现实情况的折旧法，综合某一部门或产品层面的成本但几乎或不追踪或获取较低层面的成本。RCA 正确确定了基于特殊成本固有性质的资源消耗，提高了管理人员理解资源相互关系并使用基于信息以支持渐进决策的能力。

八、研究资源消耗会计的理论价值和实际意义

研究资源消耗会计具有重要的理论价值。通过研究明确资源消耗会计的基本原理，结合我国成本管理会计理论和实务，将 RCA 与其他有关的成本管理方法有机结合起来，可以构造一个具有创新性的成本会计方法体系，丰富成本管理会计理论和推动成本管理会计理论的发展。在资源消耗会计的研

究中，可考虑将一些国外的名称和表述尽可能予以中国化，以便实务中的运用。从生产能力上制定各个资源结集点费用计划，要考虑决定企业经济基础的结构性成本动因，因此，RCA 作为成本管理会计变革和创新内容的研究，在推进战略成本管理理论的发展上是有特别价值的。

研究资源消耗会计还具有重要的实际意义。资源消耗会计在美国已由理论研究、试验阶段发展到推广阶段，而在我国目前还处于理论研究阶段。为了适应企业面临的外部激烈竞争和内部提高经营管理水平的要求，我国企业需要尽快引进和采用一些现代成本管理会计方法。研究和应用 RCA，在帮助企业提供成本信息的真实性、促使企业有关成本管理方法的合理结合应用，进一步加强成本的全面控制，科学合理地配备企业资源，防范企业的成本风险，提高生产能力的合理利用率，完善企业信息化建设等方面都具有重要的现实意义。

九、资源消耗会计研究的思考

1. 建立在弹性边际成本会计与 ABC 基础上的 RCA 的提出，首先是解决产品成本中制造费用分配合理的问题。RCA 从资源到作业，再从作业到产品的成本流动过程与 ABC 并没有什么不同，不同的是资源成本的流动是通过计划单位资源消耗费用、实际资源消耗数量、作业消耗数量计算与流转成本，最终形成产品成本，并根据弹性原理计算与分析闲置或剩余生产能力成本的，而传统的 ABC 是按实际单位资源消耗费用计算和流转成本的。从控制机理上看，资源消耗会计的控制标准是最初的计划单位资源消耗费用和正常的生产能力（如作业次数），要计算与分析的差异是计划资源消耗成本差异、实际成本与弹性计算下的计划分配作业成本之间的差异，二者之差形成闲置或剩余生产能力成本，纠偏措施是如何充分利用闲置或剩余的生产能力的措施。从控制机理上看，RCA 还存在三个方面可以改进和充实之处，即可在最初资源的实际成本与计划成本间进行标准成本法式的差异计算与分析，实际作业量与标准作业量之差下的作业成本的差异计算与分析，产品成本从构成内容上的直接材料、变动作业成本、生产能力成本差异和固定制造费用的实际与标准成本之间差异的计算与分析。RCA 下的生产能力成本差异是不分配到各种产品上的，需要单独列出。在改进 RCA 下，需要根据不同的差异提出纠偏的措施。由此看来，可以将现有的RCA与标准成本法相结合，形成一种新的成本管理会计方法。笔者认为，首先，分析揭示现有RCA的控制机理，即单位计划资源消耗费用、弹性分配到作业的资源消耗成本、最终产品成本和消耗资源差异、生产能力成本差异等及其相互关系，对人们正确认识和应用RCA是有用的；其次，将RCA与标准成本法相结合，对RCA进行改进，提高新方法对成本控制的效力。改进的RCA的控制机理涉及的标准内容有：生产费用按资源消耗动因分类和制定计划或标准成本，而不是按经济内容或经济性质分类；标准作业量的制定和标准产品成本的制定。改进RCA下要计算和分析各种差异，提出纠偏和风险防范措施；第三，在改进的RCA的应用研究方面，明确改进的RCA应用的必要性（从企业内在与外在因素上分析）、基本条件和主要障碍，并针对主要障碍提出有关排除建议。

2. RCA的第一个环节的资源消耗结集点的计划与实际费用的确定内容，从总费用上看就是等同于我国传统的生产费用要素的内容。在RCA下是按资源消耗动因分类建立资源结集点的，而我国传统做法是按经济内容或经济性质划分为若干要素费用的。因此，采用RCA，首先就有必要按资源消耗的动因分为若干生产费用库（资源结集点），然后编制费用计划，核算有关费用。RCA下将工资费用中生产人员工资与生产部门管理人员工资合并为人力资源结集点，以产出的生产工时为资源消耗的动因；电力费用和折旧费用合并为机械资源结集点，以产出的机器工时为资源消耗的动因；对其他生产费用就有必要分析资源消耗动因或作为固定费用转入固定性制造费用。

3. 关于RCA的应用，美国已经有其实际应用的研究成果和专门的推广组织。我国目前在学术上已有不少关于RCA应用的建议和想法。有观点认为，在RCA的实施上，一是直接将RCA应用在现有会计系统中，二是在现有的成本核算系统的部分区域中局部运用RCA原理，可以采取循序渐进、逐步实施的办法，三是仅通过主观判断来运用RCA的观念。笔者认为，在我国目前ABC应用并不充分的条件下，采用先试点后总结经验，再根据具体情况决定是否予以推广的办法是比较合适的。在试点的过程中，需要研究解决实施RCA的必要性和基本条件、主要障碍和解决办法等问题。

主要参考文献

白明："资源消耗会计在管理会计中的应用"，《事业财会》2006 年第 1 期：第 23—24 页。

陈吉东："资源消耗会计在美国 Clopay 公司的应用"，《财会月刊》2006 年第 6 期：第 51—52 页。

杜容瑞、肖泽忠、周齐武："中国管理会计研究述评"，《会计研究》2009 年第 9 期：第 72—80 页。

冯巧根："成本会计创新与资源消耗会计"，《会计研究》2006 年第 12 期：第 33—40 页。

冯巧根："成本会计发展的新趋势——资源消耗会计"，《会计之友（下月旬）》2007 年第 7 期。

孟焰、孙健、卢闯、刘俊勇："中国管理会计研究述评与展望"，《会计研究》2014 年第 9 期：第 3—12 页。

潘飞、周为利："作业成本法在我国的过去、现状和未来展望"，《上海会计》2002 年第 8 期。

杨继良、尹佳音："弹性边际成本法的强盛——德国成本会计概述"，《财会通讯》2005 年第 3 期：第 20—24 页。

杨继良："成本会计的新方法——资源消耗会计概述"，《财会通讯（综合）》2005 年第 4 期：第 14 页、第 21—26 页。

杨继良："国外作业成本法推行情况的调查综述"，《会计研究》2005 年第 5 期：第 81—85 页。

张蕊、饶斌、吴炜："作业成本法在卷烟制造业成本核算中的应用研究"，《会计研究》2006 年第 7 期：第 59—65 页。

周琳、潘飞、刘燕军、马保州："管理会计变革与创新的实地研究"，《会计研究》2012 年第 3 期：第 85—93 页。

朱云、陈工孟："作业成本法在香港应用的调查分析"，《会计研究》2000 年第 8 期：第 62—63 页。

Anderson, S. W.. A Framework for Assessing Cost Management System Changes: the case of activity - based costing implementation at General Motors

1986 - 1993. Journal of Management Accounting Research, 1995 (7): 1 -51.

Ashish Garg, Debeshis Ghosh, James Hudick, and Chuen Nowacki. Roles and Practices in Management Accounting Today. Strategic Finance, July 2003: 30 -35.

B. D. Clinton, D. E. Keys. Resource Consumption Accounting: The Next Generation of Cost Management System, Focus Magazine. 2002. Issue No. 5.

B. Douglas Clinton, Sally A. Webber. RCA at Clopay. Strategic Finance, October 2004: 21 -26.

Foster, G. & Swenson, D.. Measuring the Success of Activity - based Costing Management and in Determinants. Journal of Management Accounting Research, 1997 (9): 109 -141.

Gosselin, M.. A Review of the ABC Literature From 1988 to 2004. Working paper. Universite Laval. 2005.

Gosselin, M. The Effect of Strategy and Organizational Structure on the Adoption and Implementation of Activity - based Costing. Accounting. Organization and Society, 1997 (22): 105 -122.

Herath, H. S. B. & M. I. Kusy. Activity - based Costing: potential research issues on the choice of cost management systems. Cost Management, September/October, 2014: 6 -16.

Hilton, R. G.. Managerial Accounting: creating value in a dynamic business environment. New York, NY: McGraw - Hill/Irwin, 2005.

Innes, J., Mitchell. F. & Sinclair, D.. Activity - based Costing in The U. K.'s Largest Companies: a comparison of 1994 and 1999 survey results. Management Accounting Research. 2000 (11): 349 -362.

Ittner, C. D., Lanen W. N. & Larcker, D. F.. The Association Between Activity - based Costing and Managementing Performance. Journal of Accounting Research, 2002 (40): 711 -726.

Jones, C. T. & Dugdale, D.. The ABC Bandwagon and The Juggernaut of Modernity. Accounting. Organnizations and Society. 2002 (27): 121 -163.

Kennedy, T. & Affleck - Graves, J.. The Impact of Activity - based Costing Techniqueson Firm Performance. Journal of Management Accounting Research, 2001 (13): 19 -45.

L. Benjamin, T. Simon. A Planning and Control Model Based on RCA Principle. Cost Management, 2003. Vol. 17, No. 4.

Larry White. Why Look at german cost management? Strategic Finance, September 2004: 6, 25.

Paul A. Sharman, Kurt Vikas. Lesson from german cost accounting. Strategic Finance, December 2004: 28 -35.

Paul A. Sharman. Bring on German Cost Accounting. Strategic Finance, December 2003: 1 -9.

Paul A. Sharman. The Case Formanagement Accounting. Strategic Finance, October 2003: 43 -47.

Shields, M. D.. An Empirial Analysis of Firm's Implementation Experiences With Activity - based Costing. Journal of Management Accounting Research, 1995 (7): 148 -166.

Soloway, L. J.. Using Activity - based Management Systems in Aerospace and Defensecompanies. Cost Manangement. 1993 (6): 56 -66.

Turney, P. B. B.. Activity - based Management. Management Acounting. 1992 (73): 20 -25.

Turney, P. B. B.. Beyond TQM with Word Force Activity - based Management. Management Accouting. 1993 (75): 28 -31.

Turney, P. B. B.. Common Cents: the ABC performance breakthrough. Hillshoto. OR: Cost Technology. 1991.

Turney, P. B. B.. What an Activity - based Cost Model Looks Like. Cost Management. 1992 (5): 54 -60.

Velmurugan, Manivannan Senthil. The Success and Failure of Activity - based Costing Systems. Journal of Performance Management, 2010, 23 (2): 3 -33.

第七章　人力资源和环境成本会计问题研究

本章将在我国新的会计准则、财务通则及国际会计准则有关规定和我国会计学术界有关研究成果的基础上，对人力资源成本和职工薪酬、人力资源成本核算的账户设置和账务处理以及人力资源成本报告等问题进行专门研究。传统的环境成本会计只是自然环境成本会计。企业环境成本会计可以分为外部和内部环境成本会计。企业外部环境成本会计应包括法律政治、经济、社会文化、技术和自然环境成本会计。有学者认为，人力资源和环境资源日益成为企业核心竞争力的重要组成部分，对有关人力资源和环境的成本会计问题的研究具有重要的理论和现实意义。

第一节　人力资源成本会计概述

一、人力资源会计的概述

（一）人力资源会计

一般认为，人力资源会计产生于20世纪60年代，在20世纪70—80年代得到了发展和广泛的应用。人力资源会计产生于特定的历史条件与社会环境，并为经济管理服务。人力资源会计是美国在20世纪60年代出现的一个会计分支。关于人力资源会计（Human Resource Accounting，简称HRA）有多种不同的表述：（1）美国会计学会人力资源会计委员会（1973）认为，人力资源会计是鉴别和计量人力资源数据的一种程序和方法，其目标是将企业人力资源变化的信息提供给企业内外界有关人士使用；（2）埃里克·C.

弗兰霍尔茨（Eric C. Flamholts）认为，人力资源会计是将人的成本与价值作为组织的资源进行计量和报告，包括用于人力上的投资及其重置成本会计和用于计量一个组织的经济价值的会计；(3) 也有观点认为，人力资源会计是指对组织的人力资源成本与价值进行计量和报告的一种会计程序和方法。笔者认为，人力资源会计，是对作为组织的人力资源的成本和价值进行确认、计量、记录、报告和其他管理的活动。

（二）国外人力资源会计的形成与发展

根据美国会计学家埃里克·C. 弗兰霍尔茨（Eric C. Flamholts）在1974年出版的《人力资源会计》一书中，对20世纪60—70年代人力资源会计产生和发展历史的划分及以后的发展情况，国外的研究可以分为下述的五个阶段。

1. 基本概念产生阶段（1960—1966年）。美国经济学家舒尔茨在1960年通过对人力资本投资理论及其他相关理论研究，提供了人力资源会计产生的理论基础。美国密歇根州立大学的赫曼森（Reger H. Hermanson）教授20世纪60年代初在其博士论文中提出人力资源价值和会计计量问题。他在1964年撰写的《人力资产会计》（Accounting for Human Assets）一文中最先提出人力资源会计的概念，认为人力资源是企业最有效的一种经营资产，在会计报表中应当反映人力资源的情况，使企业的财务报表更加完善，更好地满足有关各方的要求。1965—1966年，美国会计学会开展对人力资源会计理论的系统和专门研究，认为有必要衡量和评价人力资源成本及人力资源效益，并将人力资源会计的试验工作交给密歇根大学进行。人力资源会计、人力资产、人力资源成本、人力资源价值和将人力资源视为企业商誉的一部分等概念的提出是这一阶段的研究成果，奠定了人力资源会计的进一步发展的理论基础。

2. 人力资源成本和价值计量模型的学术研究阶段（1966—1971年）。1967年，密歇根大学利克特（Likert）教授领导的“人力资源会计联合开发小组”率先开展人力资源会计的应用研究，在巴里公司（R. G. Barry Corporation）建立了人力资源成本会计制度。该小组成员在进行人力资源历史成本计量研究所在的巴里公司的年终结算中，首次在年终决算时披露有关人力资源会计的信息，这为小型企业应用人力资源会计的程序和方法提供了依据。美国会计学会在美国密歇根州大学进行的人力资源会计实验取得了初步的成果。1967 年，密歇根大学的利克特（Likert）教授在其《人力组织：它的管理和价值》（The Human Organization：Its Management and Value）一书中认为，在企业资产负债表中不包括人力资源项目，就像资产账面价值与实际市场价值之间的巨大差异一样，会导致企业管理人员做出错误的经营决策。同年，赫基缅和琼斯在《哈佛商业评论》上撰文，强调人力资源分配决策中的重要性，主张计量近似机会成本的人力资源价值。20 世纪 60 年代末至 70 年代初，布诺默特、弗兰霍尔茨等人在《会计评论》和《管理会计》等权威会计刊物上陆续发表了几篇有关人力资源会计具体实施的论文，论述了如何评估人力资源，提出了如何将人力资源会计纳入传统的会计体系的建议。

在这一阶段，人力资源会计的研究者们将人力资源会计尝试性地运用于实践，探讨建立人力资源历史成本和重置成本计量模型、人力资源价值货币和非货币计量模型，评价人力资源会计实施的有效性，将在实务中实施人力资源会计的可能性、如何与传统会计体系相结合和运用人力资源会计管理公务员、部门经理、财务信息外部使用者的现实和潜在用途。

3. 人力资源会计迅速发展阶段（1971—1976 年）。英国、美国、澳大利亚和日本等外国学术界和会计实务工作者都进一步加强对人力资源会计的研究工作，大量关于人力资源成本和价值的计量及如何将人力资源会计纳入传统会计体系的文章发表在学术期刊上，人力资源会计理论、历史成本法和现时重置成本法等人力资源会计的程序和方法得到发展，实务界仍在进一步推进人力资源会计的实施工作。

在这一阶段有三项重大事件发生，即：（1）1971 年至 1973 年，美国会计学会（AAA）人力资源会计委员会在《会计评论》增刊上陆续发表了研究报告，对人力资源会计的发展作了积极的评价，提出了人力资源会计发展的建议；（2）1974 年，弗兰霍尔茨（Flamholts）出版了《人力资源会计》一书；（3）1974 年，卡普兰（Caplan）和兰德基却（Landekich）合作出版了《人力资源会计过去、现在和将来》一书。在这两本书中，对人力资源会计理论、方法及其应用作了系统和全面的介绍。

4. 人力资源会计的发展停滞阶段（1976—1980 年）。经过前三个阶段的有关研究，人力资源会计的相对简单的初步理论体系已经形成，前期研究工作已经完成，有关难题还需要解决，进一步深入的研究受到的研究和开发成本高、实施效果不易测量、企业缺乏配合研究的积极性的影响，有关研究的兴趣和积极性出现了下降的情况。

5. 人力资源会计恢复活力和应用发展阶段（1980 年至今）。在美国，促使人力资源会计恢复活力和应用发展的主要原因有两个方面：（1）美国政府的要求；（2）日本的重视和研究对美国的刺激。20 世纪 80 年代以来，人力资源会计进入了应用和发展阶段，不少大型企业（如美国的电话电报公司、德克萨斯仪器公司、通用电器公司）和金融机构采用了人力资源会计。弗兰霍尔茨（Flamholts）的《人力资源会计》一书在 1985 年修订后再版，在书中增加了 30 多个应用的案例。目前，美国、英国、德国、日本和澳大利亚等国家对人力资源会计均有较系统和全面研究，形成了一定的体系。

（三）我国的研究情况

一般认为，我国的人力资源会计研究开始于 20 世纪 80 年代。1980 年，著名会计学家潘序伦在上海《文汇报》上发表文章，率先在我国提出人力资源会计研究问题，认为在我国必须开展人才会计研究，建议既要计量人才成本，也要讲求效益。1986 年弗兰霍尔茨的《人力资源管理会计》一书在我国翻译出版（陈仁栋译），系统介绍了人力资源会计的内容。中国会计学会七五科研规划将人力资源会计列为一项主要课题。张俊瑞（1987）、阎光华、曹跃忠（1988）、张鸣（1988）先后对人力资源会计问题进行了探讨。在 20 世纪 90 年代曾掀起研究的热潮，由介绍国外研究成果转向系统研究。陈仁栋（1991）、刘仲文（1997）、张文贤（1999）等先后出版了人力资源会计或人力资源会计制度设计的专著。张文贤（1995）认为，20 世纪 70 年代以来，先后发表了人力资源会计的论著，力图把雇员培训、保健计划等项目的支出资本化，设想这些支出增加了雇员组织的资产价值，但在应用时遇到了人力资源计量、折旧、权益分配和财务报表披露等四大难题。阎达伍、徐国君（1996）就人力资源会计的框架进行了探讨。杜兴强（1997）研究了人力资源会计的确认、计量与报告。其他研究的问题有人力资源会计与人才会计的问题、人力资源会计假设和计量、人力资源会计报告、人力资源会计目标、人力资源成本会计、人力资源会计在知识经济时代的新发展、人力资源会计与产权经济学、人力资源会计的实际应用等。

进入 21 世纪，我国有关人力资源作为企业最重要的核心资源的研究仍在深入进行。有人认为人力资源会计是“21世纪会计主流”。尽管在20世纪90年代我国会计界对人力资源开展了较为全面的研究，但在21世纪初仍然有观点（2004）认为，关于人力资源会计，我国目前还“处于理论研究阶段，实践工作几乎没有展开，实施的困难较多”；20世纪80年代初人力资源会计被引入我国，目前尚处于介绍国外研究成果、探讨学科内容及实用性探索阶段。到2014年在我国一些会计期刊上仍然有不少关于人力资源会计和人力资源成本会计研究的文章发表。

陈芳薇（2015）认为，传统以物为核算中心的会计系统已无法满足企业和社会经济可持续发展的要求，人力资源和环境资源日益成为企业核心竞争力的重要组成部分，能本会计或将成为企业新宠。能本会计的恒等式为：物力资产+人力资产+客户资产+环境资产=负债+（物力资产所有者权益+人力资产所有者权益+客户资产所有者权益+环境资产所有者权益），中国证监会应尽快推出《上市公司能本会计信息披露指引》。在能本会计恒等式中人力资产和人力资产所有者权益、环境资产和环境资产所有者权益是其中的组成部分，也是本章所要研究的问题。

二、人力资源会计的基本内容

人力资源会计包括的内容有多种不同的认识：（1）人力资源会计是对人力资源的成本和价值进行管理的会计，包括人力资源成本会计和人力资源价值会计两个组成部分（埃里克·弗兰霍尔茨）；（2）人力资源会计包括人力资源成本会计、人力资源价值会计和劳动者权益会计三部分；（3）人力资源会计可分为人力资源财务会计和人力资源管理会计两大体系；（4）人力资源会计包括财务会计、人力资源成本会计、人力资源管理会计三个分支。这里将就人力资源成本会计、人力资源价值会计和劳动者权益会计三部分内容进行阐述。

（一）人力资源成本会计

对人力资源成本概念，有不同的表述：（1）人力资源成本是指取得或重置人员而发生的费用支出，包括人力资源的取得成本（历史成本）和人力资源的重置成本（张文贤，2002）；（2）人力资源成本是人力资源取得和开发等过程中形成的成本；（3）人力资源成本是为获得企业的人力资源而发生的招聘、录用、培训、医疗、福利、使用、管理等的费用或支出（中国会计学会编，《中国会计理论研究丛书：人力资源会计专题》，1999）；（4）人力资源成本是一个组织为了实现自己的组织目标，创造最佳经济和社会效益，而获得、开发、使用、保障必要的人力资源及人力资源离职所支出的各项费用的总和。

弗兰霍尔茨（1974）对人力资源成本会计所下的定义是："为取得、开发和重置作为组织的资源的人所引起的成本的计量和报告。"笔者认为，人力资源成本会计是对人力资源的取得、开发和其他相关成本进行确认、计量、记录、报告和其他管理的活动。与传统会计的区别是传统的会计将当期所有人力资源的支出当作期间费用和生产费用处理，在管理费用、制造费用、生产成本等账户中列支，而人力资源会计则将支出的一部分作为期间费用和生产费用，其余的则作为"人力资产"在其以后的服务期间内进行分摊。人力资源成本会计的特点是从账面上确定人力资产的取得、开发和其他相关成本，没有反映人力资源的价值——个人对组织的价值。

（二）人力资源价值会计

1. 人力资源价值的概念。有关人力资源价值的概念，有一些不同的表述，如（1）人力资源价值是人力资源（个人或群体）为组织提供效用（做出贡献）的能力。这种能力可用人力资源为组织提供的服务量与获得人力资源成本的比率，或者服务量对成本的超过额来表示。比率或超过额越大，则人力资源的价值就越大；（2）从企业的角度出发，人力资源价值是为企业所拥有或控制的人力资源的载体——劳动者运用自身的能力在未来特定时期内为企业创造的价值，是全部新创造的价值，即 v + m。笔者认为，人力资源价值是蕴含于人体内的能带来经济利益的潜在劳动能力，人在运用这种劳动能力的过程中可以创造出新的价值。人内在劳动能力的价值只能推测、判断而无法准确计量，但它创造出的外在价值却是可以计量。

2. 人力资源价值的分类。

（1）人力资源的个人价值和群体价值。一般认为，人力资源的个人价值，是指在组织中员工个人预期未来服务的估计现值；群体价值是指在企业中某群体预期未来服务的估计现值。个人价值和群体价值相互联系和相互制约。要充分发挥最佳的群体价值，只有让个人价值达到最佳组合。

（2）人力资源的货币性价值和非货币性价值。货币性价值是指通过货币计量确定的价值，如生产的产品和提供的服务的价值等。用货币计量人力资源价值被认为是复杂的工作，目前还没有发现十分精确的计量方法。非货币性价值是通过人力资源的才干和运用知识的能力而不是用货币计量来决定其价值的，如员工为顾客提供优质服务所创造出的顾客忠诚度，由此所产生的对扩大企业知名度和提高企业美誉度的贡献。决定这种价值的因素主要有人员的文化程度、技术职称或技术职务、技术工种、实际工龄、年龄和健康状态等。

（3）人力资源过去创造的价值和将来能创造的价值。

3. 人力资源价值的计量。人力资源价值计量的方法可以分为货币性价值计量法和非货币性价值计量法。（1）货币性价值计量法包括基准法和分对象计量法。分对象计量法又分为个人价值计量模式和群体价值计量模式。个人价值计量模式有未来薪资贴现法、竞标法、随机模型。群体价值计量模式有经济价值法和商誉法等。（2）非货币性价值计量法是按照主观预测和经济上估计进行计量的方法。常用的方法有技能详细记载法、绩效评估法（比率法、评分法、测试卡法等）等。

有关人力资源价值计量的研究成果主要有：（1）人力资源会计的货币计量方法有工资报酬折现模型、调整后的未来工资报酬折现模型、随机报酬价值模型、非购入商誉法、经济价值法。非货币计量方法有职工技能一览表、人力资源价值技术指标统计法、模糊综合评判法（刘胜花、李小燕，2003）；（2）人力资源当期价值理论与会计计量研究（李世聪，2004）。

4. 人力资源价值会计的概念。人力资源价值会计，是指对人力资源可能为组织创造的价值进行预测、确认、计量和报告及其他管理的活动。

（三）人力资源所有者权益会计

在能本会计中，人力资源所有者权益是重要的对象要素。人力资产所有者权益会计也就是劳动者权益会计。一般认为，人力资产所有者权益会计是在继承人力资源成本会计，并对人力资源价值会计进行改造的基础上提出的。在对传统会计等式的重构的基础上，人力资产所有者权益会计是人力资源价值会计与传统财务会计的融合。它在承认人力资源是有价值的经济资源的基础上，更进一步提出人以劳动者的身份参与企业的生产经营，人对企业的贡献高于其他任何物质资源，所以他们应该同物质资源的所有者一样享有对企业新出价值的分配权。

第二节　人力资源成本会计核算研究

一、人力资源成本与职工薪酬

（一）关于人力资源成本及其构成的有关认识

关于人力资源成本及其构成，在我国会计学术界有不同的认识。有关观点主要有：（1）人力资源成本是企业为了取得、维护、开发和遣散人力资源所付出的代价，包括人力资源取得成本（招募、选拔、雇佣和定岗而发生的支出）、维持成本（用于支付工资、福利、劳保、保险等的费用）、开发成本（因培训而发生的支出）和遣散成本（人力资源离岗、离职成本）（林万祥，2001）。（2）人力资源成本有广义和狭义之分。广义的人力资源成本包括劳动者被雇佣之前的为了培养自身的劳动能力所花的代价（劳动力受雇前成本）和企业在员工的招聘与培养、人力资源开发等方面所花的代价（劳动力受雇后成本）。狭义的人力资源成本仅指劳动力受雇后的成本。人力资源成本的构成内容包括原始成本、追加成本、使用成本、安置成本、流动成本、机会成本、沉没成本和重置成本。通常将人力资源取得和开发支出予以资本化，将维护支出计入当期损益；但对数额较大的一次性维护支出也可计入待摊费用，分期计入损益（乐艳芬，2002）。（3）人力资源成本一般划分为取得人力资源成本、人力资源后续教育费用、使用费用（主要包括工资、奖金、津贴和补贴等和职工福利费）、保障费用和离职费用（万寿义，2004）。上述观点一般将使用或维持成本单独列出，区别于开发成本或后续教育成本和其他成本。第（1）种观点的维持成本在范围上大于后两种观点的使用成本，包括的内容除了工资和福利费用外，还有劳保和保险费用，而第（3）种观点则将劳保和保险费用列为保障费用。

（二）会计准则和财务通则中有关“职工薪酬”的规定

职工薪酬是企业人力资源成本的一个组成部分。在2006年2月我国财政部发布了《企业会计准则第9号——职工薪酬》，在2006年12月财政部又颁发了新的《企业财务通则》。职工薪酬准则和包括了职工薪酬及相关支出规定的新财务通则的发布，对人力资源成本会计的有关内容产生了重要的影响。财政部2014年印发已修订的《企业会计准则第9号——职工薪酬》，该准则于自2014年7月1日起施行，旧版的相关准则同时废止。修订的准则明确界定了职工的范围。企业职工范围除了与企业订立劳动合同的所有人员外，还包括虽未与企业订立劳动合同但由企业正式任命的人员。向企业提供服务式与职工提供服务类似的人员也都属于职工的范畴，而不管其是否与企业订立劳动合同或由其正式任命，涵盖了通过企业与劳务中介公司签订用工合同而向企业提供服务的人员。

旧版职工薪酬准则对“职工薪酬”所下的定义是，企业为获得职工提供的服务而给予各种形式的报酬以及其他相关支出。旧版职工薪酬准则所规定的薪酬包括职工工资、奖金、津贴和补贴，职工福利费，医疗保险费、养老保险费、失业保险费、工伤保险费和生育保险费等社会保险费，住房公积金，工会经费和职工教育经费，非货币性福利，因解除与职工的劳动关系给予的补偿，以及其他与获得提供的服务相关的支出。最新准则规定，职工薪酬是指企业为获得职工提供的服务或解除劳动关系而给予的各种形式的报酬或补偿，包括短期薪酬、离职后福利、辞退福利和其他长期职工福利。企业提供给职工配偶、子女、受赡养人、已故员工遗属及其他受益人等的福利，也属于职工薪酬。而此前旧版准则主要涵盖了短期职工薪酬和辞退福利的会计处理。新版准则中包括非货币性福利、离职后福利、辞退福利、相关利益者福利和其他长期职工福利等福利薪酬。

从准则规定的有关内容上看，职工薪酬涉及前述观点中的维持或使用成本、开发成本或后续教育费用、保障成本、遣散成本以及前面谈到的观点中没有列入人力资源成本的住房公积金、工会经费、非货币性福利和其他福利性薪酬等内容，有关规定的内容与现有人力资源成本研究的内容不完全一致。

现行通则也对企业职工薪酬、社会保险费、住房公积金、职工教育经费和工会经费等的处理作了规定，但现行通则中的职工薪酬仅指职工劳动报酬，具体包括按工资制度、年薪制、股权激励、技术奖励或分成等分配办法支付的劳动报酬，没有将社会保险费、住房公积金、职工教育经费和工会经费等列为职工薪酬，这样的规定与现行职工薪酬准则的规定有所不同。

现行职工薪酬准则的制定借鉴了《国际会计准则第19号——雇员福利》和《国际会计准则第26号——退休福利计划的会计和报告》的有关规定，但没有采用“雇员福利”的提法。我国职工薪酬准则规定的职工薪酬的有关内容实际上超出了劳动报酬这一“薪酬”的范围，有其他相关支出的内容。因此，用“职工福利”一词来表示包括了新薪酬准则规定的职工薪酬全部内容的支出还是合适的，这样还可以与国际会计准则的有关规定保持一致。考虑到现行薪酬准则明确了企业的人工成本范围，因此也可以将包括了现行薪酬准则规定的职工薪酬全部内容的支出用“职工人工”一词来表示。如果有这些改变，则“应付职工薪酬”账户的名称就可以改为“应付职工福利”或“应付职工人工”的账户名称。

企业的人力资源是符合资产确认条件的人力资产，是具有长期性和短期性双重性质的资产。长期性人力资产是指企业为生产经营管理而拥有或控制的、使用年限超过一个会计年度的人力使用权，是符合资本化条件的、需要经过相当长时间的使用才会结束的资源。长期性人力资产应按取得的成本进行初始计量。短期性人力资产是指企业在一个会计年度内因使用、发展和保护人力资源而发生的成本。基于上述认识所确定的人力资源成本应按其支出是否计入当期损益分为资本化人力资源成本和费用化人力资源成本两部分。资本化人力资源成本是未耗成本，包括长期性人力资源成本和短期性人力资源成本（在在产品成本和待摊费用中体现），费用化人力资源成本是已耗成本，包括因使用人力资源而发生的长期性人力资产的摊销费用、销售产品成本中的人力资源成本和由短期性人力资产结转计入当期损益的人力资源成本（如辞退补偿费用和管理人员的人工成本等）。

企业的人力资源成本按支出的经济用途，分为取得成本、使用成本（报酬成本）、发展成本（开发成本或教育成本）、维权成本（工会经费）和辞退补偿成本5个部分。这5个部分的具体内容是：（1）人力资源的取得成本。它是指取得人力资源使用权而发生的成本，包括招聘、选择等使人力资源达到预定可使用状态前而发生的可归属一定的人力资源的有关支出。人力资源取得成本包括招募成本、选拔成本、录用成本和安置成本。（2）人力资源发展成本。它亦称为“人力资源教育成本或开发成本”，是指企业进行提高职工文化水平和业务素质，学习先进技术等人力资源拓展活动而支付的教育培训费用，包括自主培养、定向培养和鼓励自学等方面的支出。按照财政部、全国总工会等11个部门联合印发的《关于企业职工教育经费提取与使用管理的意见》（财建［2006］317号）的有关规定，职工教育经费必须面向全体职工，专门用于教育培训。人力资源发展成本包括定向成本、在职培训成本和脱产培训成本。（3）人力资源使用成本。它亦称为“人力资源使用报酬成本”，是指企业因使用人力资源而按劳动者提供的服务量计算支付给职工的各种形式的服务报酬，包括职工工资、奖金、津贴和补贴等工资性报酬、各种直接作为成本（费用）列支的社会保险费、住房公积金和其他有关福利费用。这部分成本中没有包括现行薪酬准则所列职工薪酬的全部内容。（4）人力资源的维权成本。它亦称为“人力资源保护成本”，是指维护职工合法权益的工会经费。按照有关法规的规定，它主要用于职工服务和工会活动。人力资源教育成本和维权成本尽管是按工资总额的一定比例从成本（费用）中提取，但并不是按职工的服务量支付给职工，而是根据企业的发展需要、服务职工和工会活动的需要给予职工的，给予的依据与劳动报酬给予的依据有所不同，故不将这两部分成本列为使用成本。（5）人力资源辞退补偿成本。它是指因解除与职工的劳动关系而给予的补偿性支出。这部分成本与国际会计准则中的辞退福利相同。辞退补偿也不是按服务量给予的，而是按工龄或其他标准给予的，因此也不将其列入使用成本中。由于辞退补偿支出是在生产过程之外发生的，因此生产人员的辞退补偿支出不计入产品成本，而计入管理费用。

如果某项人力资源取得成本数额不大，为简化成本核算，也可将其计入短期人力资产成本中。在现行准则中没有将人力资源的取得成本列为人工成本，而是作为管理费用计入当期损益，这使得企业的人工成本有所偏低，没有能够真正反映生产经营过程中的人力耗费水平。因此，有必要在企业人工成本中增加取得人力资源成本的摊销额。

二、人力资源成本计量模式

有关人力资源成本计量模式主要有三种观点：一是将人力资源成本计量模式分为历史成本计量模式和重置成本计量模式；二是将人力资源成本计量模式分为历史成本计量模式、重置成本计量模式和机会成本计量模式；三是将人力资源成本计量模式分为历史成本计算法、重置成本计算法和公允价值计算法。有关观点对计量模式的解释是：(1) 历史成本计量模式，也称原始成本法和实际成本法，是指企业按取得和开发人力资源实际发生的支出计量人力资源成本的模式或方法。一般认为，人力资源历史成本包括招聘、选拔人才、雇佣、安置、定岗、脱产培训和在职培训成本等，即人力资源的取得和开发成本，这些成本的资本化即为人力资源的历史成本。也有观点认为还包括使用人力资源实际发生的支出。(2) 重置成本计量模式，是指置换目前正在使用的某一人力资源所应付出的人力资源成本计量模式或方法。重置成本法是在当前物价水平下，重新取得、开发和辞退企业现有工作人员所发生的支出的人力资源的计量方法。人力资源的重置成本分为个人重置成本和职务重置成本。人力资源的职务重置成本包括取得、开发和遣散成本。重置成本计量模式用于企业对人力资源的取得和开发决策。(3) 机会成本。它是指在职工脱产学习期间，因为离职或离岗和遣散有关人员因为离职或离岗，造成职位空缺所造成的损失的人力资源成本计量模式。机会成本计量模式适用于人力资源遣散决策。

人力资源成本计量模式到底应包括哪些内容呢？笔者认为，可将人力资源成本计量模式分为成本核算的成本计量模式和成本决策的特殊成本计量模式。成本核算的成本计量模式下计量的成本包括历史成本、重置成本、可变现净值、现值和公允价值。成本决策的特殊成本计量模式下计量的成本包括机会成本、沉没成本等。(1) 在成本核算的成本计量模式下，既然将人力资源界定为一种资产，那就可根据具体情况选择采用成本核算的计量模式进行人力资源成本的计量。人力资源历史成本是按企业取得、开发、使用、维权（工会）、辞退补偿人力资源时的实际支付计量的成本，人力资源重置成本是按照当前市场条件计量取得、开发和遣散同样的人力资源所发生的支出计量的成本，公允价值是指在公平交易条件下熟悉情况的双方自愿进行人力资源交换确定的成本，人力资源的可变现净值是在可变现净值条件下，人力资源按其正常对外交易所获得的现金或现金等价物的金额扣减该人力资源至使用时将要发生的成本和费用计量的成本，人力资源现值是人力资源按其持续使用和最终处置中所产生未来现金流入量的折现金额计量的成本。(2) 在成本决策的特殊成本计量模式下计量的机会成本是按因为选择或调动工作而放弃另外的机会所发生损失计量的成本，沉没成本（沉落成本或旁置成本）是由过去决策已经发生的，无法由现在或将来的任何决策所能够改变的人力资源成本。其他相关的人力资源成本决策的特殊成本计量模式下计量的成本还包括差别成本（差量成本）、付现成本、相关与无关成本、专属成本与联合成本、可选择成本与约束性成本等，这些成本的概念与现有管理会计学的一般解释是相同的。笔者认为，在人力资源成本的计量上应该考虑前述全部的人力资源成本内容，即取得、开发、使用、维权、辞退补偿成本，而不只是取得和开发成本。

三、人力资源成本核算的账户设置和账务处理

我国会计学界关于人力资源成本核算的账户设置和账务处理的认识是建立在对人力资源成本及其构成认识之上的。现有的人力资源成本核算账户设置和账务处理的主要观点有：(1) 设置人力资产、人力资产取得成本、人力资产开发成本、人力资产累计摊销、人力资本和人力资产损失准备 6 个账户。将人力资源取得和开发成本在月末结转记入“人力资产”账户，通过“人力资产累计摊销”账户记录人力资产受益期内分期摊销额，将摊销额记入制造费用、销售费用和管理费用等账户的借方，通过“人力资产损失准备”账户核算计提的人力资产损失准备和发生的损失（林万祥，2001）；(2) 企业可根据人力资源成本的性质和功能设置人力资源取得成本、人力资源开发成本、人力资产和人力资产累计摊销账户，用以归集、结转和摊销人力资源成本。有关人力资源成本核算的账务处理与第一种观点相同（乐艳芬，2002）；(3) 设置人力资源投资、人力资源投资摊销账户。在“人力资源投资”账户下分设人力资源取得支出、开发支出、使用支出、离职支出等二级账户。“人力资源投资摊销”账户是用来核算应由本期承担的人力资源投资支出转化为本期的费用（万寿义，2004）；(4) 由 16 个基本账户组成的

人力资源会计模式的账户体系，其中：资产类包括人力资本价值补偿、应收人力资本投资红利、人力资本对外投资、人力资源投资、人力资产——××人力资本投入价值、人力资产——××人力资源投资成本、人力资产摊销——人力资源投入价值摊销、人力资产摊销——人力资本投资成本摊销（开发）等8个账户；负债类包括应付人力资本投资人红利账户。所有者权益类包括人力资本、人力资本公积金、实收人力资本投资人资本——投入价值摊销转入、实收人力资本投资人资本——盈余公积金转赠、人力资本投资人盈余公积金、人力资源损益——投资损益、人力资源损益——替代损益等7个账户（吴泷，2008）。

从上述观点上看，基本对人力资源取得和开发成本设置了“人力资产”账户和配套的“人力资产累计摊销”账户，“人力资产”账户是资本化的长期性人力资产账户，要通过“人力资产累计摊销”账户记录摊销的数额，体现了人力资源会计核算的要求。前两种观点没有设置人力资源维持成本和遣散成本账户。第（3）种观点将人力资源成本通过人力资源投资账户集中反映，并有反映摊销额的摊销账户，但没有设置人力资源保障成本和人力资产账户。第（4）观点将人力资产分设相当于取得成本的投入价值和相当于开发成本的投资成本账户，配套的有两个人力资产摊销账户，另外还设置了人力资产对外投资、应收投资红利、价值补偿和开发性质的人力资源投资等账户。

根据笔者前述有关人力资源成本划分的观点，笔者认为，为了全面反映人力资源成本的有关内容，可设置“长期性人力资产”、“短期性人力资产”和“长期人力资产累计摊销”账户，也可设置“人力资产损失准备”账户。在这样的账户设置下，有关的账务处理是：（1）将人力资源取得支出和教育支出记入“长期性人力资产”账户的借方，将人力资源使用支出、工会经费和辞退补偿支出记入“短期性人力资产”账户的借方；如果教育支出金额不大，也可将其记入短期性人力资产账户；（2）将长期性人力资产分期摊销额从“长期人力资产累计摊销”账户的贷方转出记入“制造费用”、“管理费用”和“销售费用”等账户；（3）期末将短期人力资产账户借方汇集的金额结转记入生产成本、制造费用、销售费用和管理费用账户。短期人力资产账户的期末余额是短期未摊销人力资源成本。由于有了长、短期人力资产账户，就可不再设置相关的人力资源成本账户。

四、人力资源成本报告

我国会计学界现有人力资源成本报告的主要观点有：(1) 人力资源会计报告投资、流动和效益报告（赵保卿，1995）。(2) 目前人力资源会计信息只对内报告，最早实行人力资源会计的巴里公司在初期试用时将人力资源会计信息纳入对外报告，后又因顾忌对外报表公开性问题而改为在对内报告中反映；人力资产在财务报表中列示有列于递延资产之后及列于长期投资和固定资产之间两种观点（杜兴强，1997）。(3) 考虑人力资产的无形资产性质，因此，可在资产负债表的“无形资产”与“递延资产”项目之间插入“人力资产”项目，反映人力资产的原价扣除摊销后的净额，在企业损益表的“管理费用”项目中增加人力资产摊销费用（林万祥，2001）。(4) 将人力资源成本报告可以分为对外报告与对外报告两部分。对外报告包括调整后的资产负债表、利润表和现金流量表。在资产负债表中，一方面在无形资产项下单独列示人力资产原值、摊销额和净值等数额，另一方面在附注中从静态和动态两个方面详细揭示人力资源的状况。在利润表中可增设“人力资源费用”项目，用以反映企业为使用人力资源而发生的不应资本化的费用和人力资产的摊销，同时对“管理费用”等账户反映的内容作必要的调整。在现金流量表的投资活动产生现金流量部分中反映与人力资源有关的现金流出与流入。对外报告另外还设财务报表以外的人力资源投资、流动和效益等附加报告。对内报告的内容分为非货币信息和货币信息，非货币信息主要反映目前企业人力资源组成、分配及利用情况，货币信息主要包括企业各责任中心人力资源的现值、人力资源投入产出比等。（乐艳芬，2002）。(5) 不改变现行财务会计规则，在三大表后加附人力资源计量表和人力资源信息表。人力资源会计报告分为人力资源计量表和信息表两部分。人力资源计量表主要反映人力资本的支出和收入，支出分资本性支出和收益性支出。收益性支出是影响在一个会计期间内的支出（如对企业职工支付工资和福利费等），资本性支出是影响在一个会计期间以上的支出（如对现有职工的培养与培训支出、改善劳动环境和职工生活福利设施的支出等）。在人力资源信息表中主要反映非货币信息，并重点揭示企业高管人员和核心技术人员的基本情况（袁梦雅，2005）。

在我国《企业会计准则第30号——财务报表列报》和《企业会计准则第31号——现金流量表》的有关规定中，没有专门设置人力资源成本项目，只是在财务报表列报准则应用指南对一般企业应当披露的附注信息中有与人力资源成本有关的应付职工薪酬信息披露的规定，这一规定是与企业负债有关的信息披露要求。

在上述观点中，列入资产负债表中的“人力资产”项目实际上只是长期性人力资产；列入损益表或利润表中的“人力资源费用”，在第（3）种观点中认为是长期人力资产摊销费用，而第（4）种观点则认为是人力资产摊销费和非资本化人力资源费用，费用的范围大于第（3）种观点的内容。人力资源报告有内部与外部报告、货币性报告与非货币性报告等类型。

笔者认为，人力资源成本报告是人力资源报告的组成部分，也是财务报告的组成部分。人力资源成本支出应在资产负债表、利润表和现金流量表三大报表中予以反映。要反映的内容应包括未耗人力资源成本、已耗人力资源成本和人力资源成本支出的现金流量。在资产负债表的无形资产项目下增加“长期性人力资产”项目，反映长期性人力资产原值、摊销额和净值。对短期未耗人力资源成本（在产品直接人工成本和制造费用的人工成本及短期人力资产的未摊销成本）可在资产负债表的存货和一年内到期的待摊人力资源费用项目中列示。对已耗人力资源成本在利润表中的列示有两种可供选择的方式：（1）将列入营业成本的产成品直接人工成本和制造费用中的人工成本、管理费用中的销售和管理人员的薪酬及人力资源摊销额和其他人力资源成本（辞退补偿支出）在相应的项目中单独列出；（2）仅将管理费用中的人力资源费用单独列出。在第（1）种方式下可直接从利润表上获得费用化的人力资源成本信息，不需要再作调整；而第（2）种方式没有对现有的利润表作大的调整，但由于没有列出全部的费用化人力资源成本，因此无法提供完整的人力资源费用信息。要想集中反映未耗人力资源成本（长期性人力资产和短期性资产未耗人力资源成本，如在产品人力资源成本和待摊销人力资源成本）和已耗（费用化）人力资源成本，还是专门设置“人力资源成本报表”比较合适。专设的人力资源成本报表可作为财务报表的综合性附表。

第三节 企业环境与外部环境成本会计的概念

一、环境会计与环境成本会计的概念

关于环境会计，目前还没有一个被广泛接受的定义。环境会计，是以货币为主要计量单位，以有关法律、法规为依据，计量、记录环境污染、环境防治、环境开发的成本费用，同时对环境的维护和开发形成的效益进行合理计量与报告，从而综合评估环境绩效及环境活动对企业财务成果影响的一门新兴会计。环境会计试图将会计学与环境经济学相结合，通过有效的价值管理，达到协调经济发展和环境保护的目的。环境会计是对企业生产经营过程中涉及环境要素及其影响结果进行会计管理的活动。环境会计要提供满足信息使用者做出与环境有关的决策需要的环境会计信息。环境会计是实施可持续发展战略的重要组成部分。王立彦（2015）认为，经济领域与经济发展相联系的资源环境的核算研究，分为宏观和微观两个层面。在宏观层面，体现为建立环境核算指标体系，集中体现在与之相应的统计方法的发展（绿色GDP）。在微观核算领域，在“联合国国际会计和报告标准政府间专家工作组”的带动下，环境会计已成为国际会计界的重点领域之一。而在每一个社会单位，环境会计又分别融入财务会计和管理会计两个分支。

环境会计的研究是从20世纪70年代开始的。1971年比蒙斯（F. A. Beams）的《控制污染的社会成本转换研究》和1973年马林（J. T. Marlin）的《污染的会计问题》论文的发表，标志着环境会计研究的开始。环境会计研究涉及的问题较多，如环境财务会计假设、目标、对象要素、计量、报告和审计，环境成本管理会计（环境成本构成、核算、成本计算、控制、投资决策和业绩评价等），宏观环境会计和其他问题。关于企业环境成本会计的研究和理论的运用，是从20世纪70年代开始的，迄今已有30多年的历史了。环境成本会计的一般定义是对企业环境成本所进行的会计管理活动。它是环境会计的组成部分。环境成本会计要提供与企业环境活动相关的成本信息，满足有关方面对企业环境成本信息的需要。王立彦（2015）认为，环境成本信息是环境会计中最重要的信息，对企业财务业绩影响最大，也是目前环境经济政策制定过程中最重要的信息，核算绿色 GDP 的可操作性，关键在于与微观“环境成本会计”的配合。

传统的环境成本会计实际上只是企业外部自然环境或生态环境成本会计。一般人们在对环境成本会计的“环境”一词作解释时，是将“环境”解释为“自然环境”的。从“环境”一词所包括的内容上看，传统的环境成本会计并不是包括了全部环境因素的环境成本会计，外延狭窄。杨雄胜（2002）认为，环境包括自然环境和人文环境两大方面，并认为传统环境成本会计的不足在于只关注自然环境的影响而忽视人文环境的影响，因此革新环境会计理论势在必行。笔者认为，企业所处的环境分为外部环境和内部环境。从成本会计角度上看，企业外部环境是指对企业成本有实际或潜在影响的外部因素，基本的外部环境因素包括政治法律、经济、社会文化、技术和自然因素；企业内部环境因素亦称企业内部条件，基本的内部环境因素包括所有者所有权收益和经营者经营权收益、企业资源（不包括企业文化）、企业文化、生产经营活动和企业管理因素。

二、企业外部环境成本会计

企业外部环境成本会计包括政治法律、经济、社会文化、技术和自然环境成本会计，是以外部环境因素为对象的成本会计。企业 5 个外部基本环境因素可用 5 个英文单词来表示，即 Political、Economic、Social & cultural、Technological 和 Nature，用这 5 个英文单词的第一个字母来表示，外部环境成本会计就是 PESTN 环境成本会计，包含了这 5 个基本环境因素的成本会计是完整的环境成本会计。

外部自然环境成本会计产生于企业外在的压力和内在的管理要求两个方面。政府部门、社会公众、投资者、债权人对企业有自然环境保护的强烈要求，如国家对造纸厂在大江、湖泊和河流治理上的要求，对汽车制造厂汽车尾气排放的环境保护的要求等。企业的自然环境保护也就是企业自然环境的管理，包括环境的预防、治理、维护和监督等活动。政府部门出于实施可持续发展战略的考虑，要求企业提供与自然环境相关的成本信息，以便根据企业在自然环境污染治理和维护、控制及其成本支出情况做出自然环境保护方面的决策、规划和对企业自然环境保护情况进行监管。社会公众了解企业环境及其成本可以更好地参与企业自然环境的管理和理性地购买企业的产品。投资者和债权人根据企业自然环境成本及自然环境管理信息做出有关投资和提供贷款的决策。政府部门、社会公众、投资者、债权人对企业有自然环境管理及其成本信息需求是环境成本会计产生的重要因素。从企业经营者方面看，对企业所处自然环境的保护负有责任，一方面要自觉履行国家环境保护法规规定的有关责任，另一方面也要把自然环境的保护看作是与企业长期持续发展密切相关的一项重要工作。因此，企业经营管理者也必须重视自然环境成本的管理。

政治法律、经济、社会文化和技术环境成本会计（简称 PEST 环境成本会计）的确定也来自企业外在的要求和内在管理的要求。在企业财务会计报告使用者中，投资者和债权人出于投资回收风险和收回贷款风险等的考虑、顾客出于与企业的长期性业务联系或依赖的考虑、政府出于监管企业和做出宏观经济决策的考虑、公众出于人员就业和长期发展的考虑等，都需要了解企业受重大政治法律、经济、社会文化和技术等因素对企业活动及其有关成本的影响。这样就要求企业在会计报告中对由这些因素影响而发生的成本予以说明。从企业经营管理者方面看，企业要了解目前和过去重大政治法律、经济、社会文化和技术等因素对企业造成的影响及目前由这些环境因素引起的成本，及时采取有关对策进行应对；另外，企业还要对将来这些外部环境因素的发生和由此引起的成本的重大变化情况进行预测和分析，根据分析和预测的情况进行长期性成本管理。PEST 环境成本及其管理问题的研究，在推动以各种环境对象为特征的环境成本会计理论的发展和指导成本管理工作上是具有重要意义的。

三、外部自然环境成本及其报告问题

（一）自然环境成本的概念和构成

关于自然环境成本（在这部分中所说的“环境成本”是指自然环境成本）的概念目前有多种不同的看法。主要的自然环境成本的观点有：（1）环境成本是因环境而发生的成本，通常可包括环境保护成本和环境损失成本

(林万祥，2005)。(2) 环境成本主要是指企业经营活动而产生污染导致的污染治理成本、罚款等费用支出（乐艳芬，2002)。(3) 环境成本是从企业消耗的资源与由此引发环境污染和生态环境破坏所发生的损失之和。(4) 环境成本是人类活动对周围环境质量和受纳体不利影响所造成的全部损失。(5) 环境费用是指一个经济个体在其生产经营过程中所发生的与环境保护等有关的经济利益的流出（李姝，2004)。在这一环境费用定义中的环境费用包括了因违反有关环境法规而被罚款的内容。(6) 国际会计准则委员会 (IASC) 认为环境成本包括环境违规罚款支出的内容。(7) 将环境资产与环境费用区分开，并依据会计制度的规定将违反环境法规而发生的罚款、赔偿等损失列为营业外支出。(8) 联合国国际会计和报告标准政府专家工作组第 15 次会议的《环境会计和财务报告的立场公告》中的环境成本定义是：环境成本是指本着对环境负责的原则，为管理企业活动对环境造成的影响而采取或被要求采取措施的成本，以及企业因执行环境目标和要付出的其他成本。(9) 环境成本是从可持续发展战略上看企业付出或耗用的资产。(10) 环境成本是工业活动中与环境保护有关的成本。

对上列环境成本的定义，可大致分为两类观点，即：一是环境成本包括环境保护或治理成本及罚款、罚金和赔偿等环境损失成本两部分的观点，如前 6 种观点；二是环境成本仅指由采取环境保护措施和执行环境保护目标等与环境保护有关的成本的观点，在这类观点中不包括环境损失的内容，如后 4 种观点。

笔者认为，首先，要明确成本的定义。企业成本是获得一定成果的代价，具体地说是获得某项成果的代价。企业环境成本是企业成本的构成内容。一般认为，成本可分为不计入存货的资本化成本、计入存货的成本和费用化成本 3 类。实际上计入存货成本和不计入存货的资本化成本实际上就是计入资产成本，因此，笔者将前两类成本称为资产化成本。企业成本按其支出是否计入当期损益分为计入长期性资产的成本、计入短期性资产的成本和计入当期损益的费用化成本 3 类。企业环境资产化成本是指符合资产确定标准的与环境管理有关的成本，环境费用化成本是指为获得收入、计入当期损益与环境管理有关的销售产品环境成本、期间费用（这里所说的“期间费用”是指营业费用、财务费用和管理费用）中的环境费用以及除违反环境法规和条例而发生的罚款、赔偿等损失外的与环境管理相关的营业外支出（如环境捐赠支出和自然灾害损失等)。这也就是说与环境有关的营业外支出并不全是费用化成本，环境费用化成本中也包括非正常条件下发生的环境损失的内容。国际会计准则委员会（1989）也认为费用中包括损失的内容。其次，要明确企业成本的发生是以合法性活动为条件的。违反环境法规而发生的罚款、赔偿等损失性支出不是以合法性活动为条件发生的环境支出，虽然这部分支出与环境有关，但不列为环境成本中。目前一般将环境违规损失列为税前利润计算的抵减项。笔者认为，根据税法高于会计制度和准则的原则，出于维护国家利益考虑，不应将企业违反环境法律法规性支出计入税前利润而使国家税收减少，而应将这部分支出列为税后利润的抵减项。综上所述，企业发生的与环境有关的支出包括环境成本和计入税后利润的环境损失两部分。自然环境成本是企业进行自然环境管理获得的资产和收入的代价。

关于自然环境成本的构成，有多种不同的观点。有关自然环境成本构成的主要观点有：(1）从事前预防角度把环境成本分为环境控制成本和故障成本，并认为二者是此消彼长的关系（王跃堂等，2001)。(2）从成本与环境资产的关系上将环境成本分为自然耗减费用、生态资源降低费用、维持自然资源基本存量费用和生态资源保护费用四类（徐泓等，2001)。(3）环境支出可以分为两类：一是环境成本，具体分为环境实际成本和或有成本，其中环境实际成本应包括环境检测费用、污染治理费用和污染预防费用；二是与环境相关的成本，包括污染损失成本和资源降级费用等（罗慧等，2001)。(4）将环境成本划分为失败成本、预防成本和鉴定成本。(5）将环境成本按不同功能分为弥补已发生环境损失的成本、维护环境现状的成本和预防将来可能出现的不利环境影响的成本（花爱梅，2001；乐艳芬，2002；张国健 2003)。(6）按是否由企业承担分为内部环境成本和外部环境成本；按环境成本驱动因素分为为达到环境保护法规所强制实施的环境标准的费用和政府实施经济手段保护环境的成本费用（王立彦，1998；乐艳芬，2002)。(7）将环境成本分为符合资产确认标准的资本化成本和作为费用计入当期损益的成本。(8）环境成本的分类，目前有两种典型类型：一是以环境资源流转平衡为基础将环境成本分为事后环境保护成本、事前的环境保护预防成本、残余物发生成本、不含环境成本费用的产品成本；二是以确保效果为基础分类的成本（林万祥，2001)。(9）环境成本包括资源消耗成本、环境支出成本、环境破坏成本和环境机会成本（浙江教育厅课题组，2001)。

(10) 环境成本包括环境保护成本、环境损失成本、资源闲置损失、恢复成本、替代成本、机会成本（罗新华，1999）。(11) 按照环境成本驱动因素将环境成本分为：①为达到环境保护法规所强制实施的环境标准所发生的费用；②在政府实施经济手段保护环境时企业所发生的成本费用。(12) 按不同时间范围划分为过去、当期与未来环境成本。过去环境成本的当期支出，指本会计期间内发生的环境性费用是基于清理以前造成的环境污染或补偿以前造成的环境损失；当期环境成本的当期支出，是指本会计期间内发生的环境性费用是基于清理当期环境污染或补偿当期环境损失；将来环境成本的当期支出，指本会计期间内发生的环境性费用是基于对将来环境污染和损失进行清理和补偿而先期提取的环境成本准备金（王立彦，1998，2015）。

对自然环境成本的划分应满足环境成本管理和环境成本会计研究的需要。这里所要划分的成本是由企业承担的成本。笔者认为，按提供财务会计报告和对内进行环境成本管理的要求，将自然环境成本分为主要满足财务会计报告需要的环境成本和满足内部管理需要的环境特殊成本。对满足财务会计报告需要的环境成本按其支出是否计入当期损益分为长期性资产成本、短期性资产成本和费用化成本。这是对环境成本从满足提供财务会计报告的要求上所作的最基本划分，也反映了环境成本的基本构成。关于这种划分下环境成本的具体内容将在自然环境成本报告中作具体说明。环境成本按环境管理的环节分为环境预防性管理成本和环境保护中的控制成本。环境预防性管理成本是进行与环境有关的预防工作而发生的成本，包括为预防、治理环境污染和保护环境所购置的机器设备成本和其他预防费用，环境保护中的控制成本包括维护、治理、加强环境保护的成本费用和环境保护失控所造成的损失性成本。在进行环境成本决策时，企业经营管理者可考虑确定环境机会成本和其他特殊环境成本因素。

（二）自然环境成本的报告

环境成本报告可根据会计准则和制度规定的有关内容将与环境支出有关的长期性资产成本、短期性资产成本、费用化成本和税后利润扣减项的损失予以单独列出或作为附注及其他相关信息和资料进行披露。在财务会计报告中披露的具体内容有：(1) 为购买和建造用于环境预防、治理和保护等管理的固定资产（如处理废水、废汽和废渣的设备、其他废物处理和回收利用设备)、无形资产（如环境资源的使用权）等长期性资产而发生的成本，这类成本是按资产确认标准确定的；(2) 对产品成本中的环境成本可主要披露因进行环境管理而导致产品结构调整发生的成本变化情况、耗用环境材料成本、直接从事产品生产与环境管理有关的人员的环境保护补贴和工资费用、车间排污费及其他在制造费用中的环境成本等；(3) 关于环境期间费用的发生情况，要列出企业排污费、绿化费、环境管理人员的工资及福利费、专设环境保护机构的经费等费用；(4) 原营业外支出中的非违规性环境支出，如环境非常损失、环境捐赠支出等；(5) 列为税后利润扣除项的因违反环境法规而发生的罚款、赔偿等损失情况。在进行环境支出信息和资料披露时，除披露实际发生的支出外，对一些预计的环境支出也可予以说明，以充分满足环境成本信息使用者做出有关决策的需要。对于企业经营管理者进行自然环境管理来说，有必要编制自然环境成本和计入税后利润的环境损失报告表，以了解环境支出和便于根据自然环境支出及其他资料来确定企业的环境管理绩效。

三、PEST 环境成本会计问题

PEST 环境成本会计理论是从政治法律、经济、社会文化和技术等方面探讨进行环境成本管理的理论。在自然环境保护方面有因政治法律因素要求而提供一定的自然环境成本信息的情况，因此在 PEST 环境成本会计中不再包括这一内容。PEST 环境成本会计需提供除与自然环境有关的政治法律因素以外的其他政治法律环境因素和其他环境因素影响的环境成本信息。PEST 环境成本会计理论涉及的基本内容有这些环境因素的成本概念和构成、重大环境影响成本的报告和其他管理内容。在 PEST 环境条件下，PEST 环境成本也包括资产化成本和费用化成本，费用化成本中包括了计入税前利润的不属违规支出的营业外支出的内容，与 PEST 环境相关的违规性支出也应列为计入税后利润项目。PEST 环境成本会计报告的内容是对企业财务状况、经营成果和现金流量有重大影响的环境成本。除了通过财务会计报告环境成本及其管理的信息和资料外，PEST 环境成本会计还为全面和长期成本管理提供成本信息及利用这些成本信息进行有关的成本管理。

（一）政治法律环境成本会计问题

政治法律环境成本是指受重大和显著变化的政治法律因素影响的企业成本。政治因素主要包括国家政治制度和体制、政局和社会的稳定性等；法律因素主要包括国家的法律法规、方针和政策的制定及其执行情况。政治法律成本会计应着重把握重大和直接的影响因素及其由此所导致的成本。政治法律环境成本有些是不同企业受到相同因素影响而发生的成本，如受中国人民银行法、保险法、电力法、公司法和证券法等影响而发生的成本，有的是个别企业受某些因素影响而发生的成本，如食品生产企业会受食品卫生法影响而发生一定的成本。企业应根据自身的特点，分析确定在一定时期对企业成本有重大影响的政治法律环节因素及其所引起的成本。通常情况下，企业可在财务会计报告中列出有重大政治法律因素影响而发生的成本和不计入成本的损失，如税法和外贸法规的变动所导致政治法律环境成本的变动、违反食品法所受处罚的损失。企业所处的政治法律环境不仅是本国的，还有国外的政治法律环境。在进行政治法律环境支出管理时，既要计量、记录和报告过去重大影响因素影响下的成本及其变动情况，也要对现在和将来的政治法律环境及成本和成本变动情况进行预测、分析和调控，使企业能很好地适应和驱动政治法律环境。

（二）经济环境成本会计问题

经济环境成本是指受国家经济政策、经济发展水平及趋势等因素影响而发生的成本。对企业成本会产生影响的经济环境因素具体有国家或宏观经济政策、宏观经济运行规律、经济形势等。其中，经济形势或现状可通过一系列经济指标来表现。经济形势涉及的指标和因素一般有国民生产总值、价格指数、个人收入结构、国民可支配收入的水平、市场购买力和消费者的消费倾向、市场的供求和竞争情况、市场占有率和覆盖率、与企业相关的行业发展状况、通货膨胀率、失业率、汇率、银行利率和金融形势、股票行情及其他资本市场状况、关税、资源供应、运输条件、经济发展速度、产业布局等。经济环境成本会计应及时计量、记录和报告由重大经济环境变动所引起相关成本的变动情况，如由利率和通货膨胀率的高低变化决定的企业投资成本的大小的情况、由资源供应成本的重大变动所导致企业产品成本的变动情况等。企业也有必要对过去、现在和将来国内外经济环境及其成本进行全面和深入分析和预测，做出正确的判断，为制定有利的成本战略提供信息。

（三）社会文化环境成本会计问题

社会文化环境成本是指受一定社会文化影响而发生的成本。对企业成本有重大影响的社会文化环境有社会结构、社会风俗习惯、生活方式、文化传统和发展、价值观念、教育水平和发展、宗教信仰、伦理道德和人口状况等。社会文化环境对企业成本产生的影响是多方面的，如人口分布状况影响企业进入或覆盖市场的成本、人们生活方式的变化决定有些行业（如旅游业、饮食业、保健业和时装业等）的成本投入的变化。社会文化环境成本会计是对重大的社会文化环境成本进行计量、记录和报告，并从时间上预测和分析社会文化环境及其成本的变化情况，为长期性成本管理提供信息和进行其他成本管理的活动。

（四）技术环境成本会计问题

技术环境成本是受社会科学技术政策、技术水平和发展趋势影响而发生的成本。对企业经营活动会产生重大影响的具体技术环境成本主要有国家的科技体制和政策、科学技术的现有水平、科技产业的发展情况、新产品的研发能力和技术的发展趋势等。技术环境对企业成本产生影响也是多方面的，如电子互联网技术的发展带来了企业在电子商务上的成本投入的增加。美国战略管理专家弗雷德·R. 戴维认为，“变革的技术进步正在对企业产生着巨大的影响”，“技术进步可以创造新的市场，派生大量新型的和改进的产品，改变企业在产业中的相对成本及竞争优势，也可以使现有产品及服务过时”。“技术的变革可以减少或消除企业间的成本壁垒，缩短产品的生产周期，并改变雇员、管理者和用户的价值观与预期”。技术环境成本会计是对有重大技术环境因素引起的成本进行计量、记录和报告，以及进行其他的管理的活动。

主要参考文献

财政部会计司：《企业会计准则讲解2006》，人民出版社2007年版。

陈芳薇："能本会计或将成为企业新宠"，《中国会计报》2015 年 1 月 9 日。

杜兴强："人力资源会计的确认、计量与报告"，《会计研究》1997 年第 12 期。

弗雷德·R. 戴维：《战略管理》（第八版），经济科学出版社，2001 年版。

葛家澍、余绪缨："管理会计"，《会计大典》第 5 卷，中国财政经济出版社，1999 年版。

国际会计准则委员会：《国际会计准则 2000》（财政部会计准则委员会译），中国财政经济出版社，2000 年版。

花爱梅："环境成本会计探微"，《财会月刊》2001 年第 20 期。

乐艳芬：《成本会计》，上海财经大学出版社，2002 年版。

李姝："浅谈我国环境会计的计量与报告"，《经济问题》2004 年第 1 期。

李心合等："中国会计学会环境会计专题研讨会综述"，《会计研究》2002 年第 1 期。

林万祥：《成本论》，中国财政经济出版社，2001 年版。

林万祥：《现代成本管理会计研究》，西南财经大学出版社，2005 年版。

林万祥：《成本会计研究》，机械工业出版社，2008 年版。

刘庆元、刘宝宏：《战略管理：分析、制定与实施》，东北财经大学出版社，2001 年版。

罗珉、李永强、饶建等：《公司战略管理理论与实务》，西南财经大学出版社，2003 年版。

罗新华、何莉萍："对绿色会计基本问题的研究"，《当代财会》1999 年第 8 期。

王立彦："环境成本核算与环境会计体系"，《经济科学》1998 年第 6 期。

王立彦："环境成本与 GDP 有效性"，《会计研究》2015 年第 3 期。

万寿义：《现代企业成本管理研究》，东北财经大学出版社，2004 年版。

吴泷："对人力资源会计理论的创新"，《会计研究》2008 年第 10 期。

许家林、蔡传里："中国环境会计研究回顾与展望"，《会计研究》2004 年第 4 期。

袁梦雅："论人力资源会计的实际应用"，《大连海事大学学报》（社科版）2005 年第 3 期。

张国健："对企业环境成本若干问题的研究"，《中国审计》2003 年第 18 期。

张文贤："人力资源会计的四大难题"，《会计研究》1995 年第 12 期。

赵保卿："论人力资源会计的几个问题"，《会计研究》1995 年第 12 期。

浙江教育厅课题组："可持续发展战略环境会计的系统化研究"，《审计与经济研究》2001 年第 6 期。

中华人民共和国财政部：《企业会计准则 2006》，经济科学出版社 2006 年版。

中华人民共和国财政部：《企业会计准则——应用指南 2006》，中国财政经济出版社 2006 年版。

Paul A. Sharman. The Case for Management Accounting. Strategic Finance. October 2003.

第八章　企业业绩评价的构成要素问题研究

企业业绩评价是管理会计研究的重要问题，也是实务界经营管理者关注的重要内容。为正确评价企业业绩，中国国家有关部门先后制定发布了不同版本的企业业绩评价规则，学术界也对不同的业绩评价体系进行了多方面研究，形成了目前还未完全统一的多种业绩评价体系的观点。国外学术界在对企业业绩评价研究时，提出了杜邦财务分析体系、平衡计分卡（BSC）、关键成功因素法（KSF）、经济增加值（EVA）的业绩评价方法等观点，在美国不少企业中广泛采用了平衡计分卡业绩评价方法（Ashish Garg、Debashis Ghosh、James Hudick 等，2003）。由于在业绩评价的认识上还存在差异，为了构建科学的企业业绩评价体系，需要从理论框架上深入探讨企业业绩评价的基本构成要素问题。

第一节　企业业绩概念和业绩评价构成要素的探析

一、企业业绩概念探析

现代企业，是以营利为目的，向用户提供所需要的、具有一定使用价值的产品或服务的、具有法人资格的经济组织。企业要想存在和发展，需要有能满足用户需要的产品或服务和通过一系列经营活动使企业获得进一步发展的利润。企业业绩（performance），也称为企业经营业绩、经营绩效、经营效绩，是企业全部经营管理活动共同作用的结果，是企业的经营价值的表现。企业经营过程包括筹集资金，在长期与短期资产上投资、生产、销售和利润分配等方面的活动，因此，对企业整体经营业绩的衡量就要从全部资产、全部成本和费用与获得的收入、利润的比较上进行衡量。从全部资产和成本费用角度上考察，就要通过资产利润率与成本费用利润率衡量企业业绩；考虑到所有者投资的情况，要从净资产收益率上衡量企业业绩。

企业业绩具有以下五个方面的特点，即：经营性、成果性、多维性、多因性和动态性。（1）企业业绩的经营性特点，是指企业业绩是经营活动的成绩，体现了企业的本质。（2）企业业绩的成果性特点，是指业绩所体现的是工作的结果，这种经营的结果对企业来说就是成本、收入、利润和产品（服务），经营管理者期望通过经营活动获得最大的利润和收入，使成本最低、产品和服务最佳。（3）企业业绩的多维性特点，是指对企业业绩要从多方面评价。多方面的业绩按不同划分标准可以分为财务业绩和非财务业绩、定量业绩和定性业绩、企业上层经营者的经营业绩和下层经营者的经营业绩、年度业绩与月份及周和天的业绩等。从多方面综合评价企业业绩，才能得出客观合理的、容易被各有关方面接受的结果。业绩的维度与员工任务和努力程度之间的关系，是现代管理会计研究的问题。（4）企业业绩的多因性特点，是指影响企业业绩的因素是多方面的，这些因素按不同标准可以分为内部影响因素和外部影响因素、主观因素和客观因素、微观因素与宏观因素、组织因素与个人因素、财务因素与非财务因素等。从多因素上评价企业业绩，有利于查找影响企业业绩的主要或关键因素，为根据业绩评价结果进行经营管理提供依据。（5）企业业绩的动态性特点，是指企业业绩会随时间的推移和企业内外部环境的变化而发生变化，不是固定不变的。因此，在对企业业绩进行评价时，应考虑业绩的时效性和环境变化性问题。

从多维的财务与非财务业绩上看，我国对企业经营业绩的衡量曾经经历过以实物量（非财务指标）为主到没有非财务指标，只有财务指标，再到有财务与非财务指标的发展过程。从过去的非财务指标上看，涉及的指标主要有产量、质量、效率等。在过去较长时期内，学术界研究者在研究企业业绩评价问题时经常指出我国企业业绩衡量没有非财务指标的问题。对企业生存和发展来说，缺少具有一定竞争力的、有一定特色的产品对产品在市场上的销售占有是不利的。因此，对一个企业业绩进行衡量不能缺少与经营成果相关的产品或服务的非财务业绩信息。如何设计合适的非财务业绩指标是需要进一步研究的问题。从多维的层次和时间业绩上看，企业整体业绩所反映的是经营全部过程的结果，企业各部门或下属单位经营管理者也需要评价部门或单位的经营业绩，从而使企业的业绩出现层次上的不同；在经营过程中，企业经营管理者需要掌握年度和月份的经营业绩，也需要关注短期（周和天，甚至小时）的经营业绩，从而使业绩的衡量出现了时间上差异。

企业财务业绩与企业财务状况是有所不同的。在20世纪80年代前，我国企业业绩评价指标体系中的财务指标主要是利润绝对数与相对数指标。到了20世纪90年代以后的有关企业业绩的财务指标就扩大到除盈利能力以外的偿债能力状况、资产经营状况、营运能力状况和发展能力状况指标。在国外的业绩评价方法（如平衡计分卡）中却没有反映企业偿债能力和运营能力的财务状况指标。笔者认为，从财务状况和经营成果上全面衡量企业财务水平，采用盈利、收入和成本指标及反映财务状况的偿债和营运能力状况指标是可以的，但从严格意义上来说，这些财务状况指标不是企业业绩指标。在2003年我国国务院国有资产监督管理委员会的中央企业负责人年度基本经营业绩考核指标中只采用了利润总额和净资产收益率两个指标，没有财务状况指标。因此，在对企业经营业绩进行衡量时，不应将企业财务成果指标与企业财务状况指标混淆。

企业业绩与企业资产价值是有所不同的。企业业绩虽然是价值的反映，是价值指标，但与企业资产价值是不同的。通常在有关书文中提到的使企业价值最大化中的“价值”，包含了经营业绩价值和资产价值的内容。企业价值不应该看作只是用货币衡量的交换价值，还应该考虑用其他度量单位衡量的使用价值。所谓企业价值最大化应该包括企业在交换价值和使用价值上的最大化。企业业绩所反映的是一定时期经营活动的结果，作为企业价值的一种表现形式的最大化是指各种利润率、利税率和经济增加值等财务指标值以及非财务指标值的最大化。企业资产价值是在企业资产转让、出售、企业兼并、重组、资产抵押、资产担保、实物验资、联营、股份经营等资产业务中需要衡量的价值，有具体的资产和企业整体资产的价值，可用收益现值和现行市价等进行衡量。

企业业绩与企业经营者业绩是相同的，而不是不同的。长期以来，不少人认为企业经营业绩与企业经营者业绩有所不同，认为企业经营业绩有企业和企业经营者两个不同的对象。国外有学者也认为，管理者的绩效评估应与其所在子单元的绩效评估区别开来，因为可能存在管理者不能控制的情况

（查尔斯·T. 亨格瑞、斯里坎特·M. 达塔尔、乔治·福斯特等，2010）。笔者认为，企业业绩的取得离不开经营者的努力，实际上是经营者努力工作的经营成果，因此，从经营上看，企业经营业绩与企业经营者经营业绩应该是相同的。就单个企业来衡量，二者是相同的；就多个企业或下属子单位进行横向比较时，经营业绩就需要进行适当的调整，对经营规模、竞争环境、控制因素和经营起点等进行难易程度综合考虑，排除影响单位间比较的不合理因素，使所确定的不同单位经营业绩具有一定的可比性。这也就是说，调整后的不同企业经营业绩就是用来进行比较的经营者经营业绩。在对企业业绩评价时，可按是否可以控制分为可控性经营业绩和不可控经营业绩，或承担责任的经营业绩和不承担责任的经营业绩，所有可控与不可控业绩均为企业业绩或经营者业绩。企业业绩与经营者责任业绩有区别，但与经营者业绩没有区别，因为经营者代表的是企业。

二、企业业绩评价的构成要素探析

企业业绩评价，也可称为企业绩效评估。虽然有学者认为评价与评估有一定的区别，但从评价的“价值评估”解释上看，一般也将两者视为具有相同含义的术语使用。企业业绩评价，是企业经营者、所有者和其他利益相关者按照一定的目标，采用可行的方法，对一定单位的经营业绩进行的价值估算和评定活动。企业业绩评价与财务分析密切相关，但又有所不同。财务分析是主要从财务视角对企业经营成果和财务状况进行系统的剖析和评价，与业绩评价相比较，多了财务状况分析的内容，但又少了一些基于管理会计的非财务业绩分析评价的内容。目前也有将非财务业绩分析评价的内容列入财务成果分析评价内容中的认识。从大财务管理的观点看，企业业绩评价内容可以包括在财务分析评价的经营成果分析评价中。

企业业绩评价活动是由多个构成要素组成的。关于企业业绩评价活动的构成要素有一些不同的认识，形成了多种构成要素的观点，如评价目标、对象、指标、标准和报告五要素的观点（杜胜利，2003），企业战略绩效评价系统包括评价主体、客体、目标、指标、标准、方法和报告七要素的观点（胡玉明、刘昱熙，2008），主体、客体和目标三要素的观点（孙茂竹、文光伟和杨万贵，2009），主体、客体、目标、指标、标准、方法、程序和报告的八要素观点（张翠芳，2010）等。在企业业绩评价活动中，对业绩进行评价的组织和人员是这种评价活动的主体，主体活动所指向的、被主体估算和评定的对象就是评价的客体，在评价主体对客体进行评价时还应该明确评价的目标，评价主体按目标进行评价还需要通过一定的中介，这个中介就是将评价主体与客体联系起来的认识、计量和评定的方法。基于这样的认识，笔者认为，从理论框架上看，企业业绩评价活动应由评价主体、客体、目标和方法四个基本要素所构成。

第二节 企业业绩评价的主体、客体、目标和方法要素

一、企业业绩评价的主体

只要反映企业业绩的信息是公开披露的，任何阅读这些信息的组织和个人都可以对企业业绩的上升、下滑和持平情况进行计量、评定和比较，并根据分析与比较情况做出决策。企业业绩评价主体可以分为外部评价者和内部评价者、上下级评价者和自我评价者。最需要对企业业绩进行评价的是企业内部的所有者（投资者）和经营者。这是因为企业所有者对企业进行了投资，并委托经营者进行经营活动，需要通过企业业绩指标了解投资报酬和资产的保值增值情况，以便正确评价企业经营情况和经营者的努力程度，在相关企业业绩比较的基础上，决定企业发展方向和经营者的任职情况。由于企业经营者组织本企业的经营活动，需要对自身经营情况根据业绩指标进行衡量。在有多个下属单位的企业或组织，要对下属成本、利润和投资责任单位的业绩进行评估，通过评估和比较，奖励取得好的业绩的下属责任单位，“以激励管理者努力实现公司的战略目标”（查尔斯·T. 亨格瑞、斯里坎特·M. 达塔尔、乔治·福斯特等，2010）。企业所有者和经营者作为企业业绩评价主体，应是基本评价主体。企业高层经营管理者与下级部门或车间的经营管理者对企业业绩评价的需求会有所不同。

由于企业在经营过程中要承担一定的社会责任，与债权人、客户、潜在

的投资者（如股民）、政府部门、企业员工、社区、公益团体等发生由经营活动而引起的经济关系，这些组织和个人形成了企业的利益相关者。这些企业的利益相关者出于自身利益考虑，对企业业绩进行评价，形成了多元的企业业绩评价主体。现在的问题是，在较长时期内，学术界有较多观点认为，现行的业绩评价体系无法满足企业外部多元利益相关者的价值需求。笔者认为，以资产利润率、净资产利润率、经济增加值等为主的业绩指标，只是反映企业经营的结果指标，除企业经营者和所有者以外的利益相关者可以从披露的财务报表的相关经营业绩指标上了解和判断企业的经营价值，而对利益相关者所需求价值信息，在企业业绩指标上则没有完全反映，企业利益相关者可通过经营状况指标了解和判断企业对其价值最大化程度。不应将企业业绩价值指标与利益相关者价值指标相互混淆。为了满足企业利益相关者的价值信息需求，企业可向利益相关者提供企业财务状况和财务成果及其他非财务信息。对利益相关者提供的这些信息，有的在现行的财务报表上通过分析计算可以取得，有的就需要专门另外提供。

企业所有者和经营者以外的利益相关者在通过企业业绩指标了解企业经营成绩的基础上，进一步了解和评定各利益相关者需要了解的、由企业提供的价值信息是多样的，如债权人关心企业的偿债能力，企业通过流动比率、速动比率、利息保障倍数和资产负债率等指标报告企业的偿债能力；企业员工关心获得的收入和职业发展，企业通过工资福利增长率和员工获得的报酬与主营业务收入的比率、安全支出的比率、教育培训支出率和时间安排等指标报告企业对员工提供价值的大小；供应商关心企业的营运状况，企业通过应付账款周转率、现金与应付账款比率和应付账款比率等指标报告企业营运能力；顾客关心购买商品的价格和质量，企业通过主营业务成本率、主营业务收入增长率、顾客使用企业产品或服务的安全（如食品安全）支出率和产品质量认证等指标报告企业提供顾客价值的大小；政府关心企业依法纳税情况，企业通过税金缴纳额和税金增长率、资产税费率、主营业务收入净税费率和所得税比率等指标报告企业提供政府价值的大小；社区团体和公益组织关心企业社会责任的履行情况，企业可通过捐赠、环保、事业赞助等支出率指标报告企业对社会的贡献等。

二、企业业绩评价的客体

企业业绩评价的客体，是指相对于评价主体而客观存在的评价对象。关于企业业绩评价的客体有不同的认识，有的观点认为评价的客体是企业和企业管理者，也有观点认为评价客体是最高管理层和下级经营管理层。笔者认为，企业业绩评价的对象应该是企业业绩，进一步地说，是一定时间和单位的经营者的经营业绩。企业业绩评价主体不是对企业和经营者进行评价。从一定时间上看，企业业绩可以按年、月反映，也可按周、天、小时反映，还可按多年度反映。在现代信息技术处理条件下，通过电脑的信息处理可以获得每小时、每天、每周和每月的业绩信息，有助于经营管理者及时评价。在互联网和电子计算机处理条件下，企业可以很容易获得不同地区下属单位的业绩信息。管理会计的一个明显特点是及时处理每周、每天，甚至每小时的信息，也处理若干年的相关信息，时间跨度很大。企业不再只是在月末才进行业绩的评价，这样可以及早发现问题和及时处理问题，使企业业绩不受不利因素的太大影响；企业也根据多年的业绩信息来判断一定单位经营管理者的经营业绩。至于对企业业绩衡量时间的长短就根据具体情况由有关部门和企业确定，但一般来说，还是应有按月和年度反映的企业业绩，以供一定的评价主体评价。一定单位的经营者，可分为企业整体、职能部门、下属单位经营者几个层次。在所有权与经营权两权没有分离时，企业整体所有者和经营管理者就是董事会；在两权分离时董事会为所有者的代表，总经理（CEO）为高层经营管理者。

对企业业绩，可以按不同标准划分为财务与非财务业绩、基本业绩与辅助业绩、定量与定性业绩的业绩等。就企业整体层面来看，目前研究和实务中涉及到的财务业绩有资产净利率、净资产净利率、总资产报酬（利润总额加利息）率、销售利润率、成本费用利润率、每股收益、销售额和利润增长率、成本降低率、剩余收益和经济增加值等。我国财政部与人事部、国家经贸委、国家计委在1999年联合发布了《国有资本金效绩评价规则》，在2002年财政部会同国家经贸委、中央工作委员会、劳动和社会保障部及国家计委对原来的效绩评价体系进行了修订，颁布了企业效绩评价操作细则。在这些规则中明确规定了净资产收益率、总资产报酬率、资本保值增值率和销售利润率指标、发展能力指标以及其他反映企业财务状况的指标。在2003年国务院国资委制定的《中央企业负责人经营业绩考核暂行办法》中，将年度经营业绩评价的基本指标规定为利润总额和净资产收益率，将任职期间经营业绩评价的基本指标规定为国有资产保值增值率和三年主营业务收入平均增长率。2010年国务院国资委公布了新修订的《中央企业负责人经营业绩考核暂行办法》对国资委监管的中央企业经营者业绩全部实行经济增加值考核。现在的问题是应该确定哪些业绩评价指标才是合适的。

由于企业业绩所要反映的是资金投入、耗费与结果之间的关系，企业在取得资金后对企业长期资产和短期资产进行的投资所产生的结果，资金投入后有关生产、销售、财务和管理过程发生费用所产生的结果，是业绩评价主体需要了解的。因此，以收入、成本和利润为基础，结合总资产和净资产，用总资产净利率、净资产净利率、销售利润率、成本费用利润率、每股收益、资本保值增值率、剩余收益、经济增加值、销售收入和利润总额及其增长率、成本降低率等指标作为衡量多维业绩的基本指标。对衡量长期性企业经营业绩可采用利润增长率或主营业务收入增长率指标。对企业下属单位投资业绩衡量采用剩余收益指标。经济增加值将全部的成本考虑在内后用来评价企业业绩更为准确。企业可在上述基本财务业绩指标的基础上确定由基本业绩指标所引导出的相关辅助性财务指标，如基于净资产净利率的资产净利率和权益乘数。辅助性业绩指标与上一层次指标之间应有密切的联系，设置的目的是便于业绩的评价。

在1999年的国有资本金效绩评价规则中，增加了过去一度没有采用的一些非财务指标，列出了产品市场占有能力、领导班子基本素质等指标。平衡计分卡将财务与非财务业绩集中在一起评价业绩，有关非财务业绩包括顾客、内部业务流程、学习与成长三个维度的指标，这些指标对细化和全面评价企业及下属单位的业绩是有好处的。关键成功因素法（KSF）是从与技术、制造、经销渠道、市场营销、技能、组织能力相关性和其他类型上确定非财务业绩指标的。我国也有学者根据国内外目前的理论和实践，认为完整的企业经营业绩评价系统应该包括市场占有率、产品品质、员工积极性、创新能力和顾客满意程度五个非财务评价指标。也有学者认为市场占有率、产品质量、顾客满意程度、创新能力和技术领导地位、敏感性和应变能力、雇员积极性等为主要非财务业绩指标（杜胜利，2003）。

非财务指标是财务业绩形成的驱动因素。这里有两个值得进一步探讨的问题，首先，企业总的或基本非财务业绩指标有哪些？其次，平衡计分卡的非财务业绩指标是否全面？企业总的非财务指标对了解企业的总体经营情况是十分重要的。从企业总的非财务指标看，企业经营的业绩反映在制造出能充分满足顾客需要的产品或提供满足客户需要的服务上；其次，企业的产品或服务在市场上应该具有一定的地位，在市场上具有一定的销售占有率。这两个方面的非财务业绩，一是制造性业绩，一是销售性业绩。产品或服务满足客户需要程度指的是产品或服务的效用程度，包括产品或服务质量达到质量标准程度、竞争程度（品质排行）、创新程度、顾客满意率等，产品的市场占有率和销售排行一般被人们认为是重要销售性的非财务业绩指标。一些曾经的名牌产品经营业绩下降的一个主要方面就是产品满意度的下降，没有竞争性。近期媒体报道有的过去的商界巨头的"业绩连跌不止"，其原因的它们提供的产品与服务昂贵、笨重、反映慢、扩展能力差，完全不能满足需求（侯继勇，2014）。

平衡计分卡（也被译为"平衡记分卡"）在非财务指标的确定上有明显的突破。但由于仅涉及顾客、内部业务流程、学习与成长三个维度的指标，因而是不完整的。从企业价值链和经营者努力的全过程上，在总的非财务指标确定的基础上可确定的具体的辅助性指标，应有与技术研究和开发、供应、制造、销售、人力资源管理、企业文化建设、信息系统建设和其他与综合管理相关的非财务业绩指标。如在技术研究与开发上，可确定产品的创新能力、新产品的开发、企业技术水平等指标；在物质供应上，可确定采购价格和质量、储存和发出等指标；在产品制造上，可确定生产的时间和产品的数量、质量达标程度等指标；在销售上，可确定顾客的忠诚度、产品系列的种类（宽度）、销售团队的力量、产品的承诺和保证、服务的质量等指标；在人力资源管理上，可确定员工的教育水平、员工的满意度、培训的时间等指标；在综合管理上，可确定经营管理信息系统的设置和处理水平等指标。

在企业业绩的定性和定量评价指标中，可以通过数量定义和精确衡量的基本财务比率业绩指标有总资产净利率、净资产净利率、销售利润率、成本费用利润率、资本保值增值率、每股收益、剩余收益和经济增加值、成本降低率、利润增长率和主营业务收入增长率等，财务总量业绩指标有年度利润总额和销售收入总额等。定量财务业绩也包括辅助性财务业绩定量指标。定性财务业绩指标是根据企业外部环境、自身条件和经营过程等方面情况确定的企业经营结果。定量的非财务业绩指标包括产品或服务质量达到质量标准程度、竞争程度（品质排行）、满意率和产品的市场占有率等指标。我国企业效绩评价指标中的定性评价指标是管理绩效定性指标，包括企业发展战略的确立与执行、经营决策、发展创新、风险控制、基础管理、人力资源、行业影响和社会贡献等8个指标。笔者认为，从经营上看，通过分析判断形成的定性非财务业绩评价指标，主要包括重大决策在内的战略执行和发展趋势的业绩、创新措施实施和发展业绩，这两大非财务定性业绩是基于发展的战略性业绩和创新性业绩。

三、企业业绩评价目标

由于企业业绩评价是对一定时期企业业绩评价主体，按经营的目标进行有关活动所获得的经营成果的价值判断，因此，评价的目标就是价值判断的目标。企业业绩评价目标是评价主体在业绩评价中所期望得到的结果。企业业绩评价的目标是一个多样化的体系，一般来说，应该包括反映和确定企业的经营成就，检查经营中存在的主要问题和改进与完善经营管理工作，激励经营者不断努力提高经营管理水平，促使企业经营的健康发展和积极创新。从反映和确定企业经营业绩上看，如实计算和确定一定时期不同被评价单位经营者的经营业绩。真实与客观确定业绩，满足有关方面做出正确决策的需要，是业绩评价的基础目标。从检查经营中存在的主要问题和改进与完善经营管理上看，企业业绩目标是一种监督和纠错目标。按监督和纠错目标的要求，在业绩评价中要计量实际业绩与标准或要求之间的负差异，查找原因和责任，以便有针对性地采取改善措施。从激励经营者不断努力提高经营管理水平目标上看，业绩评价目标是激励驱动目标。按激励驱动目标，企业可根据评价确定好的经营业绩，奖励经营者，驱动经营者努力工作。从促使企业经营的健康发展和创新目标上看，要求评价业绩的发展趋势，为投资者和经营者的企业战略发展和积极创新提供依据。

企业业绩评价是企业经营管理系统中的一个反馈子系统，其目标与企业经营管理系统中业绩目标有所不同。企业业绩评价目标与业绩目标在取向上是不同的。业绩评价目标取向是经营管理结果的评判和作调整的准备，而业绩目标取向是经营者和投资者对经营或投资结果的期望。在研究中，人们往往将这两种目标相混淆。在企业经营管理系统中，经营业绩目标与企业使命、经营目的是一致的，是企业使命和经营目的的具体化表现，企业使命、目的和目标在决定企业方向由大到小的不同层次，如企业使命规定了企业的领域、从事的事业、经营理念和方向，目的是要开展哪些工作，而经营目标就是某个时间段完成哪些具体工作，在产品制造上达到哪些要求，投资金额、取得年度销售额和利润的数额、市场占有率等的大小是否达到要求等。企业经营者通过经营目标的实现来达到经营目的和完成使命。企业业绩目标，具有明确方向、优化经营、激励引导和价值评价的作用，具体内容可通过盈利能力、产品销售和企业增长等指标来表述。企业业绩目标是一种结果导向目标。虽然企业业绩目标与企业业绩评价目标有所不同，但二者是有联系，企业业绩评价目标中包括了用来比较的业绩目标内容。从控制论上理解，实际企业业绩是控制系统的输出信息，业绩评价信息是将实际输出信息与根据控制目标确定的标准信息进行比较后，将比较的结果信息及时反馈给业绩评价的主体。

四、企业业绩评价方法

企业业绩评价的方法有很多，可按不同划分标准分类。按方法的主要特征分为平衡计分卡、关键成功因素法、经济增加值法、以财务指标为主的杜邦分析法、沃尔评分法和我国特色的企业效绩评价法等。笔者认为，在业绩评价过程中，评价主体的评价应该是有根据的。按业绩评价的根据不同，可将业绩评价方法分为定量评价法、定性评价法和综合评价法。

企业业绩定量评价方法，是根据各种定量评价指标的数量特征、关系和变化情况，对定量业绩进行评价的方法。前述的平衡计分卡、经济增加值和财务效绩分析方法等都采用业绩定量评价方法。采用定量业绩评价方法，要在对指标的详细解释和计算说明、明确指标定义的基础上，确定业绩评价标准与实际数据。评价标准与业绩目标是一致的，它可以是企业业绩预算值、上年度或历史业绩值、竞争对手的业绩分析值、资本成本标准、国际和国内行业业绩标准等。这些标准可以是确定的数量，也可以是一定数量的范围值。以企业业绩达到或超过标准值或范围值，来评判企业经营者完成业绩任务的优劣。以标准为依据的评价方法是企业业绩标准差异评价方法，其基本步骤是确定评价标准、用实际业绩值与标准值进行比较，对形成差异的原因进行分析，得出结论和提出改进、完善和进一步发展的措施。在企业定量业绩评价中，还采用确定标准系数、评价计分和形成评价结果的功效系数法。

企业业绩定性评价方法，是以定性评价指标为基础，对企业经营中措施的实施成果和进一步发展情况，从质的方面进行评价的方法。采用定性评价法，也要对定性业绩指标进行定义，确定评价标准和实际的信息，以便进行业绩的评定和比较。进行定性业绩评价，需要收集大量与业绩相关的资料，采取归纳与演绎、分析与综合、抽象与具体等逻辑思维方法，对业绩形成的本质和内在规律进行评价。企业业绩定性评价可以在已制定和执行的战略、决策、措施的基础上，以上年度、几个年度的跨年度业绩为评价的标准，用实际执行情况与这些标准进行比较，评定业绩的优劣。例如，对战略管理业绩进行评价，可评价战略实施的结果和导致这一结果的各种主要驱动因素的驱动程度。这种定性业绩比较评价的方法，是企业定性业绩标准差异评价法。对定性业绩还可采用功效系数法、专家评价法和企业员工评价法等进行评价。

企业业绩综合评价法，是将定量评价方法与定性评价方法相结合形成的方法。企业业绩的定性评价一般要用文字语言进行描述；业绩的定量评价一般用数学语言描述。虽然两种方法是各自独立的，但在具体应用时是可以结合采用的，二者是相辅相成的。定性评价法对企业业绩的性质、特点和发展规律做出判断，是定量评价的基础；定量评价法提供了业绩的客观结果，使评价结果具体化和准确。业绩评价综合方法的采用，将有利于经营管理者、所有者和其他利益相关者做出正确的决策。业绩综合评价法在具体运用时可采用标准差异评价法和功效系数法。需要说明的是，在我国有关企业综合绩效评价功效系数法，对指标权重目前是按财务绩效与管理绩效指标权重分别为70%与30%设计的。Richard A. Lambert 认为，平衡计分卡的“平衡”意味着给这些业绩的维度赋予权重时需要斟酌，如果所有权重都放在业绩的财务指标上，代理人的行为就会朝着改进这些指标的方向走，可能以尽管恶化了财务指标（至少在短期上）但是改进了其他指标的行为为代价。笔者认为，从财务业绩与非财务业绩平衡性和两个方面指标所反映的价值不同（交换价值与使用价值）上看，对前述基本的财务业绩和非财务业绩指标，可考虑按各占50%的权重设计，也可分开独立计分，分开评价各财务与非财务业绩，然后再综合后给出结论。

不论是采用定性、定量业绩评价方法，还是采用综合评价方法，对业绩评价的情况应进行总结，提供评价的报告。在企业业绩评价中，为了科学和合理地评价企业业绩，应遵循有关评价的原则。业绩评价的基本原则有客观评价原则、公平公正原则、便于操作原则、差异及时处理原则。客观评价原则是指业绩评价要以实际取得的业绩资料为依据，如实计量和评定企业业绩的原则。公平公正原则是指对被评价的一定时间和实体经营者的业绩获得的条件要调整一致，以示公平，对评价要保持中立和不偏不倚的原则。按公平公正原则评价，要求在对企业和对企业下属单位经营者经营业绩评价时，要根据业绩取得的难易程度和一定的可控条件等可能的影响因素进行业绩调整，使根据调整后的业绩进行相互比较评价的结果能够公平。便于操作原则是指在业绩评价中所采用的方法和技术应简易可行、可操作的原则。在评价时，可根据信息处理技术水平，尽可能用先进的计算机技术进行信息处理。差异及时处理原则要求及时进行业绩的评价和将评价确定的差异信息反馈给有关评价主体，以便对经营管理者进行激励和对经营管理活动的调整、对策或决策的制定和业绩的巩固。

综上所述，企业业绩是一个与企业财务状况、企业资产价值不相同的反映经营全部活动的成果。企业业绩评价是企业经营者、所有者和其他利益相关者按照一定的目标，采用可行的方法，对一定时间和单位的经营业绩进行的价值估算和评定的活动，其基本构成要素包括评价主体、客体、目标和方法。评价主体主要是所有者和企业上下层次的经营者，评价客体是指一定时间和单位的经营管理者的经营业绩，评价的目标是评价主体在业绩评价中所期望得到的结果，评价方法包括定量评价法、定性评价法和综合评价法。在企业业绩评价中应遵循的基本原则有客观评价原则、公平公正原则、便于操作原则、差异及时处理原则。

主要参考文献

查尔斯·T. 亨格瑞、斯里坎特·M. 达塔尔、乔治·福斯特等：《成本与管理会计》（中译本），中国人民大学出版社2010年版：第622—635页。

杜胜利：《CFO管理前沿》，中信出版社2003年版，第333页。

侯继勇："业绩连跌不止：思科或裁员5%"，《21世纪经济报道》，2014年8月11日。

胡玉明：《管理会计研究》，机械工业出版社2008年版，第185—187页。

孙茂竹、文光伟、杨万贵：《管理会计学》，中国人民大学出版社2009年版，第322—325页。

于增彪：《管理会计研究》，中国金融出版社2007年版，第458—459页。

张翠芳："我国企业业绩评价体系研究"，《现代商贸工业》2010年第12期，第3页。

Ashish Garg, Debashis Ghosh, James Hudick and Chuen Nowacki. Roles and Practices in Management Accounting Today, Strategic Finance, July 2003: 34.

第九章　战略成本管理概念及其基本要素问题

有观点认为战略管理会计包括战略成本管理、人力资本战略管理和风险管理等方面的内容，战略成本管理只是战略管理会计的一部分，考虑到有的学者在讨论有关问题时提到的是战略管理会计，不是战略成本管理，而战略管理会计与战略成本管理在战略成本管理上是相同的内容，因此，在本章有时用“战略成本管理”或“战略管理会计”的语词来表述，文中的“战略管理会计”在这里是指与“战略成本管理”相关的内容，是从战略成本管理上认识的。本章将阐述战略成本管理的概念、过程、特点和基本要素问题。

第一节　企业战略成本管理概述

一、企业战略成本管理的涵义、过程和特点

（一）企业战略成本管理的涵义

关于企业战略成本管理或战略管理会计的涵义，有多种不同的观点。有代表性的观点有：（1）所谓战略成本管理，是为了获得和保持企业持久竞争优势而进行的成本分析和管理（杨雄胜，1996）；（2）战略成本会计是以企业价值最大化为最终目标，运用灵活多样的方法，搜集、加工、整理与企业战略管理相关的各种信息，并据以来协助管理当局确定战略目标，进行战略规划、评价战略管理业绩一个管理会计分支（王化成、杨景岩，1997）；（3）战略成本管理指管理人员运用专门方法提供企业本身及其竞争对手的分

析资料，帮助管理者形成和评价企业战略，从而创造竞争优势，以达到有效地适应外部持续变化的环境的目的（林万祥，2001）；（4）战略管理会计是以企业所有者财富最大化为目标，运用灵活多样的技术和方法，搜集、加工、整理企业内外与企业战略管理相关的各种财务与非财务信息，并据此来帮助管理当局进行战略制定、战略实施和战略评价，以维持和发展企业持久竞争优势的一种新型的管理会计系统（甘永生，2002）；（5）战略成本管理是指管理人员运用专门方法提供企业本身及其竞争对手的分析资料，帮助管理者形成和评价企业战略，从而创造竞争优势，以达到企业有效地适应外部持续变化的环境的目的（乐艳芬，2002）；（6）战略成本管理是一种经过深思熟虑的决策，其目的在于使企业的成本结构与其战略保持一致，并优化该战略的实施（Shannon W. Anderson，2003）。

笔者认为，这些概念在一定程度上反映了战略成本管理的本质属性，有关概念在表述上还存在一定程度的互相吸收。一个完整的战略成本管理的概念应该包含战略成本管理的主体、客体、目标和方法等基本要素的内容，而且还应有别于战术成本管理的概念。企业战略成本管理，是指企业战略成本管理者为实现与企业使命和战略管理目标相一致的目标，保证企业持续适应变化的环境和影响环境，运用一定的方法，在全面和深入分析企业成本与影响企业成本的内外部环境因素的相互关系的基础上，进行成本战略制定和实施的活动。

（二）战略成本和战略管理的过程

关于企业战略成本管理过程的认识，有以下几种主要观点：（1）战略成本管理的基本步骤有战略环境分析、战略规划、战略实施与控制、战略业绩计量与评价（林万祥，2001）；（2）战略成本管理的程序包括下面几个步骤：战略成本预测、战略成本决策、战略成本计划、战略成本控制和战略成本管理业绩评价（陈珂，2001）。

企业战略成本管理是企业战略管理的一个组成部分，因此，战略成本管理的过程可以从战略管理过程的研究上去认识。关于企业战略管理过程的认识，有以下几种主要观点：（1）管理的过程是决策制订与实施的过程（许庆瑞，1997）；（2）战略管理过程包括战略分析、战略制定和战略实施三个环节（刘庆元、刘宝宏，2001）；（3）战略管理最基本的核心过程由战略形势分析、战略制定、战略实施和战略控制四大基本步骤构成（张士玉、王滨有、张士宏，2002）；（4）公司战略可以分为三个核心领域，即战略分析、战略选择和战略实施（Richard Lynch，2001）；（5）战略管理是根据组织的内外环境，确定组织的愿景和目标，制定、确定、实施战略，并在战略的实施过程中根据环境的变化调整、修改组织的愿景、目标和战略，以确保组织沿着正确的方向取得成功的工作流程，该工作流程可以分为环境评价、战略形成、战略实施和战略评价四个阶段（谭力文、吴先明等，2006）；（6）动态的战略管理过程可以划分为战略形成、战略执行、战略控制和战略修正四个阶段，每一个阶段又各自包括若干不同步骤（万方华等，2006）。

以上观点在对战略管理过程的若干步骤的概括上各有所不同。笔者认为，对以上步骤有的可以进行适当的合并。（1）关于战略实施步骤。战略管理的步骤有三步骤和四步骤的观点。持三步骤观点的学者认为战略实施中包括了战略实施和战略控制。这一观点中的战略实施小步骤与大步骤是同名的，显得不合适。而四步骤的观点明确将战略实施与控制或将战略实施与评价分为两个步骤，也有将战略实施中的执行、控制和修正分为三个阶段。这里需要弄清“战略实施”的含义。战略实施是指用行动来实现制定的战略的过程。笔者认为，这种实现行动应包含战略执行和控制的内容，战略实施就是战略实施计划的制定、战略支持系统的建立和战略控制。在战略控制中要进行业绩的评价。因此，可以用战略实施一个步骤来集中反映战略执行与战略控制或战略执行、控制和修正两个或三个阶段。（2）可以将战略分析与战略选择合并为一个制定战略的步骤。这是因为进行战略制定时不可能不进行战略分析，所以可以将它们合并为一个大的步骤，即战略制定。笔者认为，战略成本管理的过程包括战略制定和战略实施。战略制定包括战略环境的分析、战略的选择和战略的调整或修订等内容。战略实施包括战略执行和战略控制的内容。

（三）战略成本管理的特点

关于战略成本管理或战略管理会计的特点，有多种不同的观点。有代表性的观点主要有：（1）战略管理会计的特点有整体性、长期性、应变性、宏观性和灵活性（王化成、杨景岩，1997）。（2）战略管理会计的基本特征有：重视市场的关系，具有开放性的特征；将视角扩大到企业整体，具有结果控制与过程控制的特征；重视企业组织及其发展，具有动态性特征；重视企业文化，具有个性特征（李萍莉，1999）。（3）战略成本管理的特点有长期性、全面性、外延性和灵活性（林万祥，2001）。（4）战略成本管理的主要特点有观念的创新性、管理的开放性、对象的全面性、目标的长期性、策略的抗争性和信息的多样性（乐艳芬，2002）；（5）战略成本管理更加注重整体环节、高位成本、消费者成本及商业模式，具有成本管理与战略管理相融合的特点（李海舰、孙凤娥，2013）。

上述观点在一定程度上概括说明了战略成本管理或战略管理会计的特点。要明确企业战略成本管理的基本特点，必须注意企业战略成本管理与战术成本管理的区别，不应相互混淆。笔者认为，企业战略成本管理具有以下的基本特点：

1. 对影响企业成本的因素分析的全面性和管理的整体性。战略成本管理是将管理置于影响企业成本的企业内部与外部环境之中，全面分析影响企业成本的企业内部与外部环境因素。战术成本管理只进行部分环境因素的非全面性分析。关于企业战略成本管理需要分析的外部环境因素，有一些不同的认识。有学者认为外部环境主要包括宏观环境、产业环境和竞争环境等，其中，宏观环境又主要包括政治法律、经济、技术以及社会文化等宏观因素（刘庆元、刘宝宏，2001）。环境理论认为，企业的外部环境按层次分为任务环境、竞争或行业环境、一般或宏观环境，其中，宏观环境被认为是最广阔的层次，包括经济、政治法律、社会、文化、科技、教育、伦理道德、自然资源和人口结构等，是一个组织疆域外的所有因素的总和（Fahey and V. K. Narayanan, 1986）。也有学者认为宏观环境包括政治和法律、经济、人口、科技、文化和自然因素（张士玉、王滨有和张士宏，2002）。笔者认为，凡是对企业成本有影响的企业外部因素都是企业的外部环境因素，这些外部环境因素有政治法律、经济、社会文化、技术和自然环境因素等。关于企业的内部环境因素，也有一些不同的认识。有学者认为企业内部环境因素包括企业资源、战略能力和核心能力（刘庆元、刘宝宏，2001）。也有学者认为企业内部环境因素包括管理过程、市场营销、财务能力、生产运作、人员素质、研究与开发等（张士玉、王滨有、张士宏，2002）。笔者认为，企业内部基本环境因素有日常经营者与所有者的利益、生产经营活动、企业管理、企业资源（不包括企业文化）、企业文化等因素。对企业内部与外部环境因素分析，就是要全面分析影响企业成本的内部与外部有利和不利的因素，企业外部环境的有利和不利因素是机会和威胁因素，企业内部环境的有利和不利因素是优势和劣势因素。对影响企业成本的环境因素的全面分析，不仅要在空间范围上进行内容和层次因素的分析，而且还要在时间上进行前后的、将来与现在的联系性环境因素的分析。只有从空间和时间范围上全面分析影响企业成本的因素，才能有效地进行企业战略成本管理。

李海舰、孙凤娥（2013）认为，战略成本管理注重筹资与投资、研究与设计、采购与物流、生产与销售及售后服务这一整体环节的成本管理，而传统成本管理注重局部环节。笔者认为，企业战略成本管理的整体性表现在战略成本管理与战略管理总体目标整体上的一致性、各个层次的战略成本管理整体上的协调一致性及各个层次战略制定（决策）与战略实施过程的连接性上。企业战略成本管理的各个层次管理共同构成了战略成本管理的集合体。战术成本管理只是在一定的经营管理目标下进行的直接性的、具体性的、局部性的和执行性的成本管理。

2. 战略成本管理目标确定的长期性与短期性的结合。战略成本管理的目标，是企业考虑其内部与外部环境的有利和不利因素，为实现企业使命所确定的在较长期限内要求达到的成本数额。战略成本管理目标包括了长期目标与短期目标两类。长期目标对短期目标进行控制，短期（近期）目标从属于长期目标，是长期目标的执行目标。战略成本管理的短期目标通常为一年，长期目标在一年以上，通常为3—5年或者更长的时间。在长期目标中有若干个短期目标。战略成本管理的长期目标的确定，是从企业长远的利益和发展的潜力上考虑的，忽视长期目标，只注意短期利益，就有可能使企业丧失获得长远的、更多的利益和长期发展潜力的机会。但是，如果只考虑长期目标，不设计分期实现长期目标的近期目标，则长期目标也很难实现。企业的长期目标的实现必须有短期目标的执行来保证。企业战术成本管理目标是短期的，战术成本管理也是短期的成本管理。为了便于管理，也可将战略成本管理目标分为长期、中期和短期目标三类。在战略成本管理中要协调好战略成本管理的长期、中期和短期目标之间的关系。

3. 企业战略成本决策的重大性。企业做出的战略成本决策，对企业长久生存和发展目标的实现有深远性和根本性的影响。战略成本决策的重大性表现在决定企业未来的成本发展方向、竞争优势、协同效应和经济效益等方面。从总体上看，制定的成本战略项目一般数额较大、影响面较宽、一个项目的成本全部得到补偿的时间较长。正确的战略成本决策，会给企业带来长久的经济利益；反之，错误的战略成本决策，会给企业造成重大的经济损失，甚至使企业破产倒闭。因此，企业战略成本决策应建立在对与企业内外部环境有联系的重大问题的深入了解、透彻分析和充分论证的基础之上，不应草率做出战略成本决策。李海舰、孙凤娥（2013）认为，传统成本管理注重有形和显性成本，战略成本管理注重无形和隐性成本这些对总成本决定作用大的成本。这一认识反映出在管理上战略成本管理具有重大性的特性。

4. 企业战略成本管理与环境因素的互动性和管理的创新性。在复杂多变的环境中进行战略成本管理是进入20世纪80年代以来企业面临的一个重要问题。企业战略成本管理是在变化的环境中，根据变化的环境制定成本战略，进行成本战略的实施的。一旦战略管理所依据的环境发生较大变化时，而这种变化又是客观存在的，企业就应进行一定的战略成本管理连动性调整，使战略能够适应新的环境。由于环境对企业战略成本管理具有驱动作用，因此，企业有必要加强对不稳定的环境的监控。另外一方面，企业战略成本管理又对环境起反作用。仅就企业与市场环境的关系看，不仅市场需求对企业成本及其管理起导向作用，而且企业在供给成本及其管理上的投入对市场也有影响作用。典型的例子是通过增加或改变手机的功能成本，来影响手机市场，从而创造需求。国外有学者在研究了一些成功企业的实践经验后指出，这些企业之所以成功，就在于它们以价值创新来驱动市场。这些成功企业的经验就是科特勒和库玛等的“从市场驱动到驱动市场”思想的体现。战略成本管理与环境之间有着互相驱动的关系。由于存在这种关系，企业要想不断取得成本竞争的优势，只有进行战略成本管理的创新，如方法创新、思维创新、价值创新和组织创新等，以创新来适应和驱动环境。战术成本管理则是在短期内相对静止的环境中进行成本管理的。

二、企业战略成本管理的基本要素

企业战略成本管理是一种高级的管理活动，应包括企业战略成本管理的主体、客体、方法和目标等基本要素。

（一）确定企业战略成本管理基本要素的理论根据

将企业战略成本管理活动的基本要素确定为战略成本管理的主体、客体、目标和方法等基本要素的根据是马克思主义的实践观。马克思主义哲学告诉我们，实践是主体有目的地改造客观世界的物质活动。在学术界关于实践要素的构成内容上有多种不同的认识，如由主体、工具和客体或目的、手段、结果构成的三要素说，由人、手段、对象、结果构成的四要素说，由目的、手段、对象、过程和结果构成的五要素说等。一般认为，实践的构成要素是由人、工具和客观事物组成的。笔者认为，战略成本管理活动是由实践的主体、客体、目标（目的）和方法四个基本要素所组成的。实践的主体是有实践能力的现实的人，实践的客体是相对于主体而言的进入主体实践和认识范围的对象，“改造”是通过实践的方法（手段、工具）进行的。基于这样的认识，笔者将战略成本管理活动看作是一种实践活动，并将这一活动的基本要素确定为 4 个，即战略成本管理的主体（战略成本管理者）、客体（企业成本和环境）、目标和方法，对这 4 大基本要素进行专门和深入的研究。

（二）企业战略成本管理的主体

企业战略成本管理的主体是战略成本管理者，是成本战略的制定和组织实施者。战略成本管理者的经济利益、职责和权限、个人的素质等都是影响企业战略成本的基本因素。战略成本管理者的组成是与公司治理联系在一起的。企业战略成本管理主体涉及到主体的层次、职责和权限、收益与激励、素质等方面的内容。企业战略成本管理者的层次。关于企业战略成本管理者的层次，应从公司治理结构上进行研究。作为现代企业最典型形式的公司制企业，必须建立规范的公司治理结构。企业战略成本管理者应该有四个层次，这四个层次的战略成本管理者分别是股东大会、董事会、总经理或经理部门和职能部门的经理，他们各有不同的战略管理功能。本章第二节将对战略成本管理的主体问题进行深入阐述。

（三）企业战略成本管理的对象（客体）

企业战略成本管理的对象，是相对于战略成本管理的主体、由战略成本管理者实践和研究的内容。企业战略成本管理的对象是战略成本与影响战略成本的企业内部和外部环境因素。在对现有的成本概念进行了深刻分析和进行比较分析的基础上，可以构造满足战略成本管理需要的企业成本体系。企业成本具有一些基本特性，按不同的标准对企业成本进行了分类，形成了多对成本。影响企业成本的企业内部与外部环境因素复杂多变。在进行战略成本管理时要了解环境，分析环境，利用环境，监控环境，改造或驱动环境，把握环境与成本之间的关系，从而正确地制定适应环境变化的成本战略和有效地实施成本战略。以环境作为管理的对象，就要构造环境体系。进行战略成本管理研究，要在现有环境理论的基础上确定环境体系。

（四）企业战略成本管理的方法

关于企业战略成本管理方法的观点有：（1）美国策略成本管理的主要领域有策略性成本分析、目标成本法、产品生命周期成本法和平衡财务与非财务绩效表，其中，策略性成本分析包括企业价值链分析、成本动因分析及竞争优势分析（林文雄，1997）；（2）战略成本管理的主要模式是桑克模式，其内容主要包括价值链分析、战略定位和成本动因分析几个方面（王耕、王志庆、成进等，2000）；（3）价值链分析、成本动因分析和战略定位分析构成了战略成本管理的基本框架（欧阳清，1999；乐艳芬，2002）；（4）常见的战略性成本计算和定价方法有产品属性成本计算、产品生命周期成本计算、质量成本计算、战略成本计算、战略定位、目标成本计算和价值链成本计算（李晓梅，2002）；（5）成本领先战略、差异化战略、集中战略是企业管理的三种基本战略，90 年代初成本领先战略对邯钢有着特殊的意义（许金叶，2002）；（6）竞争对手会计运用的方法有拆卸分析法和价值链分析法（马兰，2002）。

企业战略管理方法的有关论述有：（1）将战略管理过程分为战略分析、战略制定和战略实施三个环节，由此形成相应的三个环节的管理方法。在战略分析环节采用 PEST 模型、6 种动力模型和竞争对手分析模型等外部环境分析的方法及经营资源分析、战略能力分析、核心能力分析等内部环境分析法，还有 SWOT 分析法和战略目标设定的方法。在战略制定环节采用的方法有：①公司战略制定方法（成长型、稳定型和收缩型战略制定的方法）；②竞争战略制定方法（波特的成本领先、差异化和集中化战略制定方法）；③职能战略制定的方法等。在战略实施环节采用的方法有实施方法和控制方法等（刘庆元、刘宝宏，2001）；（2）战略管理有战略形势分析、战略制定、战略实施和战略控制四大基本步骤，相应地有在四个步骤中采用的方法。在战略形势分析步骤中采用的方法有宏观分析、行业竞争分析（涉及行业竞争的五种力量分析）、企业内部分析、综合分析（综合竞争力分析、总体投资组合分析——矩阵分析法、SWOT 分析等）。战略制定步骤，对总体战略制定采用的方法有发展性战略（集中、一体化、多元化经营战略）、稳定性战略、撤退性战略制定的方法和总体战略选择的 SWOT 选择模型；对经营单位战略制定采用的方法有基本竞争战略（成本领先、差异化和市场集中战略）、业务投资战略等制定的方法；对职能战略制定采用相应的方法。在战略实施步骤采用的方法有配置资源的价值链法和资源分析法、战略计划制定、组织实施方法等。在战略控制步骤采用的方法有模拟市场核算的成本控制法、行动的集团总部、经济增加值法（Economic Value Added，简称 EVA）等（张士玉、王滨有、张士宏，2002）。

从以上观点可以知道，关于企业战略管理方法的研究，已经构成了一个战略管理方法的完整体系。关于战略成本管理方法的研究，则还没有一个完整的、独特的理论框架和层次性，所研究的方法主要是企业战略管理第二层次的竞争成本战略制定的方法，其他成本战略制定的方法和成本战略实施的方法的研究则显得不够深入或没有这方面的研究，所研究的战略成本管理方法与现有的战略管理方法相比较，在面上还显得不够宽，对大多数方法也只是进行介绍。笔者认为，从企业战略成本管理的制定和实施两大步骤来看，企业战略成本管理的方法可相应地分为两类，即：成本战略制定方法和成本战略实施方法。

关于成本战略制定（战略成本决策）中所采用的方法，近年来在一些论著中提到的有价值链分析法（Value Chain Analytic Method）、成本动因分析法（Cost Driver Analytic Method）、SWOT 法、标杆成本制度、产品生命周期成本法（Product Life Cycle Method）、目标成本规划法（Target Cost Planning Method）、成本领先战略分析法、差异化战略分析法、目标聚集战略分析法等。有必要对这些方法进行归纳，总结出各类方法的基本原理，提升方法的理论价值，使各类方法更具有实用性。可以将这些方法归纳为两类，一类是因果关系分析法，一类是比较分析法。除了这两类方法外，还应有系统分析法。因果关系分析法包括成本动因分析法、价值链分析法、产品生命周期成本法和目标成本规划法等；比较分析法包括 SWOT 法、标杆成本比较分析法、成本领先战略分析法、差异化战略分析法和目标聚集分析法等。对系统分析法需要作专门的研究。本文将在现有的企业成本战略分析方法的基础上，对有关分析方法进行深入与全面的研究、理性思考和系统的整合，确定运用各种分析方法的正确思维和运作路径，建立成本战略分析法的完善体系，以推动企业成本战略决策理论的发展和指导实践。对各种分析方法的研究，应在现有方法的基础上有所发展，有所创新，理顺方法和提升方法的理论层次。

关于成本战略实施的方法，目前有关的论述不多。就企业战略管理来看，“成功的战略制定并不能保证成功的战略实施，从某种角度来说，战略实施比战略制定更困难也更重要（罗珉、李永强、饶建，2003）。”“有统计资料显示，对于所有成功制定的战略，只有 10% 被成功的执行，而在失败的战略中，有 10% 是因为执行的失败。”企业成本战略实施的方法应包括计划的制定，组织资源和企业文化等支持及实施的控制方法。战略成本管理的实施方法应在企业战略实施研究的基础上，结合战略成本管理的特点和需要进行系统研究，构造战略成本实施的方法体系。

企业成本信息资源管理系统是用于支持包括战略成本管理在内的成本管理的系统。单独就企业成本信息资源管理来看，成本信息资源管理是一种管理活动，但就战略成本管理的 4 个基本要素来看，它又是企业战略成本管理方法要素的内容。党跃武和孔桃（2000）在谈到信息资源管理流派时，提到将信息资源管理看作是系统方法的观点。系统方法观认为，“信息资源管理是为了有效利用信息资源而实施规划、组织、用人、指挥、控制的方法，是信息资源管理活动的规划和实施的程序。”成本信息资源不仅用于成本战略的制定，而且还用于成本战略的实施，因此，可以将成本信息资源管理系统单独列为战略成本管理方法要素的一个部分。

（五）企业战略成本管理的目标

王化成、杨景岩（1997）对战略管理会计的目标进行了研究，认为“可以将战略管理会计的目标分为最终目标、直接目标和具体目标三个层次。最终目标与企业的最终目标（企业价值最大化）具有一致性，直接目标是为企业战略管理提供各种信息。具体目标是协助管理当局确定战略目标和规划、实施战略规划、评价战略管理业绩。”企业战略目标按时间长短分为长期目标和短期目标或长期目标、中期目标和短期目标；按与企业战略管理的层次分为总体战略管理目标、经营单位（分公司）战略管理目标和职能战略管理目标；按战略管理者的层次分为股东大会战略管理目标、董事会战略管理目标、总经理战略管理目标和职能部门战略管理目标。战略管理目标制定的作用、特征和制定的原则等是进一步研究的内容。有关战略成本管理目标的问题将在本章第三节阐述。

第二节　基于公司治理的战略成本管理主体要素

企业战略成本管理是一种高级的成本管理活动。企业战略管理的主体要素是企业战略成本管理活动的一个基本要素。在公司治理结构的基础上进行的战略成本管理主体要素的研究包括战略成本管理者的层次、职责和权限以及收益和激励等方面内容的研究。战略成本管理主体要素的层次体系是由股东大会、董事会、总经理和职能部门经理四个层次所组成的。股东大会是企业战略成本管理者的最高层次，各层次的战略成本管理者有不同的职责和权限。企业战略成本管理者的收益包括经营权收益和所有权收益。企业战略成本管理者的收益与激励方式对战略成本管理有重要的影响。经营者与所有者均要获得利润收益在方式上应是一致的。考虑到经营者在企业任职的时间限制，又要促使经营者为企业长远发展进行战略成本管理，可采用适当的办法对战略成本管理者进行战略成本管理的激励。

20世纪中后期以来，企业外部环境发生了很大的变化，如科学技术日新月异，生产社会化、专业化和多样化的程度提高，股票价格波动，企业规模扩大，经济全球化，市场竞争日趋激烈，企业经营难度加大，等等。为了持续适应环境的变化，维持企业的生存和发展，取得竞争中的主动地位和优势，使企业立于不败之地，迫切要求企业进行包括战略成本管理在内的战略管理。企业战略成本管理是企业成本管理发展到高级阶段、得到人们充分重视的一种管理活动。企业战略成本管理的主体是战略成本管理者，是成本战略的决定和组织实施者。战略成本管理者的经济利益、职责和权限、个人的素质和观念等都是影响企业战略成本的基本因素。战略成本管理者的组成是与公司治理结构联系在一起的。本节要阐述的企业战略成本管理主体要素是基于公司治理结构的战略成本管理主体的层次、职责和权限、收益与激励等方面的内容。

一、企业战略成本管理者的层次、职责和权限

关于企业战略成本管理者的层次，应从公司治理结构上进行研究。作为现代企业最典型形式的公司制企业，必须建立规范的公司治理结构。

（一）关于经营者

一般认为，狭义的公司治理结构是由股东大会、董事会和经理（总经理和副总经理，高级管理者）所组成的，管理层包括董事会和经理，总经理享有经营权。但在目前有的观点中没有明确说明董事会是否有经营权，只说享有法人产权。一般也认为股东大会是所有者，在两权分离条件下所有者享有不含经营权的“单纯所有权”。那么，企业的经营者是否包括董事会和股东大会呢？认识这一点对确定不同层次战略成本管理者具有重要的意义。就公司制条件下的所有权与经营权分离情况看，股东大会并非完全没有经营权。我国公司法（1999）第 4 条规定，“公司股东作为出资者按投入公司的资本额享有所有者的资产受益、重大决策和选择管理者等权利”，第 103 条又规定，股东大会有“决定公司的经营方针和投资计划”的权利，这些对企业经营活动进行决策和选择管理者等的权利就是经营权的表现。从这个意义上看，还不能说两权分离条件下的所有者是单纯的“食利阶层”，他们是拥有重大经营权的资本所有者和资产经营者的结合体。根据上述认识，董事会这一股东大会休会期间的常设最高权力和经营管理机构，就当然享有经营权。因此，企业的经营者应包括股东大会、董事会和高级经理，扩大范围看还应包括经理人员以下的企业员工，而不仅仅是经理人员。

（二）关于控制权

一般认为，公司的控制权是由董事长或首席执行官（CEO）拥有，股东只拥有剩余索取权，没有控制权。公司治理的核心是所有权的安排。一方面所有者要享有剩余索取权，另外一方面经营者又要享有派生并从属于所有权的、稳定的和排他的经营权，这种经营权被认为是控制权。由于所有者并不是单纯的享有剩余索取权的食利者，所有者事实上享有进行重大经营管理的权利，这种权利就是一种控制权，而且是比董事会和经理的经营权有更大权利的控制权。董事会的财产经营权是股东大会授予的、受所有权特别限制的控制权。因此，公司的控制权就应由股东大会、董事会和经理等享有，控制权的重要程度、内容、张力的时间和空间范围等因经营管理的层次不同而有所不同。因此，可以说国有企业经营控制权的享有者包括全国人民代表大会、代表大会休会后的常设代表所有者利益的国有资产管理部门、不同行业和经营性质的单位等。

（三）关于管理者层次

在目前的战略管理理论中所论述的管理者层次是在联合分权式组织结构下的战略管理者三层次，即：总公司、分公司（事业部）和职能部门三层次，但在这三层次的管理者体系理论中，没有明确说明各层次的最高管理者是股东大会还是董事会或经理。笔者认为，在公司治理结构中，企业战略成本管理者的层次体系是由股东大会、董事会、总经理和职能部门经理四个层次所组成的。股东大会是企业战略成本管理者的最高层次，将股东大会排除在企业战略管理者层次之外是无视所有者拥有事实上的重大经营权的做法。

根据以上认识，对四层次的企业战略成本管理者的职责和权限进行具体的说明。

1. 股东大会。我国公司法的规定事实上已明确了股东大会作为战略管理者的最高地位。公司法第 103 条中规定，股东大会在战略管理方面除了行使决定公司经营方针和投资计划的职权外，还有对公司合并、分立、解散和清算等事项做出决议等战略管理的职权等。从战略的制定上看，股东大会将制定公司的总体战略纲领和保证总体战略实施的年度短期战略。目前，对股东大会的这种战略管理功能不够重视，出现了“强管理者和弱所有者”的现象。显然，加强股东大会的战略管理功能是目前产权制度改革中应做好的一项工作。

2. 董事会。董事会是由股东大会选出，对股东大会负责，以公司代理和财产受托人的身份对公司进行管理的董事所组成的股东大会的常设权力机构和公司管理、决策及最高业务执行机构。它实际上行使的是股东大会休会期间由股东大会授予的权利。董事会要决定公司的经营方针和战略，并监控战略的执行，其具体的职权有执行股东大会的决议，决定公司经营计划和投资方案，拟订公司合并、分立、解散的方案和制定本公司的规章制度等。从战略成本管理上看，董事会制定的成本战略也属于总体战略。作为常设的最高管理机构的董事会，其人员一般是由董事长、董事组成。有的董事会中还包括总经理和常务副总经理，我国公司法规定，“经理列席董事会会议”在董事会中设有战略管理委员会的，则首席战略官（CSO）是常设的最高管理组织——董事会中的重要战略管理方面的负责人。

3. 总经理或经理部门。经理是由董事会聘任并对董事会负责的管理者。经理部门是由公司总经理、副总经理、总经济师、总会计师（有人建议将总会计师改为首席财务官，即CFO，这里的CFO实际上是经理部门的财务负责人）、总工程师和各职能部门的经理所组成。具有一定规模的企业应设置经理部门。公司总经理行使除股东大会和董事会职权以外的职权，如主持公司的生产经营管理工作，组织实施董事会决议，组织实施公司年度经营计划和投资方案等。从战略成本管理上看，总经理制定的成本战略应是保证董事会战略实施的经营性成本战略，是董事会成本战略下的子成本战略。

4. 职能部门经理。职能部门经理是由总经理领导的、对总经理负责的各个职能部门的负责人。这些职能部门包括研究开发、制造、营销、人事和财务等部门。在战略成本管理中，职能部门经理制定的成本战略是保证董事会和总经理战略实施的成本战略，具有具体化、直接化和细分化的特点。

二、企业战略成本管理者的收益与激励

（一）关于经营者收益及所有者与经营者之间的关系

这里所说的经营者或经营管理者是指除股东大会以外的经营者。经营者

的利益具体表现为经营者的收益，而经营者的收益实际上是控制权收益或经营权收益。经营权收益应由两个部分所组成，即：必要劳动报酬和利润报酬。必要劳动报酬是经营者为经营管理投入必要劳动耗费而补偿的近期收益和远期收益，表现为工资和根据工作业绩而支付的奖金及退休金或退休福利等。利润报酬亦称利润收益，是指在经营权与所有权分离后，由于权能分离所带来的收益。因为在两权分离条件下，经营权派生和从属于所有权，当权能分离时，则“权能的分离将带来利益的分享”（许亚湖，1993）。在报酬的会计处理上，工资和奖金这些劳动报酬是必要劳动耗费的补偿价值，应确认为费用；而利润报酬是权能分离带来的收益，不应确认为费用，在利润报酬没有分派出去之前，利润收益就应确认为负债。所有者收益亦称所有权收益。所有权收益也是由两部分组成的，即：相当于利息的收益和经营权收益。这两部分收益都是以利润的形式表现的。相当于利息的收益是按相当于现行利率计算的收益，所有者的经营权收益是指所有者行使经营权所获得的部分剩余收益。所有者所获得的相当于利息的收益是按“多投多得”的原则获得的，经营者所获得的必要劳动报酬收益是按“多劳多得”的原则获得的。所有权收益和经营权收益受一定的社会经济条件的制约，通常有一个最低限额，如最低工资。从所有者和经营者都能获得的利润收益上看，所有者与经营者在利益上应该是一致的，而不是不一致的。但是，所有者所要获得的利润收益在持续经营假设下则是长期的、甚至是永久的，而经营者所获得的利润收益则会受其在企业工作时间长短的限制，有时表现为短期的。从所有者与经营者在企业的存续期上看，经营者与所有者在利益上会有冲突，由此会使二者在管理目标和行为上产生差异。需要寻找好的办法来解决所有者与经营者间在利润收益上的长期性与短期性的碰撞问题以及战略管理项目与远期利润的关系问题。股票期权的确可选择作为解决这一问题的办法。笔者认为，可以考虑采用固定的利润分配和战略管理项目的层次逐级由上到下的全层次控制相结合的方法。在固定的利润分配方法下，将战略管理项目与利润挂钩，实行年度利润与战略管理项目完成情况相结合的年度结算和分配；再通过战略管理层次由上到下的全层次控制，减少低层次的战略管理者（总经理和部门经理）的重大战略项目控制权权能，加大高层次战略管理者（董事会和股东大会）的重大战略项目控制权权能，确保战略管理的长期方向与所有者和全体经营者的利益保持一致。对于利润在所有者与经营者之间的分配，目前在法律上没有做出明确的规定，有的企业进行了这种形式的利润分配，有的企业没有进行。在进行这种利润分配的企业中，对经营者分配利润的比例也不完全相同，如东阿阿胶按年税后利润的5%分配，泰达股份公司按年净利润的2%分配。笔者认为，在明确“权能分离将带来利益的分享”理论（许亚湖，1993）的基础上，应通过法律将这种利润分配形式和一定的分配比例做出明确规定，以维护经营者的正当权益和使所有者获得最大的利益。

（二）关于股票期权的认识

股票期权的最大优点是对经营管理者的激励长期化，解决经营者在经营管理上短期行为的问题，使经营者的利益在企业的存续期内有更大程度地与所有者的长期利益相接近或一致，特别有助于经营管理者做出有利于企业长期发展的战略决策。股票期权的特点是股票期权收益依赖股价的升降，而决定股价升降的内因是企业的净收益。在通常情况下，企业盈利增加，股价也随之上升，上升的程度又往往超过盈利增加的比例。股票期权激励经营者为企业未来增加盈利，但一旦盈利没有达到理想状况时，就有可能出现企业经营者为获得股票期权收益而操纵利润的情况。另外，由于企业经营者可能利用已知道的“内情”为自己谋取利益，这对广大的股民来说又是不公平的，对股市的发展也不是一个有利的因素。从股票期权的利弊分析来看，弊大于利。如果有更好的长期激励办法，是可以取消股票期权办法的。笔者认为，由于经营者与所有者均要获得利润收益，那么，在获得利润的方式上可以是一致的，考虑到经营者在企业任职的时间限制，又要促使经营者为企业长远发展进行战略管理，可采用前述的利润固定分配与成本战略管理项目由上到下全层次控制相结合的办法。这样，可以将所有者利益与经营者利益捆在一起，从而激励战略成本管理者进行对所有者和经营者有利的战略成本管理。

第三节　企业战略成本管理目标要素

企业战略成本管理目标是企业战略成本管理的一个基本要素。战略成本管理目标的制定具有多方面的重要作用。可以按多个不同的标准对企业战略成本管理目标进行分类。企业战略成本管理目标具有前瞻性、时效性、创新性和一致性的基本特征。制定企业战略成本管理目标的基本原则有综合考虑和最佳化原则。

一、企业战略成本管理目标的概念和作用

为了更好地适应外部环境的较大变化，使企业获得长远的发展，企业要给成本在环境中定位，要制定好长远的战略发展规划和组织战略实施。企业只有重视战略成本管理，才能在复杂多变的环境中生存与发展。

企业战略成本管理的目标，是企业分析其所处的外部环境和内部环境的有利与不利因素，为实现企业使命和总体战略目标所确定的在较长时期内要求达到的成本管理结果。企业战略成本管理目标从属于企业的总体战略目标。企业战略总目标反映了企业的愿景和使命的要求，是企业使命的具体化。战略成本管理目标不可能脱离企业的使命和战略总目标而独立存在。以企业战略成本管理基本思想为指导确定的战略成本目标，应包括适应和驱动企业外部环境（特别是适应和驱动外部市场环境的战略成本管理目标）及培养和提高企业核心竞争力的战略成本管理目标。在战略成本管理目标中所确定的在较长期限内要求投入的成本数额是最佳的成本投入数额。这里的最佳成本投入额是企业为获得一定的经济效益和社会效益，持续和稳定发展等而投入的相对较低的数额。在企业的生产经营过程中，企业总希望以一定的投入带来较大的效益。在投入与效益之间的关系模式中，当效益一定时，投入额有所减少，则企业可以获得相对较大的收益。为了一定的效益而投入成本和在一定效益下降低成本是战略成本管理的基本要求。

企业战略成本管理目标具有以下几个方面的作用：（1）导向作用。战略成本管理目标为企业制定和实施成本战略指明了方向。明确战略成本管理目标，有利于减少长期成本管理工作中的盲目性，防止成本管理工作中短期化行为的发生。（2）激励作用。战略成本管理目标是企业成本战略成本管理的一种内在的驱动力。企业以战略成本管理目标为依据，评价成本战略的制定、实施的情况以及战略成本管理过程中战略成本管理者的工作绩效。企业通过战略成本管理目标促使管理者积极和主动地进行战略成本管理，提高管理的绩效。（3）约束作用。企业各个层次的战略成本管理者只能在既定的战

略成本管理目标框架下开展工作，不能随意脱离目标而自行进行成本战略管理。(4) 凝聚作用。战略成本管理目标具有统一和协调企业战略成本管理工作，凝聚企业各方面的管理力量的作用。在一定的战略成本管理目标下，企业战略成本管理的各项工作统一于这一目标下，形成一个工作的整体。在这一整体中，各方面工作是分工和协作完成的，形成协同效应，使各有关方面的成本战略管理者为实现共同的战略成本管理目标而奋斗。(5) 调配作用。以战略成本管理目标为依据，可以从长远考虑对企业的人、财、物和信息等进行统一的调配，让有限的条件经过调配后能产生符合战略成本管理目标要求的最优组合效应。优化有关的条件实际上也就是优化成本的投入。

二、企业战略成本管理目标的分类

企业战略成本管理目标，可以按不同标准进行分类。

(一) 按战略成本管理目标覆盖时间的长短分类

按战略成本管理目标覆盖时间的长短，将战略成本管理目标分为长期、中期和短期战略成本管理目标。长期战略成本管理目标是决定企业在3—5年以上时间的成本管理结果的目标，短期战略成本管理目标是决定一个年度内的成本管理结果的目标，中期战略成本管理目标的时间介于长期目标与短期目标之间，即在3—5年以内。也将3—5年以下的目标都定为短期目标。中期和短期目标是对长期目标所作的细分，是在长期目标统驭下要求实现的目标。从成本战略管理的制定和实施两大环节上看，不论是长期目标，还是中短期目标，它们都是战略制定和实施的目标。长期目标是长期成本战略制定和实施的目标，中短期目标是中短期成本战略制定和实施的目标。不应只认为短期目标是战略实施目标，而长期目标就不是战略实施的目标。长期目标的实现，要依赖与若干短期目标的实现。因此，在战略成本管理中，做好战略成本管理目标按时间分解的工作就显得尤为重要。

(二) 按战略成本管理者的层次不同分类

按战略成本管理者的层次不同，将战略成本管理目标分为股东大会、董事会、总经理和职能部门经理4个层次的战略成本管理目标，这4个层次的战略成本管理目标均包括战略制定和实施的目标。股东大会战略成本管理目标，是由股东大会的职权决定的、与决定企业重大经营方针和投资项目等相联系的企业战略成本管理目标。董事会战略成本管理目标，是根据股东大会战略成本管理目标所确定的、由企业最高管理机构负责管理的战略成本管理目标。总经理战略成本管理目标，是在股东大会和董事会的总体战略成本管理目标下，与经营性战略管理保持一致的、由总经理负责管理的战略成本管理目标，是总体战略成本管理目标的具体化。职能部门战略成本管理目标，是在总经理战略成本管理目标下所确定的比较详细的指标和可操作性比较强的战略成本管理目标。在战略成本管理中，应注意4个层次目标之间的相互协调。一般认为，高层的战略成本管理目标是长期规划目标，基层的目标是短期执行目标，实际上高层战略管理目标与基层目标一样，都有长期目标和短期目标之分。高层战略成本管理目标不仅仅只是长期规划目标，而没有短期的执行目标；而基层目标也不仅仅只是短期执行目标，而没有长期规划目标。弗雷德·R. 戴维（Fred R. David，2001）认为“企业的各个层次，包括公司、分部和职能部门都要有自己的长期目标。长期目标是度量管理绩效的重要标准。”高层目标与基层目标在时间上的区别是总的时间跨度有所不同。高层目标的总时间跨度在3—5年以上，但应有年度目标。股东大会每年要召开一次年会，就要检查年度目标的实现情况。基层目标时间跨度在3—5年以下。基层战略成本管理者也要按年度检查年度目标的实现情况。

（三）按战略成本管理涉及的经济内容分类

按战略成本管理涉及的经济内容，可将战略成本管理目标分为与多个经济活动相联系的战略成本管理目标。与企业战略成本管理基本思想相联系的、按经济内容划分的战略成本管理目标分为两类，即：（1）适应和驱动企业外部环境的战略成本管理目标。这一目标具体包括与企业总的发展方向、重大经营方针、企业使命、企业稳定和持续发展等相联系的战略成本管理目标，与企业总体性发展战略、稳定性战略和紧缩性战略相联系的战略成本管理目标，与企业的基本竞争战略及新兴、成熟和衰退产业中的竞争战略相联系的战略成本管理目标以及与企业职能部门战略相联系的战略成本管理目标。这些目标是针对企业外部环境而确定的外向性目标。（2）培养和提高企业核心竞争力的成本战略管理目标。企业的核心竞争力是企业的核心能力，是指在企业内部形成的、能使企业获得长期持续竞争优势的、超过企业基本能力范围的特殊能力，具体包括与生产经营、企业管理、企业资源（不包括企业文化）配置、企业文化推动、所有者和经营者管理等核心能力培养和提高战略相联系的战略成本管理目标。培养和提高企业核心竞争力的成本战略管理目标是针对企业内部环境而确定的内向性战略成本管理目标。

三、企业战略成本管理目标的基本特征

企业战略成本管理目标的基本特征有前瞻性、时效性、创新性和一致性等。

（1）前瞻性。企业战略成本管理目标是战略成本管理者根据经过深入和全面分析的企业外部环境和内部环境，对将来一定时期内成本管理结果所作的预先设计，是战略成本管理者在观念上对未来成本水平和发展趋势所作的勾画和展示。

（2）时效性。战略成本管理目标是在一定时间范围内的成本管理目标，不是永久性的目标。目标随着时间的推移可能会发生变动。在未来较长的时间内，企业内部和外部环境发生变化后，战略成本管理的目标自然也会发生变动。这种战略成本管理目标的时效性是战略成本管理目标的最后完成的期限。目标的时效性在不同战略成本管理层次上会有所不同。高层战略成本管理目标的时效长于基层战略成本管理目标的时效，“时间跨度越长，战略管理层次越高的目标就越模糊”。有了目标的时效规定，将增加管理者完成任务的紧迫感。具有时效性的目标的确定，也决定了目标在一定时间范围内的相对稳定性。不过，在进行战略成本管理时，也要求战略目标的确定为适应环境变化而保持一定的弹性。

（3）创新性。从总体上看，战略成本管理目标对企业来说应是全新的，有更高的要求和创新性。战略成本管理目标反映的是企业对未来成本水平和发展趋势的一种期望，是一种新的结果，其确定是创新思维方法运用的必然结果。具有创新性的目标将有利于激发企业全体成本管理者为新的目标而工作。

（4）一致性。企业战略成本管理目标与企业总体战略目标在管理方向上应是一致的，这种一致性决定了战略成本管理目标是从属于企业的总体战略

目标。企业战略成本管理目标在各层次上的管理方向也应是一致的，这种一致性决定了各层次战略成本管理者工作的统一性。

四、制定企业战略成本管理目标的基本原则

制定企业战略成本管理目标应遵循的基本原则有：（1）综合考虑的原则。制定企业战略成本管理目标应综合各有关方面的因素。从时间上看，应考虑过去、现在和将来成本水平和发展趋势的连接性问题，确定有可能实现的战略成本管理目标；从空间范围上看，应考虑不同层次战略成本管理目标的层次性和整体性问题，确定自上而下形成一个完整的目标体系。另外，在确定战略成本管理目标时，还要综合考虑在较长时间内会影响企业成本的主观与客观因素、主动与被动因素、内部与外部因素及有利与不利因素等。（2）最佳化原则。最佳化原则是最合适原则。企业制定战略目标的要求不能过高，过高的目标实际上是很难实现的；但制定目标的要求也不能过低，过低的目标很难起到应有的激励作用。

第四节　企业战略成本管理的分析方法体系

一、三种成本战略分析模式和基于桑克模式的成本战略分析方法体系

成本战略制定是指成本战略的分析和选择。成本战略分析方法，亦称“战略成本管理分析方法”。目前在我国的一些相关书文中提到的成本战略分析方法有三种模式，即：桑克模式、克兰菲尔德模式和罗宾·库珀模式。

（一）桑克模式（1993）

1993 年，美国管理会计学者桑克（Shank）等在美国哈佛大学商学院迈克尔·波特教授所著的《竞争优势》一书中的价值链分析理论的基础上，出版了《战略成本管理》一书，提出了战略成本管理分析的三个主要分析工具

——战略价值链分析、战略定位分析和成本动因分析。在桑克模式的成本战略分析模式中，战略价值链分析法具体包括公司价值链分析法、行业价值分析法和与竞争对手价值链分析法；战略定位分析是通过对企业所处的内外部环境的分析，了解企业面临的机会和威胁、自身的优势和劣势，确定企业在行业、市场和竞争三个方面的战略定位，从而制定相应的战略；成本动因分析是对结构性成本动因和执行性成本动因进行分析。

（二）克兰菲尔德模式（1995）

克兰菲尔德模式是欧洲著名的克兰菲尔德（Granfield）工商管理学院1995年提出的。它是将战略成本管理作为分析企业竞争地位的工具，通过合作来发现问题、分析问题和解决问题，选择和制定企业的竞争战略的分析模式。这一模式的创始人托尼·格兰迪认为，该模式的主要内容有：（1）竞争战略的制定：确定企业采用何种竞争战略，是差异化战略，还是成本领先战略；（2）竞争者分析和标杆瞄准：分析竞争者的竞争战略状况，评价其竞争地位，从与竞争对手的经营管理业绩差距中发现问题；（3）进行行业分析，了解自身所在行业的情况；（4）进行成本动因分析；（5）评估组织面临的挑战，确定自身的目标。

（三）罗宾·库珀模式（1998）

1998年，罗宾·库珀提出了将ABC引入战略成本管理，构造了以ABC为主导的战略成本管理模式。这一模式的具体做法是：在企业内部各部门、企业外部和竞争对手等各方面全面运用ABC，通过准确的成本信息向不同部门的员工展示企业成本竞争地位图景，使企业管理者和其他员工能够把自身的工作与企业的战略地位联系起来，以达到在降低成本的同时提高企业竞争力的目的。

（四）基于桑克模式的成本战略分析方法体系图

在桑克模式的基础上，综合考虑其他相关的分析方法，如在战略定位分析中采用的外部环境分析的PEST分析法、内部环境与外部环境结合分析的SWOT分析法、用于产业分析的波特的5种力量分析法、用于市场分析的波士顿矩阵分析法、用于竞争分析的成本领先战略、差异化战略和目标聚集战略分析法及标杆成本分析法、目标成本规划法和产品寿命周期成本分析法等。基于桑克模式的企业战略成本分析法体系如图9-1所示。

- 战略价值链分析法
  - 行业价值链分析法
  - 公司价值链分析法
  - 价值链分析法
  - 竞争对手
- 战略定位分析法
  - 外部环境分析的PEST分析法
  - 内外部环境结合分析的SWOT分析法
  - 产业分析的5种力量分析法
  - 市场分析的波士顿矩阵分析法
  - 竞争分析的成本领先、差异化和目标聚集战略分析法
  - 标杆成本分析法、目标成本规划法和产品寿命周期成本分析法
- 成本动因分析法
  - 结构性成本动因分析法
  - 执行性成本动因分析法

图9-1　基于桑克模式的成本战略分析法系统图

二、新战略成本分析方法体系的构建

笔者认为，按分析的方式，可以将战略成本分析方法分为3类，即因果关系分析法、比较分析法和系统分析法。新的战略成本分析方法如图9-2所示。

- 因果关系分析法
  - 战略价值链分析法
  - 成本动因分析法
  - 外部环境分析的PEST分析法
  - 目标成本规划法
- 比较分析法
  - SWOT分析法
  - 5种力量分析法
  - 波士顿矩阵分析法
  - 成本领先、差异化和目标聚集战略分析法
  - 标杆成本分析法等
- 系统分析法

图9-2　新的战略成本分析方法体系

（一）因果关系分析法

因果关系分析法是根据影响企业成本的原因来推测成本的结果，决定成本未来发展方向和水平的分析方法。这种分析方法具有关联性、变量性和预见性的基本特征，可分为多对因果关系分析法，也可以将战略价值链分析法、成本动因分析法和PEST分析法结合在一起进行因果关系分析，基于这一分析确定合适的成本战略。

（二）比较分析法

它是将关系到企业长期性、全面性和根本性发展的企业内外部成本信息资源在一定时间和空间范围上进行比较，找出异同点，以此为依据制定成本战略的方法。按比较的时间，分为横向比较分析法和纵向比较分析法。按比较分析的对象的空间范围，分为宏观比较分析法与微观比较分析法。比较分析的方法具体包括SWOT分析法、5种力量分析法、波士顿矩阵分析法、成本领先、差异化和目标聚集战略分析法和标杆成本分析法等战略分析法。

（三）系统分析法

它是指在制定重大成本战略时，要从整体性、层次性和动态性三个方面进行成本战略分析的方法。这种方法有以下几个方面的特点：（1）整体性。采用系统分析法分析有关对象是从整体性上进行的。在对企业外部环境、内部环境及内外部环境的相互结合的分析，对企业的成本进行分析，都是从整体性上分析它们的基本因素，而不仅仅只对某单一因素进行分析。从整体性上分析，并根据分析的结果制定和实施成本战略，是为了保证企业不会因为片面和局部地看问题而制定和实施错误的成本战略。在系统分析时，要正确处理好整体与部分之间的关系；（2）层次性。采用系统分析法分析有关的内容，注意从层次上把握有关的内容，并根据层次性分析的结果制定在总体目标一致条件下针对不同层次的成本战略。不同层次的成本战略分析是在总体目标一致下的成本战略分析。各层次成本战略分析是相互衔接的；（3）动态性。采用系统分析法进行成本战略分析，要将分析对象的过去、现在和将来可能发生的情况连接在一起，形成一个动态发展的过程，从而对要分析的对象有一个全面的了解。

主要参考文献

弗雷德·R. 戴维：《战略管理》，经济科学出版社2001年版。

李海舰、孙凤娥："战略成本管理的思想突破与时间特征"，《中国工业经济》2013年第2期。

刘庆元、刘宝宏：《战略管理：分析、制定与实施》，东北财经大学2001年版。

罗珉、李永强、饶建等：《公司战略管理理论与实务》，西南财经大学出版社2003年版。

谭力文、吴先明：《战略管理》，武汉大学出版社2006年版。

王方华主编：《企业战略管理》，复旦大学出版社2006年版。

第十章　成本战略分析方法研究

在成本战略管理中需要运用一系列分析方法。企业战略成本分析方法有因果关系分析法、比较分析法和系统分析法。在企业成本战略制定时，可将目前采用的战略价值链分析法、成本动因分析法与PEST分析法相结合进行因果关系分析。比较分析的方法具体包括SWOT分析法、5种力量分析法、波士顿矩阵分析法、成本领先、差异化目标聚集战略分析法和标杆成本分析法等战略定位分析法。本章将在对比较分析法基本原理阐述的基础上，就战略定位分析法进行阐述。

第一节　企业成本战略因果关系分析法原理

为推动正在兴起的企业成本战略管理理论研究向前发展，构造完善的企业成本战略分析方法体系，指导实践，有必要在现有的成本战略分析方法研究的基础上对成本战略分析方法进行深入研究。综合地看，企业成本战略分析方法主要有因果关系分析法和比较分析法。对因果关系分析法的系统研究可以从概念、基本特征和分类等方面进行。企业成本战略分析的因果关系分析法具有关联性、系统性、变量性和预见性等基本特征。按不同的标准，可将成本因果关系分析法分为若干对方法，即：内部因果关系分析法与外部因果关系分析法、主观因果关系分析法与客观因果关系分析法、主要因果关系分析法与次要因果关系分析法、必然因果关系分析法与偶然因果关系分析法、简单因果关系分析法与复杂因果关系分析法及静态因果关系分析法与动态因果关系分析法等。

企业成本战略管理理论是20世纪80—90年代形成和逐渐发展起来的，

目前有关研究正在向纵深进行，取得了一些进展。企业成本战略管理是从长期、全面和根本性上对未来成本发展方向和全面定位所进行的管理。企业成本战略管理的核心是企业成本战略决策。在成本战略决策中需要采用分析的方法，有关企业成本战略分析方法，在近年来的一些论文和著作中提到的有价值链分析法（Value Chain Analytic Method）、成本动因分析法（Cost Driver Analytic Method）、竞争优势分析法（Competitive Advantage Analytic Method）、标杆制度（Benchmark System）、产品生命周期成本法（Product Life Cycle Cost Method）、目标成本规划法（Target Cost Planning Method），以及成本领先战略分析法、差异化战略分析法和目标聚集战略分析法等。对这些方法进行归纳，可以发现主要有两类方法，一类方法是因果关系分析法，如成本动因分析法、价值链分析法、产品生命周期成本法和目标成本规划法等；另一类方法是比较分析法，如竞争优势分析法、标杆制度、成本领先战略分析法、差异化战略分析法和目标聚集战略分析法等。在实际运用中，可单独使用某种方法，也可以将两种以上的方法结合在一起使用。本文将在现有的因果关系分析法研究的基础上，对企业成本战略决策的因果关系分析法的概念、基本特征和分类进行深入的研究，以建立一个便于实际运用的完整的因果关系分析法体系，深化企业成本战略分析方法的理论层次，在对企业成本战略分析方法的认识上有质的飞跃。通过对因果关系分析法的深入研究，以确定正确的运用因果关系分析法的思维路径。

一、理性的思考

因果关系分析法是根据影响成本的原因来推测成本的结果，决定成本未来的发展方向和水平的战略分析方法。对成本原因与结果的战略分析，在成本战略管理中具有重要的地位。只有在战略上全面分析成本原因与结果之间关系的基础上，才有可能做出正确的成本战略决策，给企业带来长期性的、全面性的和根本性的利益。

因果关系分析法具有以下一些基本的特征：

1. 关联性。因果关系分析法所要分析的影响成本的因素与成本结果之间的关系具有连接性和依存性的特征。这种连接性关系表现为成本原因与结果之间的前后相互联系，前后联系的情况决定着企业成本的大小。成本原因还与成本结果之间存在相互依存的关系，不存在没有成本原因的成本结果，也不存在只有成本原因而无成本结果的情况。因果关系分析法就是通过对这种具有关联性的成本因果关系的深入分析，由因推果和由果找因、再由因推果，构造企业成本战略决策的模型。例如：通过企业与生产资料供应单位和劳动力提供者及最终产品消费者之间在成本上具有的关联性因果关系链的战略分析，建立整合性的成本战略管理模型。

2. 系统性。因果关系分析法的系统性首先表现在其结构层次上。因果关系分析法的第一层次是一般性的因果关系分析法。在第一层次因果关系分析法的基础上，可按多种标准对因果关系分析法进行具体的划分，形成多对因果关系分析法，如内部因果关系分析法与外部因果关系分析法、主观因果关系分析法与客观因果关系分析法等。因果关系分析法的系统性还表现为成本结果与其影响因素所构成的战略分析系统上，如产品生命周期成本分析法就是由一系列的成本原因与成本结果所构成的分析系统。这种分析系统的结构决定成本战略决策模型结构的构建。

3. 变量性。因果关系分析法是根据成本原因与结果的变量性关系进行分析的方法。这里的变量性关系是指成本因变量与自变量之间的变量关系。影响成本的因素变量是自变量，包括企业内部与外部的自变量，如政府的政策和企业的生产工艺过程等；成本的结果是成本的因变量。根据成本的因果变量性关系，可以建立成本自变量与因变量之间的成本因果变量关系分析模型。目前市场研究的类型之一是市场自变量因素与因变量因素关系的研究。在企业成本战略决策中，有必要将这种具有变量性因果关系的分析从市场扩大到包括所有者与经营者的利益、社会效益和政府的作用等在内的导致成本发生的因素与成本结果之间关系的分析上。

4. 预见性。因果关系分析法是根据成本原因的信息传递来测定未来的成本结果的，具有预见性的特征。由于成本原因导致成本结果的发生，因此根据成本原因来预测和决定成本的结果就成了因果关系分析法的基本特征之一。在进行成本战略决策时，要深入与全面分析影响成本的因素，在综合考虑各种影响企业成本的因素的基础上，测定未来成本结果。根据成本原因与结果之间的关系，不仅可以由原因推测结果，而且还可以根据成本结果找出原因，再由原因推测未来可能的成本结果。

二、成本战略因果关系分析方法体系的构造

成本战略因果关系分析法的理论体系是建立在对因果关系分析法的概念和基本特征研究的基础之上的。这一方法的理论体系可按不同的标准进行划分。

（一）内部因果关系分析法与外部因果关系分析法

按所发生的成本因果关系是否在企业内部，将因果关系分析法分为内部因果关系分析法与外部因果关系分析法。内部因果关系分析法是针对企业内部的因果关系进行分析的方法。目前一般提到的成本动因分析法是对企业内部生产经营管理各环节成本资源动因和作业动因及结构性成本动因与成本结果关系进行分析的方法，属企业内部因果关系分析法。外部因果关系分析法是根据企业外部成本发生的原因对企业未来成本的影响进行战略分析的方法。价值链分析法所涉及的企业外部原材料供应商的供应和最终消费者（顾客）的需求因素是企业外部成本影响因素。实际上，对企业成本产生深远影响的因素还不只是供应商的供应和消费者的需求，从战略角度考虑，还有所有者的利益、社会效益和政府的作用、其他市场状况、经济动向、科技进步、教育和培训等。供应商的供应和消费者的需求只是市场状况中的两个基本的外部影响因素。市场状况与企业成本之间的因果关系分析除了价值链分析外，还可以进行多方面的因果关系的分析，如产品市场寿命周期成本的分析。研究表明，不同类型的产品市场寿命周期会有所不同，世界驰名品牌产品的市场寿命周期线是一条水平直线，而其他产品的市场寿命周期线有可能是一条较平缓的曲线或一条较陡峭的曲线。因此，在进行成本战略决策时，可以根据不同类型的产品市场寿命周期决定成本的战略支出——品牌维护、增加或减少生产、停止生产等有关支出。

在实际运用时，可将内部因果关系分析法与外部因果关系分析法结合在一起使用。结合在一起的因果关系分析法是内外连接式的因果关系分析法。完整的价值链分析法就是这种连接式的因果关系分析法。从供应单位到企业，再到最终产品消费者的价值链实际上是成本链，只是企业与消费者的“价值链”对于企业来说是成本与价值链，对于消费者来说则是成本点。战

略目标成本规划法是一种内外结合的因果关系分析法。产品生命周期成本法（不是产品市场寿命周期成本法）要分析内部设计、生产和对外销售后的投入，因此也是一种连接式的因果关系分析法。

（二）主观因果关系分析法与客观因果关系分析法

按影响企业成本的主、客观因素，将因果关系分析法分为主观因果关系分析法与客观因果关系分析法。影响成本的因素有主观因素与客观因素。由主观因素导致发生的成本是主观成本，由客观因素导致发生的成本是客观成本，企业成本是主观成本与客观成本之合。主观成本影响因素是由企业管理决策层的意愿所决定的成本影响因素，如选择某项重大方案、制定某项长期战略计划、制定长期的管理制度等均是主观的成本影响因素。客观成本影响因素是由客观条件所决定的被动成本影响因素，如市场的状况、政府的作用、生产组织和工艺过程等。主观因果关系分析法是对主观成本影响因素与成本结果之间的关系进行分析的方法，客观因果关系分析法是对客观成本影响因素与成本结果之间的关系进行分析的方法。这种分类的作用是，在进行成本战略决策时，要充分认识影响成本的客观因素的规律性和不以战略管理决策层的意愿为转移的特性，利用有利的客观因素和减少不利的客观因素对企业成本造成的影响；同时，也要正确认识主观因果关系，使主观影响因素向有利的方向发展，避免不利主观因素对成本所造成的影响。

（三）主要因果关系分析法与次要因果关系分析法

按成本因果关系在战略决策中的重要程度，将因果关系分析法分为主要因果关系分析法与次要因果关系分析法。在企业成本战略决策中，企业不可能将全部精力平均用于各种成本因果关系的分析上，而要区分因果关系的重要程度，分轻重缓急地进行分析。主要因果关系分析法是从影响成本的最为关键和重要的因素与相应的成本结果的关系上进行分析，以解决一定时期成本战略管理的重要问题。次要因果关系分析法不忽视一般性的成本原因与结果关系的分析，但在分析上显得粗略一些。

（四）必然因果关系分析法与偶然因果关系分析法

按发生的因果关系是否具有必然性，将因果关系分析法分为必然因果关系分析法与偶然因果关系分析法。必然因果关系分析法是对存在必然性成本因果关系进行分析的方法。必然的因果关系是在一定条件下必然发生的成本原因与由此所导致发生的成本结果之间的关系，如在未来若干年内年均生产一定数量的产品与必然会导致发生的相应产品成本，决定将来购置某项设备与必然会发生相应的设备成本等关系。偶然因果关系分析法是对偶然发生的成本原因与相应的成本结果之间的关系进行分析的方法，偶然性因果关系是不经常发生或偶然发生的关系，如自然灾害的原因与由其造成的非常经营损失的关系。自然灾害是偶然发生的原因，非常经营损失或支出是由偶然性原因所形成的成本（笔者在这里将非常经营支出列为成本）。对成本产生影响的偶然性因素有很多，如捐赠、固定资产盘亏等因素。另外，在管理中被忽视的决策或策略（有人将被忽视的战略称为意外战略）、没有考虑到的外部环境与内部环境的变化等也是偶然因素。这种分类的作用是运用必然因果关系分析法分析导致成本发生的不可避免的因素与成本之间的关系，预先比较准确地确定未来成本水平和采取有效的管理措施进行管理；运用偶然因果关系分析法充分估计偶然的成本影响因素，从而利用有利因素消除或减少不利因素的影响，使企业成本管理更具主动性。

（五）简单因果关系分析法与复杂因果关系分析法

哲学上认为，因果关系有一因一果的因果关系及一因多果、一果多因和多因多果的复杂因果关系。根据因果关系的多样性特性，将因果关系分析法分为简单因果关系分析法与复杂因果关系分析法。简单因果关系分析法是一对一的基本成本因果关系分析法。简单成本因果关系是先后相连的成本因果关系。复杂成本因果关系法是指对复杂因果关系进行分析的方法。复杂性因果关系有多种表现的形式，如外购材料的完全成本就是由供应单位提供材料、材料运输和检验等动因所引起的，产品的生命周期成本是由设计、生产和销售后的投入等成本原因所引起的。这种分类的作用是便于分析成本形成的各种影响因素，有利于进行关联分析和复杂的成本因果关系链的分析。

（六）静态因果关系分析法与动态因果关系分析法

按成本因果关系是否持续变化，将因果关系分析法分为静态因果关系分析法与动态因果关系分析法。静态因果关系分析法是对确定的、在未来一定时期不变的成本原因与所导致发生的成本结果之间的关系进行分析的方法。静态的因果关系是动态的因果关系的特殊表现，是相对静止的成本因果关系，如政府发布的几年不变的对企业成本有影响的政策就是一种静态的成本原因，这种政府发布稳定的政策与相应的企业成本之间就有了静态的因果关系。动态因果关系分析法是对一定时期内处于不断变化中的成本原因与结果之间的关系进行分析的方法。动态的因果关系是绝对变动的因果关系，如在未来若干年内受生产技术与管理水平影响的管理制度的持续性调整过程中的成本因果关系，由消费者持续的收入变化和购货偏好变化等与成本之间的成本因果关系。这种分类的作用是，在成本战略决策中，根据静态与动态的成本因果关系，正确运用适当的成本战略决策的分析方法，从静态和动态角度进行因果关系链的分析。

第二节 战略价值链、成本动因和PEST分析法的结合

一、关于战略价值链分析法

战略价值链分析法，是根据企业每项生产经营活动都是创造价值的经济活动的认识，构建公司的内部价值链和行业价值链，确定价值链中每项活动所引起的成本和所创造的价值，寻找企业内部降低成本和创造价值的关键性环节，了解企业在行业中的地位和发展趋势，并且通过与竞争对手价值链的对比分析，揭示企业与竞争对手相比较所存在的差距，整合企业关键的价值链，优化企业价值链，不断提高企业竞争优势的方法。

企业内部价值链的分析，是根据波特建立价值链的基本思路建立企业内部价值链和进行价值链分析的。波特将企业的经营活动分为投入性后勤、作业、产出性后勤、营销和销售、服务等主营活动，以及采购、技术开发、人力资源管理和综合管理等辅助性活动。在这一认识的基础上，可将企业的主营活动价值链表示如下：投入性后勤——→制造——→产出性后勤——→销售——→服务，考虑采购活动可作为企业的主要经营活动，可将制造企业内部基本价

值链表示如下：采购——→材料入库——→加工——→装配——→产成品入库——→销售——→服务。

在企业内部基本价值链中，每一项活动的进行，都会导致为创造价值的活动成本的发生。前一环节活动成本会对后一环节的活动成本产生直接性影响。如采购活动所提供的材料价格将对入库材料的成本产生影响，库存材料的成本会随材料投入生产过程而对生产成本产生直接影响，通过企业内部价值链的分析，确定基本的具有增值性的价值环节和影响成本降低的关键环节，剔除不增值的价值链节，优化企业内部价值链。

行业价值链分析，是从战略上确定企业自身价值链与上游供应商价值链及与下游经销商和用户价值链的关系，通过行业价值链的一些具体经营活动，调整价值链的范围和位置，降低成本，提高企业的竞争力。在行业价值链中，处于价值链上端的价值链中的各项活动将会对下端价值链成本产生影响。供应商提供的材料价格和质量对企业采购成本、生产成本会产生直接的影响，企业价值链中各项活动又会对用户购买产品的价格和对产品的满意程度产生直接的影响。行业价值链分析的基本目的，是明确行业基本价值链，协调、整合和优化基本价值链，确定企业成本的相对地位和提高企业竞争力，确定企业与供应商和经销商及用户应建立的合作关系或战略联盟关系。

竞争对手价值链分析，是与竞争对手就企业内部价值链和行业价值链进行对比分析，揭示企业与竞争对手在成本水平和构成情况上存在的差异，在此基础上，制定有利于企业竞争的成本战略。企业之间的竞争，说到底是企业价值链和行业价值链之间的竞争。

从上述三个方面价值链分析的基本内容看，价值链分析法有以下几个方面的特点：（1）价值链中各环节的活动与成本、价值之间存在着因果关系。价值链实际上就是因果关系链。这里的因果关系有的是一因多果和一果多因的关系，有的是多因多果的关系。如，生产成本的发生是由于采购活动、生产活动和车间管理活动所引起的。（2）价值链分析中关于价值链的构建，强调的是各环节活动成本和价值的连接，战略成本管理者可以从各环节的连接上寻找降低成本和创造价值的途径。（3）竞争对手价值链分析是将价值链的因果关系分析与比较分析结合在一起进行的成本战略分析。在对比分析中，还可以采用标杆成本分析法。

二、关于战略成本动因分析法的研究

成本动因是导致成本发生的驱动性原因。在企业成本管理中，一般将成本动因分为战术性成本动因和战略性成本动因两类。战术性成本动因是指与企业具体生产作业相关的成本动因，如资源动因和作业动因；战略性成本动因是从战略上来分析对企业成本水平和发展趋势有长期影响的成本动因。波特将战略性成本动因归纳为 10 个方面，即规模经济、学习曲线、生产能力利用模式、联系、相关联系、联合、选择时机、自主政策、地理位置和政体因素。丹尼尔·赖利在波特归纳的基础上将战略成本动因分为结构性成本动因和执行性成本动因两类。

结构性成本动因是指对企业基础经济结构起决定作用的成本动因，其形成时间较长，影响范围较广，决定企业的产品成本、产品质量、人力资源、财务和生产经营等方面，一经确定，往往难以改变。这些因素往往在生产开始之前，就必须慎重对待。结构性成本动因包括的具体因素有企业规模、业务范围、学习与溢出、地理位置和企业的布局、技术等。执行性成本动因是指决定企业执行作业程序的成本动因，是在结构性成本动因形成的基础上确定的，大多数属于非数量化的成本动因，一般包括生产能力运用模式、全面质量管理、员工参与和联系等。目前我国学术界的不少学者基本上接受了这样的划分和在这一划分基础上进行成本动因分析的研究。

笔者认为，战略成本动因分析是对企业内部驱动成本发生的原因进行的分析，而影响企业成本的内部原因又可以从 5 个内部环境因素上寻找。因此，战略成本动因可以是 5 个基本的环境因素，即：经营者和所有者的收益、生产经营活动、企业管理、不包括企业文化的企业资源和企业文化。

1. 经营者和所有者的收益。经营者和所有者的收益是对企业成本的未来水平和发展趋势有重要影响的因素。有关经营者与所有者的收益方面的内容已在企业战略成本管理主体要素部分作了专门的论述。

2. 企业的生产经营活动。企业的生产经营活动包括研究开发、物资的供应、产品生产和销售等业务活动。对企业成本产生影响的关键性因素有企业的规模、业务范围、技术、生产能力运用模式、全面质量管理、价值链的联系等。企业规模的大小是指产品的生产量的大小。对企业产品成本产生影响的规模效应表现为，在固定成本一定时，产量的增大会使产品单位成本降低；当产量增大超过一定范围时，一些不经济的因素开始出现，固定成本会发生变动，使产品的单位成本有所上升。因此，如果企业的规模没有达到一定的产量范围，则可以通过兼并、扩大市场和横向一体化联合、扩大规模等战略，获得规模效应，实现低成本扩张。业务范围是指在行业价值链中由企业负责的业务活动范围。业务范围对企业成本的影响是通过扩大或缩小行业价值链中企业业务范围和增减业务活动项目起作用的。行业价值链中企业业务单元的延伸，使业务范围的后向扩展到供应链或前向扩展到消费者，完成全线垂直或部分垂直一体化的整合。这种整合可以使企业的成本有所节约和减少对原非企业业务单位负责的价值链节的依赖，减少不必要的环节，从而更为全面、完整地控制更多的行业价值链中的链节业务活动。进行企业业务范围的垂直整合应注意防止对企业不利的阶段被整合到企业的业务范围内。技术是指在企业基本生产经营活动价值链中所运用的各种技术。对企业成本和效益产生影响的技术效应是通过适时运用先进技术和进行技术创新来降低企业成本和提高获利能力的。生产能力的运用模式是价值链的一个重要成本动因。生产能力运用模式所附带的固定成本在成本总额中所占比重的越大，对产品成本的影响也就越明显。在一定产量范围内，提高生产效率是使企业成本下降的重要途径。全面质量管理是影响企业竞争力的重要因素。从成本角度来研究全面质量管理问题，就要根据质量与成本之间关系的分析，以最少的质量成本获得最优的产品质量，实现“零缺陷”的目标，确保质量在市场上的竞争优势。企业内部各种价值活动之间的联系，形成企业内部与供应商、客户之间的价值链联系。在价值链的联系中，一项活动的成本会受到前一项活动的影响，前一项活动是后一项成本的驱动因素。因此，从战略上协调和整合价值链各环节的价值活动对企业成本的降低是有重要意义的。

3. 企业管理。企业管理活动一般包括财务管理、行政管理、安全保卫、信息系统管理、构筑客户关系战略联盟和与战略伙伴关系管理等工作。这些因素也是影响企业成本的不可忽视的内部环境因素。良好的客户关系、战略联盟以及战略伙伴关系管理对企业成本的降低和竞争优势的形成有重要意义。

4. 企业资源（不包括企业文化因素）。企业资源涉及企业的地理位置、固定资产和流动资产、人力资源等因素，企业的地理位置是企业整体从空间上看所处的地方。地理位置的工资水平和税率、交通的便利程度、人文环境等是影响企业成本的重要因素。从战略上进行厂址的选择，对企业未来成本水平和发展趋势是有影响的。企业资源的配置，特别是固定资产的配置，是用较为先进的生产设备，还是用普通的生产设备，对企业成本水平是有影响的。人力资源管理实际员工的学习与溢出问题。学习的效应来自企业内部实际工作中经验的积累与专门的教育和培训。学习的溢出是向供应商、购买者、咨询部门、顾问及竞争对手等与企业生产经营管理有关的方面进行取经式的或标杆式的外部学习。通过学习和溢出，可使企业从战略上获得和保持竞争的优势。

5. 企业文化。从基本要素上看，企业文化包括企业的形象、行为特点和行为规范、共同的价值观。企业文化是影响企业成本的重要因素。企业的形象是影响社会公众的偏好和忠诚程度的重要因素。企业的生产经营要反映社会的要求，特别是反映购买或将要购买本企业产品的消费者的要求。在一定的社会要求下，企业内部在良好形象方面的支出构成了企业客观成本的内容。这部分成本也是企业的社会形象成本。企业管理上的规章制度建设对成本战略投入和员工的成本管理行为起约束的作用。企业员工在生产经营管理上的参与程度是员工对企业的责任心、进取心、士气、向心力等的具体表现，对企业成本的发生有直接的影响。员工的参与程度反映了员工所具有的共同价值观的影响程度。在战略成本管理中，应重视企业价值链各环节的员工的积极参与，树立正确的共同价值观，充分调动员工参与企业生产经营管理的积极性，消除不参与、不合作、不积极的因素，使企业生产效率有所提高，成本有所降低。

三、外部环境分析的 PEST 分析法的研究

战略价值链分析法是从产业、竞争对手和企业内部的层面上进行的分析的方法，成本动因分析法是从企业内部环境因素上进行分析的方法，而外部环境分析的 PEST 分析法是从宏观环境层面进行分析的方法。企业外部环境是影响企业成本和成本战略选择的重要因素，对其的分析应从关键性或基本因素上入手。目前在外部环境分析中常用的 PEST 分析法是对外部环境中的政治法律、经济、社会文化和技术（Political，Economic，Social & cultural，Technological）因素进行分析的。在外部环境中，自然（Nature）环境也应

列为基本的环境因素。考虑了自然环境因素的外部环境分析法，就应是PESTN分析法。关于外部环境的5个因素的基本内容已在前面作了专门的论述。在采用PESTN分析法时，要注意以下几点：（1）正确评估各个基本因素对企业成本的影响程度，找出重要的因素，根据分析确定的主要影响因素制定相应的成本战略；（2）要将各个基本外部环境因素的过去、现在与未来对企业成本的影响连接在一起进行动态分析，把握环境因素的变化规律和发展趋势，从而正确制定成本战略。进行这种动态分析，将使静态的分析法变成动态的分析法。

四、三种方法的结合：因果关系分析法

Shannon W. Anderson（2003）构造了一个将价值链分析与战略成本动因分析、结构性成本管理与执行性成本管理相结合的战略成本管理模型。笔者认为，战略价值链分析法、成本动因分析法和外部环境分析的PEST分析法这三种方法的共同特点就是进行成本的因果关系分析。因此，可以将这三种方法结合在一起，形成结合型的因果关系分析法。因果关系分析法是对企业内部生产经营链和其他方面的成本因果关系、产业链成本因果关系及外部环境的成本因果关系进行分析的方法。结合在一起的因果关系分析法如图10-1所示。

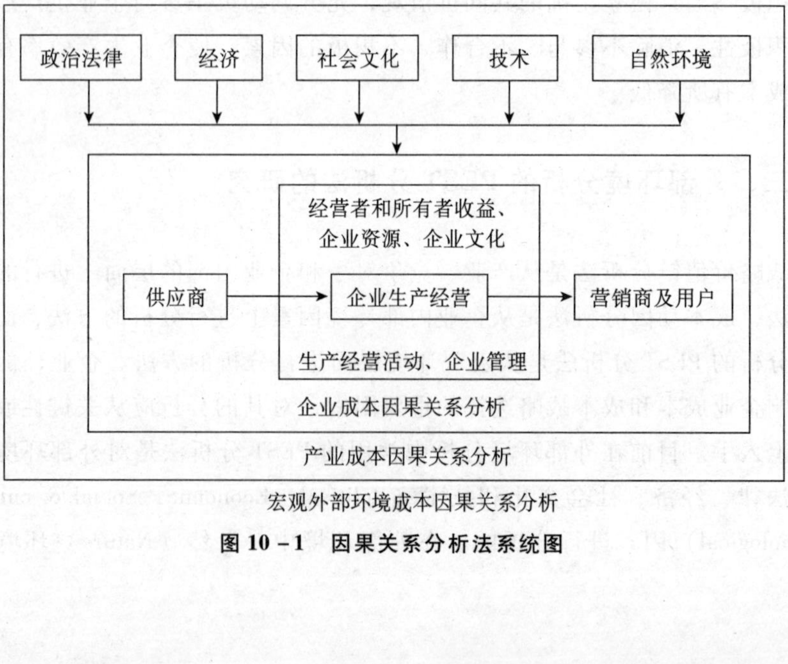

图10-1 因果关系分析法系统图

进行因果关系分析时，应注意分析成本外部与内部因果关系、主观与客观因果关系、主要与次要因果关系、必然与偶然因果关系、简单与复杂因果关系、静态与动态因果关系，在这一基础上制定正确的成本战略。

第三节 企业成本战略决策的比较分析法原理

比较分析法的运用应具备可比较性、信息资源的充分性和异同的可评估性等条件。按一定标准可将比较分析法分为横向比较分析法与纵向比较分析法、宏观比较分析法与微观比较分析法等。本节将在现有的企业成本战略决策的比较分析法的基础上，对比较分析法进行深入与全面的研究，建立比较分析法的完善体系，以推动企业成本战略分析理论的发展和指导实践。比较分析法的研究，是对多种比较分析法进行的理性思考和系统的整合，确定运用比较分析法的正确思维和运作路径。对比较分析法的研究，应在现有方法的基础上有所发展，有所创新，理顺方法和提升方法的理论层次。

一、比较分析法运用的基本条件

企业成本战略决策的比较分析法是指将关系企业长期性、全局性和根本性发展的企业内部与外部的成本信息资源在一定时间和空间范围内进行比较，找出相同点和差异点，对企业成本发展方向和战略地位的确定做出战略决策的一种方法。运用比较分析法，有利于全面审视一定环境下的企业竞争状况和条件，把握企业成本的发展趋势和了解存在的差距，整合企业的生产经营管理过程，为企业的长期稳健发展和获得持久的最大利润确定战略目标。

企业成本战略决策的比较分析法在运用中应具备以下几个基本条件：

（一）可比较性

它是指用于比较分析的成本信息资源在内容和口径等方面所具有的相同性和联系性的条件。成本信息资源在内容上的可比较性是指成本信息资源在内容上具有的对应性和联系性，这种联系性是成本信息资源在比较上具有的因果性或关联性。成本信息资源在口径上的可比较性是指成本信息资源比较的对等性。将企业内部成本信息资源与外部成本信息资源进行对应性和对等性的比较，判断企业在成本方面所存在的差距；将现在成本信息资源与历史和将来成本信息资源进行对应性、对等性和联系性的比较，了解成本变化的过程、存在的差距和今后努力的程度，判断方案的可行性和优劣。

（二）信息资源的充分性

它是指进行企业成本战略决策的比较分析，应有足够的成本信息资源的条件。只有拥有足够的成本信息资源，才有可能进行全面的分析和做出正确的决策。足够的成本信息资源应是必备的和比较确定的成本信息资源。达到绝对确定性的成本信息资源是完全成本信息资源，否则是不完全成本信息资源。企业应建立成本信息资源的收集、加工、处理和传递等的系统，保证提供源源不断的和多种多样的成本信息资源，以满足比较分析的需要。

（三）异同的可评估性

它是指比较分析法应能对在比较分析中出现的差异点和相同点进行评议和估价的条件。这里的评估是对各种差异与相同之处在组合上的评估。比较分析法的异同评估表现在对比较项目的性质、时间范围、空间范围、信息资源是否完备等的审定和对项目在比较分析中出现的异同点进行准确性、可靠性、相关性和全面性的评估上。在评估时要充分考虑影响企业成本的各种因素，可以通过建立一定的数学模型进行定量评估。评估的过程也是一个成本信息资源鉴别、过滤、计算和确定的过程。

对比较分析法可按一定的标准划分。按比较分析对象的时间范围，可以将比较分析法分为横向比较分析法与纵向比较分析法；按比较分析对象的空间范围，可以将比较分析法分为宏观比较分析法与微观比较分析法。本节将主要对纵向比较分析法和横向比较分析法进行深入研究，对宏观比较分析法和微观比较分析法进行简要说明。

二、横向比较分析法——静态比较分析法

横向比较分析法，亦称静态比较分析法，是就同一时期企业内部成本信

息资源与外部成本信息资源进行比较分析的方法。一般来说，这类方法是比较分析一定时期本企业内部成本信息资源与外部同行业其他企业和非同行业单位及其他有关方面的成本信息资源的方法。前述几种目前提到的比较分析法是本企业与同行业其他企业（竞争对手）成本信息资源的横向比较分析法。

本企业与同行业其他企业成本信息资源横向比较分析法的内容主要有以下几个方面。

（一）企业外部成本信息资源的获取

充分搜集同行业其他企业在一定时期的与成本有关的信息资源是这种方法的重要内容。在市场经济条件下，企业成本报表不对外公开，企业无法直接获得同行业其他企业的成本信息。因而，企业所获取的用于比较分析的成本信息一般是靠推算确定的。推算的主要方法有：（1）倒推算法。它是根据竞争对手销售产品的售价和一定的利润率来倒算竞争对手销售产品成本的方法。（2）拆卸推算法。（Tear－Down Analysis Method）亦可称该法为顺推算法。它是通过拆卸竞争对手产品，逐一估算拆卸的零部件成本，再汇总确定产品总的成本的方法。在拆卸推算成本的同时，也对竞争对手产品的功能、质量、外观和生产过程等进行分析。（3）综合推算法。它是综合了第（1）和第（2）两种方法，同时考虑其他可以获得的成本信息资源，最后估算竞争对手产品成本的方法。实际上，在通过各种渠道搜集竞争对手成本信息资源基础上确定的竞争对手产品成本是各种成本信息资源综合的结果。邯郸钢铁总厂就是根据市场上同行业和同类型企业生产同种产品的销售价格和一定的利润率倒推算市场参与者的产品成本，并在这一市场的产品成本基础上结合考虑本企业历史最好成本水平确定有竞争优势的目标成本的。

（二）企业成本信息资源的比较研究

就一定时期的内部与外部成本信息资源围绕一定的主题进行比较研究，从中找出对企业成本发展有重大影响的因素和确定重大因素的影响程度，以便在此基础上做出有利于企业长期发展、确定竞争优势和战略地位的决策。成本信息资源的比较研究包括一般比较研究和具体比较研究。（1）一般比较研究。就一定时期企业与同行业其他企业的成本信息资源进行的总体上的比较研究，一般性的了解同行业企业之间重大的成本差异点和相同点及造成异同点的主要影响因素，同时在多种产品中找出有重大成本异同点的产品，以便在此基础上进行具体的比较研究。(2) 具体比较研究。它是对有重大成本异同点的产品以及有市场竞争潜力和可望获得较大利润的产品进行具体的比较研究。在一般比较研究和通过拆卸竞争对手产品获得结构成本、功能信息以及其他信息的基础上，对企业之间结构成本与功能等进行比较研究，为做出在市场上有竞争力的产品成本和功能的确定决策提供令人信服的决策数据。

（三）选择适当的企业成本策略

在成本信息资源比较研究的基础上，可以根据比较研究的结果选择适当的企业成本策略。企业可选择的成本策略主要有：(1) 降低成本，以低产品成本取得竞争优势的策略。成本领先战略的基本思想就是企业以市场上最低产品成本保证在同行业、同类型企业中的领先地位。采用这一策略，要求企业将产品生命周期全过程成本予以降低和对产品市场寿命周期成本予以控制，使成本水平处于有利的低位。这种策略对于企业有潜力通过改善生产经营管理最大限度降低成本并使产品成本处于领先地位的产品是适用的。(2) 调整成本，突出特点，并以突出点取得竞争优势和获得最大利润的策略。这里的调整成本是指因突出产品及经营管理的特点而对成本进行的调整。突出特点涉及的内容较多，一般包括产品的功能、质量、外观、广告宣传、销售后的特别服务、社会效益、文化品味、风俗习惯以及满足消费者的其他特别的要求。这里的突出点也是本企业产品与同行业其他企业产品的差异点。突出特点还可按对手弱我强、对手强我调（产品及成本调整）、对手无我有、对手有我变（产品及成本变化）的原则进行。一切能使企业取得长期竞争优势和持久获得最大利润的突出点都应是企业成本战略分析所要选择的突出点。(3) 标杆成本（Benchmark Cost）策略。这是以竞争对手的先进成本水平为依据来确定企业成本战略目标和定位的策略。我国邯郸钢铁总厂的目标成本管理从某种意义上说采用的就是标杆成本策略。(4) 追踪修正成本策略。它是根据企业内部与外部成本信息资源比较结果的变化，采用精炼贝叶斯均衡的信号传递模型调整企业成本及其管理的策略。(5) 产品及成本的市场定位策略。在对相关成本信息资源比较研究的基础上，确定有市场竞争优势的产品及成本是企业可能长期获得利润的关键。这一策略对于开发的新产品和改造的老产品是适用的。

除了本企业与同行业其他企业成本信息资源的比较分析法外，还有企业成本社会经济环境比较分析法。企业成本社会环境比较研究法是将企业置于社会经济环境中与各相关企业或单位和其他有关方面的一定时期成本信息资源的比较分析，从而做出给企业成本在社会经济环境中定位和确定发展方向决策的方法。这种方法在比较的范围上比前一种方法要宽一些。

三、纵向比较分析法——动态比较分析法

纵向比较分析法，亦称为动态比较分析法，是指将历史、现在和将来的企业内部与外部的成本信息资源结合在一起，从时间上进行比较分析的方法。这种方法可称为“源流发展比较分析法”。采用这类方法进行比较分析，是根据事物发展具有延续性的特点，将现在与过去企业成本信息资源相比较，确定差异和了解发展趋势，进而测定未来成本水平的；也是根据一定时间差的原理，将一定时期不同时点的成本与价值置于同一时点或不同时点进行对比分析，对长期投资方案做出决策的。纵向比较分析法一般包括时态成本比较分析法、同一时点成本与价值比较分析法、不同时点成本与价值比较分析法和标准比较分析法等。

（一）时态成本比较分析法

它是指通过对不同时态成本（历史成本、现在成本和将来成本）信息资源时间关系链的比较分析，确定重大差异、变化特征和趋势，在此基础上做出战略决策的方法。这种方法既可用于企业内部成本信息资源的纵向分析，也可用于对企业外部成本信息资源的纵向比较分析；分析的重点应是时态成本信息资源时间关系链中的重大差异和产生重大差异的原因（如生产和销售规模、功能和服务效应等）。在对企业成本信息资源进行时态成本比较分析时，一般用现在成本水平与历史先进成本水平比较，再推测将来成本水平。对企业成本信息资源的连续性和周期性比较分析，有利于企业做出符合成本发展趋势的战略决策。

（二）同一时点成本与价值比较分析法

它是将初始点的成本（t_0值）与将由这一时点投入资金（成本）所带来的将来若干时点现金流入量（t_n值）折算为初始点时的价值进行对比分析，以确定长期投资方案可行性和判断优劣的方法。这类方法包括投资回收期法、净现值法、内含报酬率法和现值指数法等。它的特点之一是考虑了货币的时间价值，使一定时期内多个不同时点的价值与成本可以在同一时点上进行比较分析。关于这类方法在管理会计的教科书上有详尽的介绍。

（三）不同时点的成本与价值比较分析法

它是将一定时期初始点的成本与由这一时点投入资金（初始点成本）所带来的将来的现金流入量在不考虑货币时间价值条件下进行比较分析，评价长期投资方案可行性和优劣的方法。这类方法有投资回收期法和投资报酬率法等。一般认为，没有考虑货币时间价值的不同时点成本与价值比较分析法是静态分析法（Static Analysis Method）。笔者认为，这类方法比较的内容涉及一定时期内的变化值，是在不同时间状态下的比较分析，尽管没有将现金流入量折算为原始投资时点时的价值，但仍应看作是动态比较分析法。

（四）标准比较分析法

它是以一定时期内在起始点已有或专门制定的成本标准为依据，将终点值与成本标准进行比较分析，做出战略决策的方法。这种方法中的成本标准类似于历史成本，但可以不是历史实际成本，可以是行业内和集团内公开的成本指标和企业专门制定的成本标准。终点值可以是一定期间的现在实际成本值，也可以是预测的将来成本值。在比较分析时，要根据比较确定的重大差异点及造成差异的重大原因选择适当的改善经营管理的策略。

四、宏观比较分析法与微观比较分析法

宏观比较分析法是指从空间范围上将企业置于宏观环境下进行成本信息资源的横向和纵向比较分析的方法。它是从企业与国内外同行业其他企业和非同行业其他单位及其有关方面的联系和要求上，比较分析成本信息资源，

从而确定差距和地位及做出决定发展方向的战略决策的。微观比较分析法是对企业的生产经营管理活动所进行的具有长期性、全面性和重大性的比较分析的方法。它是从企业内部各生产经营管理环节和成本因果关系链上进行的成本信息资源的比较分析。

第四节 战略定位分析法的研究

战略定位分析法，是在全面了解和分析企业外部环境和内部环境的基础上，从宏观环境上确定企业生存和发展的地位，并通过比较分析企业的优势、劣势和机会、威胁，确定企业在行业、市场和竞争中的战略地位的方法。战略定位分析法中的 PESTN 分析法已作为因果关系分析法在前面作了论述，下面对 SWOT 分析法、5 种力量分析法、波士顿矩阵分析法、竞争战略成本分析法和标杆成本分析法这 5 种战略定位分析法进行专门研究。

一、企业内外部环境分析的 SWOT 分析法

SWOT 分析法，亦称 SWOT 矩阵分析法，是分析本公司与竞争对手相比较所具有的技术、经济资源、组织资源、员工素质、联盟和合作伙伴、市场营销等方面的优势和劣势（Strength & Weakness），以及企业在一定外部环境条件下所面临的市场机会和威胁（Opportunity & Threat），并以分析判断的结果为依据，制定成本战略的方法。在采用这种方法进行分析时应注意的问题是：（1）确定和分析与竞争对手相比较的关键性内部环境因素，这些因素对企业有重要的影响，确定企业的优势与劣势；（2）确定和分析对企业有重要性影响的外部环境因素，确定企业面临的外部机会和威胁；（3）综合企业优势、劣势和企业面临的机会、威胁，得出综合了有利与不利条件后的 4 种组合方式。这 4 种组合方式的确定为企业战略成本管理提供了科学的依据。SWOT 分析模型可用图 10－2 表示如下：

	企业优势（S）	企业劣势（W）
市场机会（O）	（SO）发挥和巩固优势，充分利用机会	（WO）克服和改变劣势，充分利用机会
市场威胁（T）	（ST）利用和巩固优势，回避和化解威胁	（WT）减少和改变劣势，回避和化解威胁

图 10－2　SWOT 分析模型图

关于 SWOT 分析法，笔者认为，除了一般 SWOT 分析模型所提出的对策外，在每种组合中还要增加对策。在 SO 组合中，增加“巩固优势”的对策，在 WO 组合中增加“改变劣势”的对策，在 ST 组合中增加“巩固优势”和“化解威胁”的对策，在 WT 组合中增加“改变劣势”和“化解威胁”的对策。上图中所显示的对策就是加上了新的对策后的 SWOT 分析模型图。这些对策的提出，使这里的 SWOT 分析法有别于一般的 SWOT 分析法。基于企业内外部环境的综合分析，企业应做出 4 个方面的对策：（1）在 SO 组合时，不仅要发挥优势，还要巩固优势，充分利用和进一步寻找机会；（2）在 ST 组合时，要发挥和巩固优势，回避和化解威胁；（3）在 WO 组合时，要减少和改变劣势，充分利用和进一步寻找机会；（4）在 WT 组合时，要减少和改变劣势，回避和化解威胁。在不同组合和对策制定的思路下，就会有不同的成本战略对策。企业应根据 4 种组合来安排成本的战略投入。例如，在 SO 组合中，要制定的成本战略对策不仅只是发挥优势和利用优势的成本战略对策，而且还要制定巩固优势和进一步寻找机会的成本战略对策，否则，可能使已有的优势和到手的机会丧失。可以制定的巩固优势的成本战略对策有在产品的设计与开发、产品质量的提高和加强售后服务等方面加大成本投入的战略对策。在分析时，注意要用发展的眼光看待优势、劣势与机会、威胁这 4 个因素。这 4 个因素不是绝对稳定不变的。在一定条件下，企业原有的优势可能转变为劣势，原有的劣势可能转变为优势；原来面临的机会可能转变为威胁，而原来的威胁可能转变为机会。

二、产业分析的 5 种力量分析法的研究

企业制定成本战略，应将企业与所处环境相联系，特别是与所处的参与

市场竞争的产业环境相联系。按照波特的观点，一个行业中的竞争，存在5种基本的竞争力量，即潜在竞争对手的进入、现有企业之间的竞争、替代品的威胁、供应商的讨价还价和购买方的讨价还价。波特根据这5种竞争力量，提出了5种力量分析法。通过对这5种力量的分析，正确评价企业在所处行业中的状况和发展前景，了解企业面临的机会和威胁，以便在这一基础上制定正确的成本战略。5种力量分析法要分析的5种力量是现在的竞争对手、潜在的竞争对手、替代品制造和销售者、供应商及购买者。

1. 现在竞争对手的分析。现在竞争对手的分析，是对产业各个作为竞争者的企业之间的竞争方式、竞争关系和强度所进行的比较分析。需要分析产业内现有竞争对手的有关情况有：竞争者数量的多少及力量的对比、市场增长的快慢、固定成本和库存成本的高低、产品的差异性和转换成本、产业生产能力的增减幅度、退出产业的障碍和代价的大小等。

2. 潜在竞争对手的分析。潜在的竞争对手是指随时有可能从产业以外进入某产业的竞争企业。潜在竞争对手的进入，会对本产业现有企业注入活力和构成威胁，使竞争的激烈程度加大。进入威胁的大小主要取决于下列一些因素：规模经济、产品差异、资本需求、转换成本、销售渠道、其他的成本优势，以及现有企业对进入者的反映程度。

3. 替代品产销者的分析。替代品及其产销者的出现，对本产业内的企业生产经营会产生的影响是低于现有企业产品价格的替代品的出现所构成的威胁、替代品生产和销售者成为新的竞争者进入的威胁、潜在的替代品产销者进入的威胁等。由于存在替代品及其产销者的出现，使产业内竞争者的外延在扩大，对企业成本管理自然会构成压力。替代品产销者的分析，有助于企业及时做好应对替代品及其产销者加入竞争的准备。

4. 供应商的分析。供应商对企业生产经营的影响不仅仅是价格方面的影响，还有产品的质量、提供产品的能力（时间长短、数量大小和集中程度等）和货源对企业生产经营也会产生影响。供应商提供材料的价格、质量、提供能力和货源等因素会对企业的采购成本和质量成本产生直接的影响。对不同供应商供货情况的比较分析，有助于从中选择对企业成本的战略控制最为有利的供货渠道。

5. 购买者的分析。购买者对企业生产经营的影响表现为购买者对企业产品数量、质量和功能上的要求不同及购买者讨价还价能力的不同。决定购买者讨价还价能力的因素主要有购买者的集中程度、从产业购买产品的标准化程度、转化成本、购买方的盈利能力和所掌握的信息等。购买者在产品质量和功能上的要求，迫使企业在质量成本控制上的投入加大和在产品功能改造或产品功能创新上的成本投入增加，制定价值创新的战略，以价值创新来驱动购买者的购买力。

有学者认为，5 种力量分析模型将供应商和购买者均看作为竞争力量，而忽视了他们可能与企业合作结成联盟而使双方受益的情况。笔者认为，对 5 种力量都需要用发展的眼光看待。在 5 种力量中，不仅供应商和购买者可以由竞争力量转化为合作力量，而且其他 3 种力量也可以由竞争力量转化为合作力量。导致 5 种力量转化的关键因素是共同的利益。实际上，的确也存在不少为了共同的利益而将原来的竞争力量转化为合作力量的实际例子。因此，在对 5 种力量进行分析时，不应仅仅考虑竞争的因素，还应考虑合作的因素。另外，在对 5 种力量进行分析时，还应将 5 种力量各自过去、现在和将来的情况连接在一起分析，适时把握企业面临的机会和应对威胁。

三、市场分析条件下的波士顿矩阵分析法的研究

波士顿矩阵分析法是 20 世纪 60 年代由美国波士顿咨询小组发明的一种方法。波士顿矩阵分析法，又称产品（业务）组合矩阵分析法、市场增长率——相对市场占有率矩阵分析法，是根据市场增长率和相对市场占有率分析产品（业务）的 4 种组合情况的方法。企业要根据分析的情况，确定产品的市场竞争战略。相对市场占有率，也称为相对市场份额，是本企业某产品的本期销售额与除本企业以外该产品市场销售额最大的企业本期销售额的比率。该项指标反映本企业市场占有额与最有实力企业市场占有额相比较而形成的一项指标。相对市场占有率高于 1 表明企业市场占有率处于领先。市场增长率是指本企业产品的本年销售额与上年销售额的差额，与上年该产品销售额的比率。根据相对市场占有率和市场增长率所确定的波士顿矩阵的四种产品（业务）组合情况如图 10 - 3 所示。

在采用波士顿矩阵分析法进行分析时，应注意产品将来的市场走向或变化，而不是仅仅以产品的目前市场状况为依据。从长期发展情况看，有的产品在性质上会发生变化。原来的问题产品可能会转变为明星产品，而原来的

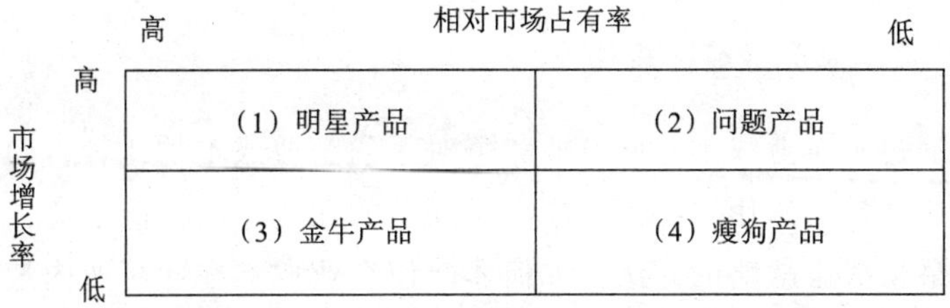

图 10－3　波士顿矩阵的产品组合图

明星产品可能转变为金牛产品。当产品性质发生变动，相应的成本战略也要做一些必要的调整。基于这一认识，对 4 种产品组合的思考分别是：（1）明星产品。这类产品是具有高市场增长率和相对市场占有率的产品，显然是市场上有较大的竞争优势的产品，要保持产品在市场上销售的现有优势，获得持续的高收益，就要加大在成本上的投入，多产多销，以巩固这类产品的市场优势和增强优势。同时，也要密切关注这类产品的市场变化，防止优势的转变，如替代品的进入就可能威胁这类产品的市场优势地位。（2）问题产品。这类产品是具有高市场增长率和低相对市场占有率的产品。对这类产品，为了提高相对市场占有率，可在市场开发上与最有实力的企业同类产品的市场状况相比较，找出问题的症结，采取一定的办法解决存在的问题。是否放弃这类产品的市场销售，还取决于是否有更好的产品来替代。（3）金牛产品。这类产品是具有低市场增长率和高相对市场占有率的产品。对这类产品在战略上要解决的问题是如何提高市场占有率。在市场开发上有必要加大成本的投入和加强对竞争对手（特别是最有实力的竞争对手）的比较分析，根据分析的结果制定市场竞争战略。（4）瘦狗产品。这类产品是具有低市场增长率和低相对市场占有率的双低产品。对这类产品来说，在有更好的产品来替代时，可以停止成本的投入而转让退出。

四、竞争战略成本分析法的研究

这里所说的竞争战略是波特提出的成本领先、差异化和目标聚集三种基本竞争战略。这三种基本竞争战略的制定是建立在企业与竞争对手的有关项目的比较分析的基础上。

（一）成本领先战略分析法

它是通过本企业成本与同行业竞争对手的企业成本的比较，确定成本差异，在这一基础上采用一些使成本有所降低的办法，制定低于竞争对手或在同行业内最低成本战略的方法。如何才能使企业成本在同行业内最低呢？可以通过对企业价值链的管理和对企业价值链进行改造以及对行业价值链进行改造来降低成本。人们一般注重对企业价值链进行改造，实际上对行业价值链进行改造也是降低成本的一种好的办法。进行企业价值链的改造，就是要对价值链进行整合，消除不能为企业最终价值实现做出贡献的非增值环节和不合理的高成本环节，使成本有所降低和企业取得成本领先的地位。价值链的改造，是针对企业内部和行业价值链进行的，也可与竞争对手价值链进行比较，寻找要改造的关键环节。改造价值链的方法主要有：简化和改进产品的设计，与供应商价值链、营销商和用户价值链的整合，材料采购环节的控制，生产创新和自动化，新的广告战略管理等。需要指出的是，企业不能单纯为了降低成本而制定低成本战略，而应在获利水平一定的条件下，为适应和驱动市场而确定低成本战略。在制定低成本战略时，成本与所获得效益之间的关系是必须考虑的重要关系。除了从价值链的管理和改造上去寻找降低成本的途径外，还可以通过对成本动因的分析来寻找降低成本的途径。

（二）差异化战略分析法

差异化战略是指为了使产品在性能、特点、技术、设计名牌形象、服务等方面与竞争对手的产品有所不同而获得差异效果所采取的战略。从战略成本管理上看，在企业产品差异化上所投入的成本应能给企业带来额外的收益。为了形成产品差异化，企业需要对购买者的需求、价值观和忠诚度，以及差异形成技术上的可能性进行分析。企业内部的研究开发能力和营销能力等是差异化战略实施的保证条件。采取差异化战略，既有利于企业适应市场的需求，也有利于驱动市场的需求，引导消费者的购买趋向。在采用差异化战略时，也要注意防范因为产品差异的新出现或不适应市场需求导致消费者不接受而造成的风险，以及差异化不明显和过度差异化给企业生产经营带来的风险。据报载（2004 年），我国某企业集团曾想以技术再造差异化战略，但相对于另外两家大型企业的国际化和多元化战略来说显得差异化不明显，因此没有带来所期望的经济效益。

（三）目标聚集战略分析法

目标聚集战略是企业将经营活动集中于某一特定的购买者群体、某产品线的某一细节的部分或某一地区的市场上的一种战略。目标聚集战略又可分为成本聚集战略和差异聚集战略两种形式。在成本聚集战略下，企业要求的是目标细分市场上的低成本优势；在差异化战略下，企业寻求的是目标细分市场上的差异化优势。在采用目标聚集战略时，企业应注意采用这一战略的适用条件和存在的风险，应做好风险的防范工作，以保证企业能够获得持久的竞争优势。

五、标杆成本分析法的研究

标杆成本分析法是通过本企业的成本与竞争对手或先进企业成本（比较的基准）的比较分析，揭示存在的成本差异，以便在这一基础上制定有利于企业发展的成本战略的一种比较分析法。采用这一分析方法，先要确定用于比较的基准成本。在分析时，就本企业与其他企业的价值链活动和流程进行成本及管理方式的比较分析，寻找控制企业成本的最佳方法。另外，企业还可以通过对导致成本发生的不同成本动因进行本企业与被比较企业的成本因果关系分析。在采用标杆成本分析法时，很重要的一点就是需要有较为完备的成本信息系统的支持。武汉钢铁总公司在 1999 年采用类似标杆成本分析法的“对标”方法进行与成本有关的战略管理，取得了明显的成效。武钢技术部研究所从 1999 年起组织专人搜集国内外同行业每吨钢消耗记录的资料，进行对标战略管理，按年度分解对标目标，进行消耗的控制，保证总的战略对标目标的实现。例如，1999 年炼一吨钢的实物消耗量世界记录为 1111 公斤，武钢的这一数值是 1121 公斤，2000 年为 1118 公斤，2001 年为 1117 公斤，到了 2002 年下降到 1110 公斤，比世界记录还少 1 公斤，跨越了历史标杆，创造了新的世界记录（冯南方、王南方、白方，2004）。

主要参考文献

Henry Mintzberg：《公司战略计划（The Rise and Fall of Strategic Planning)》，云南大学出版社 2002 年版，第 28 页。

杜滨："管理会计发展的新趋势"，《财务与会计》2001 年第 2 期：第 44—45 页。

林文雄："美国管理会计研究之五大方向"，《国际会计与财务研究论丛 (Review of International Accounting and Finance)》，企业管理出版社出版，1997 年第 4 期，第 153—158 页。

刘丽敏、边秀端："战略管理思想在企业实践中的运用"，《财务与会计》2001 年第 11 期：第 56—57 页。

马兰："竞争对手会计简述"，《财务与会计》2002 年第 1 期：第 43—44 页。

欧阳清："成本会计的发展趋势及我们的对策"，《财务与会计》1999 年第 11 期：第 9 页。

第十一章　成本战略决策、成本战略和实施问题

为了有效地进行战略成本管理，需要做好成本战略决策工作。在企业成本战略决策中需要遵循一些相互独立和相互联系的基本原则。根据战略成本管理基本思想制定的成本战略应是针对外部环境制定的适应和驱动外部环境以及针对内部环境制定的成本战略。战略成本管理的过程包括战略制定和战略实施两大步骤。成本战略制定过程包括成本战略分析和决策的内容。按战略成本管理的过程将成本战略管理的方法分为成本战略制定方法和实施方法，对成本战略实施方法可按实施的内容划分为若干种方法。

第一节　企业成本战略决策的基本原则

在企业战略成本管理中，战略成本管理者需要运用成本战略分析方法，在对企业所处外部环境和内部环境分析的基础上，选择确定不同层次的成本战略。选择的过程是一个决策的过程。企业成本战略决策的运作需要遵循一些基本原则，这些基本原则有满足战略决策需要的成本信息资源的信息量最大化的原则，分析、综合和选择科学化原则，决策调整动态化的原则和决策风险最小化的原则等。这几项基本原则是相互独立和相互联系的有机整体，包含了成本战略决策全过程的基本要求。

企业成本战略决策是企业最高领导者对与成本相关的涉及全局、长远和重大的经济活动进行的决策。为了确保企业成本战略决策的有效进行，有必要明确企业成本战略决策的基本原则。笔者认为，在企业成本战略决策中应遵循的基本原则有信息量最大化原则，分析、综合和选择科学化原则，调整动态化原则和风险最小化原则等。这几项原则是成本战略决策过程的事前、

事中和事后决策环节应遵循的基本原则。事前决策环节要求提供含有最大化信息量的成本信息资源，事中决策环节要求科学地进行决策的分析、综合和选择，事后决策环节要求进行动态化的决策调整。风险最小化原则是决策的事前、事中环节和事后环节都应遵循的原则。企业成本战略决策基本原则的提出，对于发展成本战略决策理论和指导成本战略决策的具体操作有重要的意义。

一、信息量最大化原则

在进行成本战略决策时，企业应取得和开发成本信息资源，为决策提供有充分信息量的成本信息，满足成本战略决策在分析、综合、策略选择、调整和风险的防范等方面的需要。最大信息量的成本信息资源是成本战略决策准确性的重要依据和基础。信息量最大化是指对成本战略决策的有用性达到最大化，或者说是指满足成本战略决策需要的程度达到最大化。信息量最大化有多种衡量的标准，包括可靠性、全面性和内容的相对确定性等标准。

（一）可靠性

可靠性的成本信息资源是真实反映有关对象情况，成本决策可以采用的成本信息资源。这种真实的反映应有一定的证据来证明。这些证据有多种形式。有人曾将企业的信息资源分为口语信息资源、文献信息资源和网络信息资源三类（霍国庆、杨英，2001）。如果说电子网络信息资源是有参考价值的电子图书资源，那么就可以将电子网络信息资源划归于文献信息资源。口语成本信息资源的证据包括谈话、咨询、会议讲话、教学、广播、电视和电话等；文献成本信息资源的证据包括公开的财务报告、会计凭证、会计账簿、企业的规章制度文件、政府文件、书报杂志、会议论文、参观的总结报告、商业广告、产品说明书和价目表、有关的合同、内部资料、图表图纸、录音带、磁盘、光盘和电子网络资料（目前已有企业市场竞争情报网提供一定的市场竞争信息）等。实际上，有价值的口语成本信息资源经过加工处理后，也会转变为文献成本信息资源证据。

（二）全面性

全面性的成本信息资源是指与一定决策目标相联系的、包括了时间和空间范围的各方面总和的成本信息资源。片面的信息资源会对企业成本战略决策产生不利的影响。进行某项成本战略决策应尽可能搜集决策所需要的成本信息资源。例如：进行本企业与同行业其他企业（竞争对手）成本战略决策的比较分析时，要从时间和空间范围上全面搜集竞争对手的成本信息及其他与成本有关的信息，如产品功能、结构、质量、价格、广告宣传、销售和销售后服务、生产规模及相应的成本信息和社会要求、政府作用等信息，保证企业成本定位和确定成本竞争优势决策在信息资源上的需要。

（三）内容的相对确定性

内容相对确定的信息资源是对一定的决策对象认识的确定程度相对较高的成本信息资源。一定的决策研究对象确定性程度越高，对准确做出战略决策就越有利。绝对确定的成本信息资源也是完全成本信息资源。为达到相关成本信息资源信息量最大化，需要做好成本信息资源搜集的组织和鉴别工作，扩大成本信息资源获取的渠道，提高成本信息资源的质量，保证充分提供满足成本战略决策需要的可靠、全面和相对确定的成本信息资源。在取得成本信息资源的基础上，还必须对取得的成本信息资源进行加工、整理、汇总、分类和转换等开发工作，增加成本信息资源在成本战略决策中的可利用价值，为决策提供适用的成本信息资源。

二、分析、综合和选择科学化原则

在取得和开发成本信息资源的基础上，应进行科学的分析、综合和策略的选择或决定。分析、综合和选择或决定策略的科学化表现在决策的基本要求、程序和方法的科学化上及专家研究和利用集体智慧等方面。

（一）基本要求、程序和方法的科学化

在企业成本战略决策过程中，应根据成本战略决策的基本要求，按照一定的程序，运用一定的方法，分析和综合各有关方面的因素和相互关系，对未来成本水平和发展趋势做出战略决策，使战略决策达到科学化水平。成本战略决策的基本要求是多方面的，如成本领先要求、核心竞争力条件下的成本要求和企业长期获得较高利润的要求等。企业成本战略决策的程序包括战

略目标的确定、找出影响战略目标成本的因素和做出最佳的策略选择这三个基本步骤（许亚湖，2002）。在这种“目标—因素—选择”的决策程序模型中，战略目标成本是由主观成本与客观成本或主动成本与被动成本所组成，战略目标成本影响因素是战略目标成本的约束因素。从长期、全面和根本性上看，影响战略目标成本的因素主要有所有权收益与经营权收益、社会的效益与政府的作用、市场的状况与经济的动向、科技的进步与教育和培训等。在全面分析和综合考虑各种影响战略目标成本的因素的基础上，选择使战略目标成本最小的策略。

（二）专家研究和利用集体的智慧

Henry Mintzberg（2000）认为“专家是指对一个方面有充分的了解从而能避免所有的过错而不致引起重大失误的人。”专家应是有高水平的专业知识、丰富的经营管理经验、成熟的分析判断、综合和创造能力的人。专家研究是在股东大会、董事会和有战略决策权或参与战略决策的经理人员中的内部专家和邀请的或咨询的外部专家对一些战略决策项目进行科学研究，提出策略是否可行的意见，从而保证决策的高水平人士。利用集体的智慧是指利用参与决策人员的集体智慧分析决策项目，提出是否可行的意见，充分保证最终做出的决策尽可能考虑各有关方面的合理意见。

三、调整动态化原则

企业成本战略决策过程不是静态过程，而是动态的过程。在企业成本战略决策做出后，一些影响战略目标成本的因素可能会发生与做决定时不同的变化或出现新的情况。有的因素在过去的信号比较弱而现在比较强，有的因素过去没有什么信号而现在有明显的信号，有的因素过去有信号而现在却消失了。因此，在企业成本战略决策中应根据变化的情况适时对决策的目标或策略进行调整，使成本策略适应新的变化，跟上变化的趋势。例如，企业根据竞争对手的产品售价的变化和其他变化的成本信息及市场经济动向等，采用精炼贝叶斯均衡的“信号传递模型”进行成本竞争优势策略的追踪调整。进行动态化的调整，要对确已发生变化的因素或条件进行检核，认为确实有必要调整原来策略时才进行调整，一般情况下不应随意变更原有的策略。

四、风险最小化原则

在企业成本战略决策中，应做好决策风险的防范工作，使成本战略决策的风险最小化。成本战略决策风险是指由于对有关事项分析判断、综合和策略选择的错误，对有的因素或策略未能进行研究和原来的决策依据的条件或因素突然发生了变化等给企业带来重大损失的可能性。成本战略决策风险在一定条件下是客观存在的。Henry Mintzberg（2000）认为，“我们知道动态的情况反复与我们作对，使我们不能将此过程确定成一个预先的安排或者一个预定的轨迹。战略难免表现出一些意外特征，既使经过深思熟虑，也会觉得不完善。”决策风险的防范可针对产生风险的原因进行。

要使战略决策风险达到最小，应做好以下几个方面的工作：（1）决策错误可能性的分析判断。要对在成本决策上可能出现的错误认识或决定做事先的分析判断，避免错误决策的产生。例如：一些能使企业成本短期领先但却长期无法获利的认识或决定及目标虽然聚集但企业无法获得长期和全面竞争优势的认识或决定等，都是成本战略决策中应注意和舍弃的。（2）决策可能分析不到或没有做出的决定的事先预测。决策是在现有的成本信息资源的基础上进行，将来可能出现一些超出现有信息资源的其他因素，影响决策目标和已有的策略，而这些在决策中又没有分析到或做出决定。因此，有必要对可能分析不到的事项和有关的影响因素进行事先预测，确定相应的措施。一旦出现在预测范围内的事项或影响因素，就可以采取相应的措施应对，减少原有决策研究不到带来的损失。（3）原有条件或因素发生变化的应对。在成本战略决策做出后，原有的条件或影响因素在方向、性质和影响程度等方面可能发生突然变化（如消费者购买方向的变化、价格的突然变化和技术水平变化等）。如果不迅速应对，突然变化就可能会给企业带来重大损失。为应对原有因素的突然变化，有必要对决策的条件或各影响因素进行敏感分析（Sensitive Analysis），确定各种主要影响因素的敏感程度、变化的弹性区间和相应的措施，减少或避免原有条件或因素发生变化对企业造成的损失，提高决策者的成本战略决策的主动性。（4）决策者素质的提高和合作精神的确立。决策者素质的提高将有助于防范决策的失误。为使战略决策者的决策达到较高的水平和较高的质量，一方面决策者自己要不断学习，提高自身的水平；另一方面企业还有必要对决策者进行继续教育和培训，提高决策者的素质。由于企业成本战略决策过程需要依靠一定的参与决策者的集体智慧，因此，在高级决策层内部确立相互合作的精神是必要的。

第二节　企业的基本成本战略

一、对目前介绍的企业基本战略的认识

目前一般介绍的企业基本战略有两个明显的特点：(1) 三层次的战略。将企业战略按层次分为企业总体战略、经营或竞争战略、职能战略；(2) 企业战略是针对外部不断变化的环境，通过合理地配置企业内部资源，来适应外部环境，获得竞争优势的战略。这些战略基本上可以说是“外向性”的企业战略。

笔者认为，首先，按照战略成本管理者的层次不同，企业成本战略可以分为股东大会、董事会、总经理和职能部门经理 4 个层次的战略。这 4 个层次战略的基本内容是从高层到基层、由粗略到详细变化的。上层次战略统驭下层次战略，下层次战略是上层次战略的子战略或分战略。其次，企业战略不应只是适应外部环境的外向性战略。根据战略成本管理基本思想制定的成本战略应是针对外部环境制定的适应和驱动外部环境的成本战略及针对内部环境制定的培养和提高企业核心竞争力的成本战略。这两大基本战略是外向性战略和内向性战略。在战略成本管理中，只制定适应外部环境的外向性战略，忽视驱动外部环境及培养和提高企业核心竞争力战略的制定，对企业的长期生存和发展是极为不利的。

二、适应和驱动外部环境的成本战略

(一) 股东大会总体成本战略

作为股份制企业的最高权力机构的股东大会，依法有权决定公司的经营

方针和投资计划，审议批准董事会的报告、公司的年度财务预算方案和决算方案、公司的利润分配方案和弥补亏损方案，对公司增减注册资本、发行公司债券、合并、分立、解散和清算等事项做出决议，以及修改公司章程。(中华人民共和国公司法，1993）因此，股东大会实际上拥有一定的经营管理权。股东大会的总体战略是决定企业的总的发展方向、重大经营方针、企业使命和总体发展、稳定、解散和清算的战略。这一层次的战略是纲领性战略。

（二）董事会总体成本战略

董事会必须维护全体股东的利益和自身的利益，促使公司不断发展。董事会总体战略包括企业总体发展性战略、稳定性战略和紧缩性战略这三大基本战略。

1. 发展性战略。企业发展性战略是指企业根据外部环境和内部环境情况，所确定的企业在经营范围上的扩张和经营实力的增强，是企业整体得到发展的总体性战略。发展性战略包括产品——市场战略、一体化战略、多元化战略、企业并购战略和战略联盟战略等。安索夫（H. Igor Ansoff）首先提出产品——市场战略。他根据现有产品、新产品、现有市场和新市场因素，提出了4种战略组合——市场渗透、市场开发、产品开发和多元化组合。有人在这一基础上，增加考虑相关产品和相关市场因素，由此形成了9种战略组合，即市场渗透、发展和转移、产品发展和多元化、市场创新、产品创新、产品革新、发明和全方位创新的战略组合。这9种战略是适应和驱动市场的战略。每一种战略的实施将伴随着一定成本的投入。在制定这些战略时应考虑相应的成本投入及成本效益问题。一体化战略是将部分独立的企业结合在一起的战略，包括纵向一体化（垂直一体化）战略、横向一体化（水平一体化）战略和混合性的整合。实施一体化战略，将有利于因一体化扩大经营范围和取得规模效应而降低成本。多元化战略是指企业同时经营两类或两类以上产品或业务的总体经营战略。多元化战略又分为相关多元化战略和不相关多元化战略两类。多元化战略的实施，将使企业经营范围扩大，投入成本用于多类产品或业务，优化资源配置，使成本有所降低，会因分散投资风险而使成本降低以及增强企业的竞争力。当然，多元化战略也还存在企业资源分散、管理复杂、增加因不熟悉新领域或经验不足的风险成本等问题。

2. 稳定性战略。稳定性战略是仍然按原来的战略进行生产经营的战略，包括无变化战略、维持利润战略、暂停战略和慎重战略。在稳定性战略下，如果企业所处环境比较稳定，则风险成本较小，成本投入也较稳定，人员调整、安置、重新培训和教育的成本将会减少。如果企业所处的环境发生较大变化，采用这种战略的风险成本较大。

3. 紧缩性战略。这种战略也称撤退性战略。它是指企业在不能适应外部环境的变化，生存和发展受到较大影响的情况下，收缩企业全部或部分经营活动或停止全部或部分经营活动的战略。这类战略包括转变、放弃在经营前景不佳的情况下成本的无效投入或非增值投入，可将成本投入到更有利于企业发展的经营领域，以便更好地适应市场变化的需要。

（三）总经理的成本战略

总经理成本战略也是经营单位成本战略。有的企业也将这一层次的战略与董事会战略合并。总经理战略是企业总体战略在经营单位的具体化。有人将这一层次的战略分为包括成本领先、差异化和目标聚集三种战略在内的基本竞争战略和业务投资战略两大部分。也有人将这一层次的战略分为成本领先、差异化和目标聚集战略及新兴、成熟、衰退产业中的竞争战略。成本领先、差异化和目标聚集战略是基本竞争战略，有关理论已在前面作了专门的论述。新兴、成熟和衰退产业中的竞争战略是产业竞争战略。在不同阶段的产业中，成本的投入会有所不同。在新兴产业竞争中，由于企业生产经营能力较弱，成本的投入会较高，应采取提高劳动生产率和市场开发的战略，使成本有所降低。在成熟产业竞争中，应采用在产品结构调整、研究开发和市场渗透等增加成本投入的战略。在衰退产业竞争中，可采用减少或停止对企业发展不利的成本投入，退出产业竞争战略。

（四）职能部门经理成本战略

职能经理成本战略，亦称职能成本战略，是在企业总体战略和总经理战略之下的由职能经理负责的成本战略。职能部门经理战略可以分为供应、生产、营销、研究开发、人力资源管理、财务管理、公共关系等职能战略。供应战略是对原材料及其物资取得成本进行管理的战略。生产战略是对由生产经理负责的在生产过程中发生的各种成本进行管理的战略。营销战略是决定企业市场的划分、选择、进入和营销竞争策略的组合中成本管理的战略。人力资源管理战略是在人力资源的取得、开发、结构优化、使用、激励和人际关系等方面成本管理的战略。研究开发战略是在研究开发过程中成本管理的战略。财务管理战略是企业资金筹集、运用和分配管理的系列战略的组合。在筹集资金管理战略管理中，要确定以较低的成本取得资金的战略；在运用资金管理战略中，要确定在长期投资中长期成本的投入、短期成本的投入和投资组合的战略；在利润分配管理的战略中，要确定分配利润作为成本再投入和对经营者、所有者进行利润分配及由此所带来的对成本长期影响的战略。公共关系战略是确定进行正常公共关系活动成本管理的战略。

三、培养和提高企业核心竞争力的成本战略

培养和提高企业核心竞争力的成本战略是从企业内部环境的改造和整合上进行成本管理的战略。关于这一战略，将从总体上进行阐述，不分股东大会、董事会、总经理和职能部门经理四个层次展开论述。

（一）企业核心竞争力的概念和特点

Prahald & Hamel（1990）认为，核心竞争力是“组织中的积累性学识，特别是关于如何协调不同的生产技能和有机结合多种技术流的学识。”也有学者认为，“核心竞争力是指居于核心地位并能产生竞争优势的要素作用力，具体地说是组织的集体学习能力和集体知识，尤其是如何协调各种生产技术以及任何将多种技术、市场趋势和开发活动相结合的知识（刘庆元、刘宝宏，2001）。”笔者认为，核心竞争力，亦称核心能力，是指在企业内部形成的、能使企业获得长期持续竞争优势的、超过企业基本能力范围的特殊能力。核心竞争力是企业掌握和积累的经营管理知识及不断学习和运用生产经营管理特别方式的集合体。

一般认为，企业核心竞争力具有异质、稀缺、不可替代和不可模仿的特点。笔者认为，企业的核心竞争力具有特殊性、优势性、企业内部形成和发展、创造性和动态性的特点。

1. 核心竞争力是一种特殊的能力。企业的能力分为一般能力和特殊能力两种。企业的一般能力是指企业在生产经营管理中必须具备的基本能力，而

核心能力则是超越基本能力范围的、能在从事某些经营管理活动中表现出的独特能力。这种独特能力对于企业在竞争中取得优势是必须具备的能力。有人用异质来说明这一能力，异质能力不是任何竞争对手所拥有的能力，是独一无二的能力。例如，佳能公司在研究开发方面具有核心能力，使其在竞争中具有超越竞争对手的优势。

2. 核心竞争力是一种优势能力。企业能力具有特殊性还不能说就具有核心能力，作为核心竞争力还必须是一种优势能力。优势能力在企业是居企业能力系统的中心地位和起主导作用的能力。通过这一能力的发挥，能增加企业在外部环境中的机会或减少威胁，从而获得竞争优势。从这个意义上说，这种能力是珍贵的，并不是所有竞争对手都具有的，因而也是稀缺的能力。

3. 核心竞争力是在企业内部形成和发展的能力。它是扎根于企业内部环境的内生性能力。核心竞争力是在对企业内部环境进行改造和整合，不断积累知识和经验，不断学习和运用生产经营管理方式或技能的基础上形成和发展起来的，具有鲜明的个性。从这个意义上看，核心竞争力也是不容易模仿和替代的。

4. 核心竞争力是创造性的能力。核心竞争力是企业在竞争活动中所表现出来的有突破性的经营管理知识和活动方式的能力。彼得·杜来克认为，企业组织需要一个核心专长——创新。企业要想取得长期竞争优势，就要不断在生产经营管理活动中学习和创新，不断强化自己的创新能力。哈默(Hamel)和普哈来德(Prahalad)认为，要保持企业的竞争优势，以创新为基础的战略模式是重要的。企业进行战略成本管理，需要具有创新性特点的企业核心竞争力。

5. 核心竞争力是一种动态的能力。核心竞争力是积累性和重复性的能力，需要有知识的不断补充和生产经营管理方式的不断学习和运用，消除经营管理学习中的惰性，不断在现有能力的基础上有所超越，从而形成长期的核心竞争力。

(二) 培养和提高核心竞争力的成本战略的基本内容

要制定培养和提高核心竞争力的成本战略，有必要先确定企业核心竞争力体系，以便在这一基础上制定培养和提高的正确路径和方法战略。关于企业核心竞争力的体系或划分，目前有一些不同的观点。R. Grant（1995）从技能上将核心能力分为经营管理、经营情报、研究开发、生产、产品设计、营销、销售和流通等7个方面的能力。笔者认为，由于企业的核心竞争力是在企业内部形成的，因此，根据企业内部环境因素，将核心竞争力分为生产经营、企业管理、企业资源（不包括企业文化）配置、企业文化及所有者和经营者管理等5个方面的基本核心能力。

1. 生产经营核心能力培养和提高的成本战略。企业基本生产经营核心能力应包括研究开发能力、生产能力、供应能力和销售能力等。研究开发能力表现为企业运用科学知识进行实验、设计和应用研究成果的能力。索尼公司、佳能公司和丰田公司被认为是具有研究开发能力的公司。培养和提高研究开发能力战略是在有关研究开发方面知识的扩充和积累、技能或方式的学习和提高上投入成本战略。从供应、生产和销售核心能力上看，丰田公司（Toyota）有生产方面的核心能力，百事可乐（Pesi Cola）公司和奔驰公司有品牌的管理及促销、广泛利用高品质名声、促进销售的活动对市场流动的快速反应等营销核心能力。培养和提高供应、生产和销售核心能力的成本战略是在企业内部的供应链、生产链和销售链等方面改造、整合和创新等方面知识积累和技能或学习方式等方面成本投入的战略。

2. 企业管理核心能力的培养和提高的成本战略。企业管理核心能力表现在从行政方面组织和领导企业生产经营活动所具有的独特能力上，如强大的组织能力、高效率的财务管理能力和企业经营管理信息总体管理的能力等。培养和提高企业管理核心竞争力的战略是在企业组织结构的改造、组织系统的整合、经营管理知识的积累和经营管理方式的创新等方面成本投入的战略。

3. 企业资源（不包括企业文化）配置核心能力的培养和提高成本战略。从微观层面上看，企业对其拥有的可以带来经济利益的资源要素进行优化配置，是可以形成企业的竞争优势的。因此，独特的企业资源配置能力也是企业的一种核心能力。《财富》500强中英特尔的CPU、索尼公司的“特丽珑”色彩技术在过去分别是英特尔公司和索尼公司的核心竞争优势。这些核心竞争优势形成的原因之一就是将企业的优势资源集中在一起所形成的。培养和提高企业资源配置核心能力的战略是企业在资源配置能力方面的知识扩充和积累、方式或技能的学习和不断运作上成本投入的战略。Paul A. Sharman

（2003）曾提到美国一家公司在2003年所作的一项调查，该调查表明“美国企业众多高级管理人员所遭受的一系列挫折源于缺乏对企业内部成本与资源管理的能力。”国际会计的权威组织——国际会计师联合会（IFAC）在推出管理会计的新定义时，是“以资源的最优配置为目标”的（Paul A. Sharman，2003）。

4. 企业文化核心能力的培养和提高成本战略。优良的企业文化是企业获得丰厚利润的重要核心能力。海尔集团、联想集团和宝钢集团的优秀企业文化构成了企业的核心竞争力。企业家张瑞敏说过，“海尔过去的成功是观念和思维方式的成功。企业发展的灵魂是企业文化，而企业文化最核心的内容应该是价值观。”培养和提高企业文化核心能力战略就是在优秀企业文化的建设上加大成本投入的战略。

5. 所有者和经营者管理核心能力的培养和提高成本战略。由经营权与所有权分离所产生的经营权收益和所有权收益是影响企业成本的一个内部环境因素。由于所有者（股东大会）和经营者都拥有法律上赋予的经营管理权。所有者（股东大会）拥有重大经营管理权，经营者拥有日常经营管理权。拥有管理权的股东大会和日常经营管理者的管理能力的高低对企业竞争优势的形成是有影响的。优秀的股东大会和日常经营管理者的超凡管理能力无疑也是企业的一种核心竞争力。科斯（Coase，1998）认为，“在企业外部，价格运动指挥着生产，它是通过一系列市场交易协调的。在企业内部，这些市场交易被取消，代替市场结构的是指挥生产的企业家。”企业成长理论的代表人物彭罗斯认为，企业家的作用是适应市场环境的对外机能与有效地组织企业内部资源的对内机能的结合点。正是企业家承担了推动市场与企业组织两者联动机构的作用。所有者（股东大会）和经营者管理核心能力培养和提高成本战略是对优秀所有者和经营者，特别是对具有战略管理能力的所有者（股东大会）和经营者的管理能力的发现、寻找、开发、选用、学习、教育和培训、激励等方面成本投入的战略。通过这一战略的实施，营造一个良好的管理核心能力培养和提高的环境，造就一大批既有宽厚和高水平的理论知识，又有丰富的生产经营管理经验和高超的管理方式的高级管理人才。

第三节 企业成本战略实施方法

在比较分析有关企业战略成本管理或战略管理的过程的多种不同观点的基础上，笔者认为战略成本管理的过程包括战略制定和战略实施两大步骤。按战略成本管理的过程将成本战略管理的方法分为成本战略制定方法和实施方法，将成本战略实施方法按实施的内容分为战略实施依据确定的方法、组织落实方法、监督（监视）和差异（业绩）分析及调节的方法。

一、成本战略实施依据确定的方法

成本战略实施依据包括实施计划和成本责任、实施制度、企业共同价值观、道德规范和其他企业文化、确定的重大环境因素等。按这些依据形成相应的实施依据方法。

（一）成本战略实施计划的确定方法

成本战略实施计划，亦称“成本战略计划”，是指将企业战略成本管理目标、所选择的成本战略和实施成本战略的具体安排结合形成的，用来指导未来的成本战略实施活动的文件。成本战略实施计划的制定，使企业成本战略目标的实现和成本战略的实施有了具体的时间表，企业资源有了统一的安排，内部生产经营管理的组织结构也有了合乎战略管理意图的调配，为成本战略的实施提供了充分的保证。成本战略实施计划的制定，为企业进行战略成本管理提供了具体的操作指导，为成本战略监督提供了重要的标准，也为战略成本管理工作绩效的分析评价和调节提供了科学的依据。从时间上看，成本战略实施计划要对未来3—5年内每一年度计划完成的预以事先安排。可以年度或更短的时间作为成本战略实施计划的最低时间跨度的确定，便于及时揭示战略实际执行情况与计划之间的差异，及时对工作绩效进行评价和调节。股东大会和董事会的总体成本战略实施计划的时间可定在5年或更长时间，总经理和职能经理的成本战略计划的最长时间跨度可适当缩短。不应只针对职能战略制定实施战略的计划，还应针对总体战略和总经理战略制定相应的成本战略实施计划。对每一层次的成本战略的实施，都应有实施计划、支持实施战略和控制战略的活动，以便检查、评价和调节各层次战略管理活动，保证企业战略目标实现和战略的顺利实施。

企业成本战略实施计划的主要内容应包括：对股东大会总体成本战略、董事会总体成本战略、总经理成本战略和职能部门成本战略的总体说明，阶段目标和完成的时间跨度，投入成本的项目和具体的成本指标，执行战略计划的组织结构的调整和具体任务的安排，企业资源的配置和企业文化的建设，以及应对变化情况的措施等。

企业成本战略实施计划的制定方法，是根据已选择的各层次成本战略方案、企业外部环境和内部环境分析情况、企业现有组织结构、企业资源（不包括企业文化）的分布情况、企业文化的建设情况及其他相关资料，分层次确定战略计划期内成本战略实施计划的具体内容，并在这一基础上汇总形成企业在总体战略实施计划的方法。在制定战略实施计划时，应注意成本战略计划在企业战略成本管理中的完整性、协调性和统一性。

（二）其他成本战略实施依据的确定方法

成本战略实施的制度是成本战略实施过程中应遵循的有关企业的规则、规章、政策和指令等。有关的实施制度的执行将使战略成本管理工作标准化。成本战略实施制度的确定方法是对成本战略实施工作的内容、程序、要求等做出规定的方法。各战略成本管理者层次的制度须分别经股东大会、董事会、总经理和职能部门经理审议通过，作为各战略成本管理层次的部门和人员共同遵守的、衡量成本战略实施业绩的依据。

成本战略实施的企业价值观、道德规范和其他的企业文化因素是成本战略实施的、激励和约束的重要依据。“企业文化描述了企业成员共同的价值观、经营哲学、奉行的道德标准等，对企业的战略制定、实施和普遍的凝集力具有极大的影响。”全面地看，成本战略实施的制度也应属于企业文化的范畴。企业价值观是企业内在的具有较高价值的根本性理念。企业价值观确定方法是通过对有关价值观进行比较、选择、执行、提炼和发展形成本企业价值观的方法。企业道德规范和其他企业文化确定方法是企业自行规定和自发形成道德行为标准的方法。成本战略环境因素确定方法是确定制定成本战略时所分析确定的重大内外部环境因素的方法。明确重大环境因素对确定正确的成本战略实施依据有重要意义。

二、成本战略组织落实方法

为了保证新的成本战略的顺利实施，有必要做一些组织结构调配、企业资源配置和企业文化建设等组织和落实工作。在成本战略实施的组织落实中，需要采用一定的方法。组织结构调配方法是企业为了支持成本战略的实施而对企业内部各部门和各种职务所组成的组织形式、人员配备和责权关系所进行的重新调整安排的方法。企业资源配置方法是企业为支持战略实施而对企业各种资源所进行的集中、分组和重组的方法。企业文化建设方法是树立企业良好形象、进一步完善战略实施的规章制度和加强先进共同价值观等的培育和提高，确保成本战略实施的方法。

三、成本战略监督（监视）、差异（业绩）分析和调节的方法

成本战略监督（监视）、差异（业绩）分析和调节的方法，是根据所确定的实施依据，察看并督促战略计划的执行，计算分析成本战略实施的实际情况与依据之间存在的差异（业绩），对实施情况进行前馈和反馈调节的方法。

成本战略实施计划执行的监督、业绩分析和调节方法，是通过成本战略计划执行的实际情况与计划的比较、察看并督促计划的执行，计算分析存在的差异（管理的业绩），及时采取有效措施调节执行行为的方法。调节执行的行为的措施可以采用纠正重大偏差的组织措施（如人员和机构的调整）和一定的奖惩措施等。战略成本责任履行的监督、业绩分析和调节方法，是对有关责任单位（不同战略管理层次的单位）或个人的成本责任履行情况进行的监督、差异分析和调节方法。成本战略实施的制度、道德规范、企业共同价值的其他企业文化遵守的监督、差异分析和调节方法也是建立在对遵守情况的察看、比较计算和分析实际遵守情况与标准之间存在的差异，采取一定措施调节差异的方法。这几种方法的共同特点都是建立在不对依据进行调整的基础上进行差异反馈调节的方法。

企业重大内外部环境的监视、差异分析和调节的方法，则是根据实际环境监视的情况与在制定成本战略时分析确定的企业内外部重要环境因素，计算分析产生的差异，并对受这些因素影响的有重大变化的成本战略实施依据进行调整的方法。如果战略执行的环境与制定战略所依据的环境有较大变化，就应适时对有关控制标准进行必要的调整。采用该方法对企业成本战略计划、成本责任和制度等进行成本战略管理的前馈调节，这对于具有长期性特点的战略成本管理来说显得十分重要。

主要参考文献

Henry Mintzberg：《公司战略计划（The Rise and Fall of Strategic Planning)》，云南大学出版社，2002 年版，第 218 页、第 222 页。

Richard Lynch：《公司战略》（周煊等译），云南大学出版社，2001 年版，第 17—12 页。

陈珂：《企业战略成本管理研究》，中国财政经济出版社，2001 年版，第 12—17 页。

霍国庆、杨英："企业信息资源的集成管理"，《情报学报》2001 年第 1 期，第 2—9 页。

林万祥：《成本论》，中国财政经济出版社，2001 年版，第 427—429 页。

刘庆元、刘宝宏：《战略管理：分析、制定与实施》，东北财经大学出版社，2001 年版，第 21 页。

许亚湖："企业成本战略决策的研究"，《财会研究》2002 年第 5 期，第 39—41 页。

张士玉、王滨有、张士宏：《战略管理》，中国财政经济出版社，2002 年版，第 32 页，第 242 页。

第十二章　价值网战略成本管理和成本管理风险问题

关于价值网的定义，有多种不同的解释。传统价值链与价值网在价值创造上存在多方面的不同。本章将在对现有价值网观点研究的基础上，阐明价值网的概念和传统价值链与价值网在价值创造上的不同之处，构建新的价值网战略成本分析对象模型，阐述价值网成本驱动因素和价值网的成本战略控制过程。企业风险与内部控制是近年来学术界研究的热门问题，企业成本管理风险的管理是与此相关的重要问题。进行基于风险管理的企业成本管理及其研究，需要对企业成本管理风险进行正确地界定和分类。基于风险管理的企业成本管理风险的管理是一种创新的成本管理，其管理过程包括管理风险的识别、评估、监测和应对的内容。针对企业成本管理的成本信息生成和成本效益管理风险的管理以及总体风险的管理应采取有关的防范措施。

第一节　价值网战略成本管理问题

一、现代企业价值网的产生与定义

现代企业价值网是战略联盟和现代信息技术条件下的产物。20 世纪 80 年代以来，世界经济发生了很大的变化，企业外部市场扩大和日益复杂，一体化的并购和整合的难度加大，企业要想很好地适应外部环境变化，需要寻找新的管理模式。在企业外部需求趋同、技术扩散和内部因自身实力不足需借助外部力量进入扩大的市场和扩大市场份额、迅速获取新技术、减少竞争的冲突、消除竞争的壁垒、降低成本的承受风险等动因的驱动下，各种形式的战略联盟相继出现。一般认为，战略联盟概念是美国 DEC 公司总裁简·霍普兰德（J. Hopland）和管理学家罗杰·奈格尔（R. Nigel）最早提出的。战略联盟作为一种“通过各种协议、契约而结成的松散的合作模式”被认为是 20 世纪 80 年代以来最重要的组织创新。这种战略联盟构建了新价值网络。现代信息技术条件下的互联网推动了基于战略联盟的价值网的发展，打破了企业在地理空间、时间、信息获取和分享等方面的限制，使价值网模式在各行各业得到广泛的运用。

关于价值网的定义，有多种不同的解释。国外研究者的主要观点有：（1）Davidow 和 Malone（1992）认为，价值网是以满足市场需求为目的，由一些互相独立的厂商、顾客、甚至是同行竞争对手，通过信息技术互相联结形成的共享技能、分担成本的临时网络组织。（2）Achrol 和 Kotler（1999）认为，价值网是一种由一些任务专门化或技能专门化的经济组织（独立企业或是自治组织单元）相互依存构成的网络联合体。（3）Bovet 和 Martha（2000）认为，价值网是由顾客、供应商、合作企业和它们之间的信息流构成的具有敏捷生产、分销和快捷市场响应特征，通过定制化的解决方案满足用户需求的动态网络。（4）Lambert（2004）认为，价值网是以顾客为核心的，超越传统供应链管理模式，可以为顾客提供便利、迅速、可靠和定制服务的价值创造体系。从价值网成员上看，上述定义中包括了顾客、供应商、合作企业和竞争对手等。在上述有关定义中，提出了价值网满足用户需求或以顾客为核心的特点。笔者认为，基于战略联盟的价值网成员是广泛的，包括与企业有直接或间接利害关系的各利益相关者，除了顾客、供应商、分销商、合作企业和竞争对手外，还包括外包服务公司、融资机构、关键技术提供商、互补和替代产品制造商、政府部门、科研机构、学校、信息咨询机构与媒体等企业或单位。综上说述，笔者认为，价值网是以顾客或用户为核心的，由企业与合作企业、顾客、供应商、竞争对手、政府、事业单位等利益相关者所组成的技能和组织资源共享、分担成本、合作创造价值和共享利益的动态价值网络。

不少管理学家认为，在互联网时代，价值网是由价值链思想发展成为的一种新的价值创造模式或体系。Peppard 和 Rylander（2006）认为，价值网的产生是价值创造模式的一种进化，是价值链发展的最后一个阶段。笔者认为，从价值创造的角度看，传统价值链与价值网都是价值创造的模式，但传统价值链与价值网在价值创造上有所不同。我国不少学者对价值链与价值网的区别进行了多方面的比较，如张燕（2002）就两种模式的关键特征从价值产生原理、基本技术、基本活动、相互作用的主要逻辑关系、基本活动的相对独立性、关键成本和价值驱动因素、企业价值系统结构等七个方面进行了比较；胡大立（2006）就关注点、行为取向和战略制定等六个方面进行了比较；卢泰宏、周懿瑾、何云（2012）从时代背景特征、经济特征、理论基础、关注核心、思维方式、行业边界和产品生产方式等六个方面进行了比较。

就以上比较和两种模式的基本内容上看，笔者认为，传统价值链与价值网在价值创造上存在多方面不同之处，这些不同之处主要表现为：（1）分析和竞争范围不同。传统价值链是一种行业内部企业间竞争战略管理所采用模式，不论是纵向价值链分析，还是横向价值链分析，都只是在行业内部企业之间进行；而价值网分析则是一种跨行业的价值网之间的分析，有关竞争是在价值网之间展开。价值网突破了行业界限，为价值创造提供了广阔的空间。（2）价值创造形式不同。价值链是从纵向价值链与横向价值链、企业内部价值链与外部价值链的线性价值连接的延伸、整合和控制上创造价值的，价值网则是从网状的利益相关者的价值联系上通过战略联盟共同体的合作共同创造价值的。（3）适用范围不同。传统的价值链模式适用于企业一体化战略和行业内部企业竞争战略的制定，价值网模式则适用于互联网时代的联盟战略的制定和跨行业的基于战略联盟思维的管理。（4）关注的对象不同。传统价值链关注的对象是企业内部和外部有关环节的价值增加，将顾客作为企业的产品或服务的推销对象；而价值网关注的对象是顾客，以顾客的需求为导向，充分满足顾客的需求，价值网的运行是围绕顾客的需求展开。（5）价值创造的主体不同。价值链将价值创造的主体仅看作是单个的企业或扩展的企业，通过单个企业对顾客提供产品和服务来创造价值；而价值网的价值创造主体是由多个利益相关者联合组织的共同体的成员，通过共同体对顾客提供产品或服务来创造价值。

虽然价值链和价值网在价值创造上有不同的作用，但从竞争战略、一体化战略和联盟战略上看，对于处于价值网中的企业来说，也可以运用价值链模式进行内部线性价值链分析与控制。因此，在实际应用中，企业可以根据本企业所采取的战略选择运用线性价值链或价值网模式，也可将线性价值链模式与价值网模式相结合运用，以充分发挥线性价值链和价值网在战略控制上的作用。企业也可建立内部价值网。盛革（2009）认为，企业内部价值网是以某一（或某些）核心能力要素为中心，由企业内部不同价值链和价值模块组合而成的网络系统。

二、价值网战略成本分析对象模型

进行价值网战略成本管理，需要明确价值网战略成本分析对象模型。Stefen Seuring（2002）提出了供应链成本管理的三维分析模型。目前研究者们一般将这一分析模型看作是价值网成本分析对象模型。供应链成本管理的三维分析模型的基本内容是，将分析的维度分为产品、成本和关系；在产品维度上分为产品设计和生产，在成本维度上分为直接成本、作业成本和交易成本，在关系维度上分为网络设计和界面优化。我国有研究者在研究这一问题时，增加了相关维度中的有关内容，如在产品维度上增加了销售服务，在成本维度中增加了网络成本，在关系维度中增加了网络优化（盛革，2009）。殷俊明、王平心和王晨佳（2006）认为，在 Stefen Seuring 的三维分析模型中，交易成本跨越了不同的企业，作业成本和直接成本局限于企业内部。美国学者 Moore（1996）在《竞争的衰亡》一书中认为管理一个企业生态系统要考虑顾客、市场、产品或服务、经营过程、组织、利益相关者、社会价值和政府政策七个维度。笔者认为，在进行价值网战略成本管理时，要分析价值网成本和导致成本发生的驱动因素，由此可以将价值网战略成本分析对象模型分为成本维度与成本驱动因素维度，构成两大维度的分析对象模型。

（一）成本维度

对价值网成本维度的进一步划分要建立在价值网的基础之上，所做的成本划分应具有价值网的特点。根据这一认识，可将成本划分为研究与开发成本、运输成本、交易成本、信息收集和共享成本、设备购置成本、产品生产成本、销售成本、沟通成本等关键成本和其他成本。（1）研究与开发成本，是价值网企业中发生的新产品或服务的研制与推广应用成本。对于参与全球竞争的企业来说研究与开发开支极大，通过价值网可以很好地分摊研究与开发的费用，特别是分摊开发费用。例如，价值网内合作各方通过联合开发协议的签订，在开发新产品、新技术上共同分担资金、设备、技术、人才投入和市场投入的成本，降低各方开发费用和被其他新技术替代所带来的风险。(2) 运输成本是价值网内各利益相关者之间在物资资源的流转上发生的成本。在价值网内各利益相关者可以通过网络关系和群体优势使物资资源位移的成本有所降低。(3) 交易成本是价值网内各成员之间因为资源、服务和技术交易而发生的成本。交易成本会因价值网内利益相关者的优势互补而得到降低。(4) 信息收集和共享成本是价值网内利益相关者在有关市场、技术、网内各利益相关者等方面信息的收集和分享所发生的成本。在技术创新和扩散速度加快的时代，价值网内相关者在信息上的相互支持，可以使价值网企业防范因充分和可靠信息的缺乏而被淘汰的风险及缺乏沟通而产生的信任风险，从而减少信息风险成本的发生。(5) 设备购置成本是价值网内有关各方在生产经营管理设备上投入的成本。设备购置成本与价值网的范围经济相关。在价值网中，有关各方可以相互利用闲置的设备，充分利用价值网的整体和优势资源，减少在设备购置上的投资，降低设备购置成本。(6) 生产成本是产品生产或提供劳务过程中发生的直接材料、直接人工和制造费用的成本。价值网内生产企业与提供材料的供应商之间的合作关系，会因提供材料的价格、质量和送料时间等因素影响产品的直接材料、直接人工成本，价值网有关方面所在地区的低廉的人工成本会影响企业产品的直接人工成本，企业内部价值网的各利益相关者的活动也会对企业的产品成本产生影响。价值网内的生产会因满足顾客需要，通过网络运营、信息共享而发生定制生产成本。(7) 销售成本是企业在产品销售或劳务提供过程中发生的费用。价值网的有关各方可以利用彼此的网络突破一些地区限制，进入新的地区或国家市场，扩大市场份额，降低销售费用。(8) 沟通成本是价值网有关各方在资源配置、组织间的协作和整合等方面关系处理上所发生的成本。(9) 其他成本。除了以上成本以外其他受价值网影响的成本。

（二）成本驱动因素维度

价值网的成本驱动因素是在价值网条件下导致成本发生的原因。从战略层次上，价值网成本驱动因素是对价值网有关各方的成本结构和成本行为产生长期和重要影响的原因，由此构成了价值网成本分析对象的维度。价值网成本驱动因素可以分为规模和范围经济、合作协议、技术、顾客、市场、研究与开发、产品生产经营、关系、利益相关者、战略信息系统等关键因素，它们构成了成本驱动因素的一系列具体的维度。

1. 规模和范围经济维度。价值网模式是通过规模经济和范围经济效应影响价值网内相关企业的成本的。在价值网中，规模经济效应是企业通过联盟扩张一定规模和扩大市场来降低成本。当一个价值网内组织生产经营多种产品或提供多种劳务比将它们分开到多个独立的企业组织生产经营可使成本降低，则被称为范围经济。范围经济的存在，本质上在于对企业剩余资源和生产能力的利用。价值网中具有知名品牌，但生产能力不足的一方可以与生产能力有剩余的一方合作，充分利用剩余生产能力，增加销售。价值网是通过在相同范围内有关各方共享资源和信息，在不同经营活动间分摊成本。在价值网的成本结构中，高固定成本的投资只有为不同的利益相关者生产经营所用，才能降低成本、减少风险。范围经济就是通过降低企业资产的专属性，使资产的应用范围在价值网内得到扩大。

2. 合作协议维度。价值网的有关各方是通过相互签订协议或合同等契约形式联接起来的，网中各方之间的关系显得十分松散，使得价值网中各有关组织的管理具有市场机制和行政机制相结合、相互协商的特点。合作协议决定价值网的存续时间和范围的有关各方相互联系和优势互补所导致的成本大小。价值网中各有关方面通过确定合作协议的有关条款来规范价值网活动，防范结成价值网所带来的组织风险，实现合作伙伴的承诺，保证价值网的正常运行，降低有关成本。

3. 技术维度。产品所依赖的技术的多样性、专有性和时效性，使单一的企业无法长期掌握，在价值网条件下，不同组织的优势技术可以得到分享。技术和技术创新可以使企业成本降低和竞争力提高，是企业拥有持续竞争优势的重要前提。在价值网中，具有各种专长的企业相互配合，共同发展，使有关企业可以从一些拥有技术和技术创新的企业单位迅速获取新技术，使企业能够保持持久的成本优势，避免因缺少先进技术而可能被市场淘汰的风险发生。

4. 顾客维度。价值网是以顾客为核心，满足顾客或用户需求的价值创造体系。Prabar Kathandaraman 和 David T. Wilson（2001）在提出的价值网模型中阐述了三个价值创造的核心概念，即优越的顾客价值、核心能力和相互关系。价值网就是通过价值开发、生成、分配、传递、共享和共赢来充分满足顾客的需求，提供优越的顾客价值（superior customer value）。价值网是一种需求拉动系统，顾客的需要激活了整个价值网，是价值网的价值创造源泉和起点。顾客的需求可通过选择板进行交互式双向交流，由此决定了价值网有关经营各方的产品或服务的设计和生产经营的成本、质量和交货时间等，降低了经营风险。

5. 市场维度。在价值网条件下，市场决定了有关成员的进入和销售成本的大小。有的企业可以通过价值网所形成的合作关系进入新的地区市场，共同进行促销活动，扩大影响，获得并扩大市场份额，降低经营成本。在跨国的价值网体系中，一些企业突破传统的产品出口方式和他国政府法规的限制，寻求他国公司建立战略伙伴关系，通过当地战略伙伴与当地政府关系的处理和市场信息的提供，以合作者的身份进入国外市场与合作伙伴共同生产经营和协调销售活动，降低一些企业在国外开发市场的生产经营成本。

6. 研究与开发维度。价值网各有关方面在新产品和新技术的设计、老产品和技术的改造方面的研究与开发上会分别发生资金、技术和人才等投入，由各有关方面共享研发的成果，使企业获得竞争优势。研究与开发是导致研发成本发生的重要驱动因素。在价值网模式下，由于有关各方具有一定的研发优势，能较好地解决单一企业研发力量不足和资金不够的问题，使有关研发获得成功的可能性很大。在研究成功后，在开发阶段由价值网内相关企业使用所形成的成果，使有关各方共同分担巨额的开发费用，可降低研究与开发的风险，尽快收回研发的投资。

7. 产品生产经营维度。产品生产经营是材料购进、生产和交货销售的过程，这个过程的运行状态在一定程度上决定了价值网有关各方的生产经营成本的大小。价值网中的生产企业与供应商之间的战略联盟关系，有助于生产企业从供应商处取得联盟内合适的材料价格、数量，并由供应商按时保质送到生产企业，消除材料的积压和不能按时供货而影响生产的情况发生，减少材料采购成本和保管费用。在生产阶段，由价值网内具有生产优势的企业进行生产或交由外包企业进行生产，在保证质量的前提下降低生产成本和提供高质量的产品。在交货销售阶段，在价值网下通过预先设计的包括货物运输、安装、人员培训等内部流程和优质的服务控制销售成本。

8. 关系维度。关系是价值网各有关方面的价值活动之间的相互联系。价值网的关系包括外部价值网的关系和内部价值网的关系。由于价值网关系的各有关方面存在的联系，因此，各有关方面的价值活动会影响有关成本，如供应商的供货活动影响材料的成本。价值网内部应该协调、整合、优化和控制有关关系，从而控制因关系所引起的成本。价值网有关方面应对价值网的关系结构进行科学合理的设计，使价值网内各方既能分享有关资源、产品设计、生产技术和服务，又能隔离关键技术，防止过多秘密的泄露，相互信任和遵守各自的承诺。协调、整合、优化和控制企业间关系对价值网全面成本控制的作用，主要体现在减少成员间交易的不确定性和摩擦，降低交易成本以及合理配置资源和技术，增强成员间资源的流动性，提高成员间合作效率和降低因资源流动而发生的成本。

9. 利益相关者。价值网中的有关成员都是价值网的利益相关者，所包括的成员众多。价值网中有关成员的素质会对成本产生影响。有关成员的素质包括所具有的实现价值网目标的优势或核心能力、与相关成员的配合程度、诚意、态度和道德观念等。Prabar Kathandaraman 和 David T. Wilson（2001）认为，核心能力是价值网得以存在和运行的关键环节，是合作关系建立的基础。价值网成员核心能力的优化整合，发挥成员之间的协调效应，可以最有效地实现顾客价值。价值网成员的素质决定了合作各方的优势互补程度、平衡程度、共事程度、互学程度和有关成本的大小。因此，在构建价值网时，要慎重选择合作的伙伴，做好各方面的权衡工作。在价值网成员中起主导作用的企业在价值网成本降低和价值创造上发挥关键作用。

10. 战略信息系统。在价值网战略成本管理中离不开战略信息系统所提供信息的支持。Charles Wiseman（1988）认为，一个成功的战略信息系统是指，运用信息技术来支持或体现企业竞争战略和企业计划，使企业获得或维持竞争优势。战略信息系统涉及信息技术、战略应用、提高企业竞争力的内容。战略信息系统能支持战略，改善生产经营管理，提高生产经营管理的效率，降低生产经营管理成本。在价值网构建和运行时需要在收集有关合作伙伴的资源和技术信息的基础上，决定是否采取联合的战略，控制联盟体的成本，以保证结盟可取得联合的效益。企业间信息系统（IOS）是支持价值网的重要战略信息系统，在价值网运行中应予以充分利用。

根据以上所述，所确定的价值网战略成本分析对象模型如图 12－1 所示。

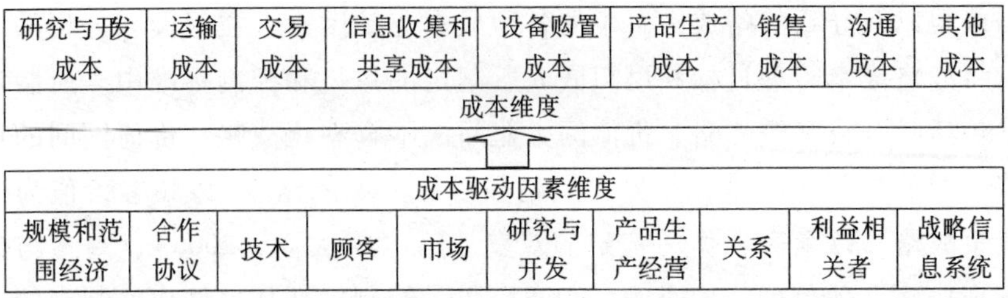

图 12－1　价值网战略成本分析对象模型

三、价值网成本战略控制过程

战略控制的方法可按战略控制目的的不同，分为以控制战略执行为目的（Bungay、Goold，1991）和以控制战略内容为目的的两类方法（胡笑寒、万迪昉，2003）。以控制战略内容为目的的方法又包括验证战略假设、管理战略事件、周期性战略评价、交互式控制等方法。这两类控制方法在战略控制过程的认识上存在一定差异，主要区别在于战略计划的有效性假设上，以控制战略执行为目的的战略控制过程假设战略计划是有效的，假设计划是正确的和相对固定的，在控制中要保证战略计划顺利执行，并进行偏差反馈和纠偏，一般不对战略计划进行前馈控制；而以控制战略内容为目的的战略控制对战略计划的有效性假设进行监视和修正，要进行前馈控制。Schreyogg 和 Steinmann（1987）认为战略控制系统包含前馈过程、适应性、学习和对战略前提的质疑。有学者提出了战略成本控制过程的三阶段观点，这三阶段包括前提控制、战略实施过程控制和外部环境扫描（程新生，2014）。根据并综合有关战略控制理论方法及战略管理的基本内容，笔者认为，价值网的成本战略控制过程按控制的环节，可分为成本战略和控制标准制定的控制与成本战略和控制标准执行的控制两大阶段，在两大阶段中，都要进行内部与外部环境的扫描，并且将前馈控制与反馈控制相结合。

（一）成本战略和控制标准制定的控制

价值网成本战略和标准制定的控制是前提控制。前提控制包括两个方面的基本内容。一方面，价值网相关成员在制定战略和控制标准时，需要对形成战略和控制标准的不确定的内部和外部环境提出假设，分析环境因素的机会与威胁以及导致战略成本发生的各种成本驱动因素。在假设和分析的基础上，将战略成本管理目标和思想嵌入所制定的战略和控制标准中。所制定的战略包括联合或联盟战略、价值网企业间成本合理化战略、价值网间的竞争战略（总成本领先战略、差异化战略和目标集聚战略）、以顾客价值为核心的竞争战略和以紧密合作为基础的双赢战略（胡大立，2006）、高参与型成本管理战略（傅代国、田小刚，2008）等。控制标准是根据战略制定的，可以是企业内部的战略执行计划，也可以是企业外部的市场标准，所制定的标准也可以是关键标准指标。另一方面，由于价值网成本战略和控制标准受到外部和内部复杂性环境的影响，因此要在战略管理过程中根据内外部环境的变化对成本战略和控制标准进行修订。由于基于战略联盟的价值网是一种主要以契约形式联接起来的关系松散模式，价值网企业联接的存续时间长短不一，有关联接协议到期会使价值网解体或受到分解的影响，从而导致以价值网为基础的成本战略和控制标准的变更或修订。变化的环境要求控制与之相适应，建立适应性的控制系统（Maciariello 和 Kirby，1994），要求企业在市场上重新定位、改变战略计划、废除当前战略实施新战略（Harrington，1985）。只有不断根据制定成本战略和控制标准所依据的环境进行修订，才能使成本战略和标准在战略控制中保证持续有效。要进行战略与控制标准随环境变化的修订，就要根据价值网的战略信息系统，收集对战略和控制标准有影响的环境变化的数据，进行环境的连续和跟踪的扫描、监督和纠偏的监控工作。战略控制要从方法上发生变化，从而满足当前经济社会的突发性、随机性、更新性以及变化的需求（程新生，2014）。

（二）成本战略和控制标准执行的控制

价值网成本战略和控制标准执行的控制，是测定成本战略和控制标准实际执行的情况，将实际数据与战略和标准数据进行比较，针对实际执行情况与战略和控制标准之间的偏差进行纠正，并在执行过程中进行监控的过程。执行控制包括两个方面内容。在执行控制中，一方面，进行实际执行情况与成本战略和控制标准之间偏差的测定、分析产生偏差的原因和责任，提出纠正偏差的对策。在进行比较分析时要考虑环境变化对成本战略和标准的调整，采取合理的评价指标对执行结果进行绩效的评估和纠偏，从而保证价值网成本战略和标准能更好地适应环境的变化，推动和协作价值网成员企业成本的合理化改善（傅代国、田小刚，2008）。另一方面，对成本战略和标准执行过程进行监控。在监控中，要持续了解成员企业的成本结构和成员企业间成本变化，查出外部环境中可能对价值网企业成本战略和控制标准协同执行产生影响的重大事项、潜在的威胁和可能的机会，以及在内部环境中导致成本发生重大变化的关键因素，及时采取应对措施，减少损失和创造价值。

第二节　基于风险管理的企业成本管理问题

一、企业成本管理风险的界定

2008 年 6 月由财政部、证监会、审计署、银监会和保监会联合发布的《企业内部控制规范》明确规定企业要进行风险的评估和应对。风险管理成为企业内部控制的重要内容。作为企业内部控制的重要部分的成本管理无疑也应重视包括成本管理风险在内的风险管理。进行成本管理风险的管理，就有必要对成本管理风险的定义有正确的认识和对成本管理风险进行科学的划分。

关于风险有多种不同的认识。《现代汉语词典》解释的风险是指可能发生的危险。一般也认为，风险是在一定客观情形下，在某一特定期间内，那些可能发生的结果之间的差异。COSO 委员会的风险定义是，对企业目标实现有不利影响的某一事件发生的可能性。我国内部控制基本规范没有对风险下一个明确的定义。笔者认为，完整地给风险下一个定义，风险就是在一定条件下，可能使某一事件或活动的期望结果遭受损害或失败的因素。这一风险定义包括 5 个基本要素，即：（1）受影响的某一事件或活动；（2）有期望的结果这一目标；（3）会造成损害的危险因素；（4）出现危险的结果是不确定或不肯定的；（5）存在时间和空间的约束条件。

风险是与某一受影响的事件或活动相联系的。在成本管理过程中，各种成本管理活动或事件会受到这样或那样的一些不利因素的影响，存在着风险。事件或活动主体的期望结果是某一事件或活动的目标。企业从事任何一项活动或事件都期望获得一定的结果，这一结果反映了活动或事件主体的需求，是活动主体愿望的反映。对于公司内部控制活动来说，期望的结果是经营的效率和效果、财务报告的质量以及经营管理活动的合规性和合法性等。COSO 委员会（2004）提出的企业风险管理目标包括战略目标、经营目标、报告目标和合规目标四大目标。企业经营管理的主体总是期望经营管理活动的结果是最佳的。风险是对期望结果造成损害或失败的因素，会使企业成本有不适当的支出、经济效益下滑、市场竞争力不强等不利因素，但这种损害是不确定或不肯定的。不确定或不肯定因素的出现会因主体认识和客观条件的明确与否而在表现程度上有所不同，但这种不确定性的因素并不会因为管理主体没有认识到而不存在，具有客观的必然性、突发性和超前性，有受一定条件影响而发生变化的可能。所有对期望结果产生的可能危险因素都是在一定条件下形成的，具有约束性。一定的时间和空间是某种可能的危险发生重要限制条件，在一定时间和空间条件下某种危险因素可能发生，而一旦时间和空间条件发生变化，这种危险因素就可能不会发生。对于结果期望者来说，判断和改变一定的条件将会使有关可能的不利因素向期望者所期望的方向发展。

根据上述认识，笔者认为，企业风险是在一定条件下，使企业期望者的经营管理的期望结果可能遭受损害的因素。企业成本管理风险是在一定条件下，使企业成本管理者的成本管理期望结果可能遭受损害的因素。

二、企业成本管理风险的分类

正确地对企业成本管理风险进行分类，有助于认识和控制风险。杨小舟（2009）从管理角度，将企业成本风险分为成本信息扭曲的风险和成本上升的风险两个方面。笔者认为，对企业成本管理风险可按管理的职能分为成本信息生成风险和成本效益管理风险（非成本信息生成的管理风险），按战略性与战术性之间的关系分为战略性成本管理风险和战术性成本管理风险两类。

企业成本信息生成风险是指通过成本核算方式和满足内部管理需要而进行估算方式生成成本信息的风险。这类风险是所生成的成本信息无法达到期望者要求成本信息具有相关性、可靠性和完整性等质量要求的风险，具体包括因为达不到成本核算要求的信息生成风险和达不到内部管理要求的信息生成风险。可能达不到成本核算要求的信息生成影响因素反映在这类成本信息生成的全过程中，涉及原始凭证的取得、核实和汇总、记账凭证的编制、账簿的记录、财务报告的编制、成本费用的计量等活动中，任何一项活动中的成本会计人员不能按有关制度、准则的要求进行操作，都有可能无法提供满足报告信息需求者的有一定质量的成本信息。核算成本信息生成风险涉及核算主体对会计准则或制度的认识和执行程度、成本会计核算组织的完善和运行的有效性、成本开支范围的界定和核算方法的运用情况、成本信息内部监控以及企业领导层和核算人员的素质等因素。满足内部管理需要而进行估算方式生成成本信息的风险是满足企业内部在成本预测、决策、计划、控制、分析和考核需要以及战略成本管理需要提供成本信息时，对成本信息的相关性、可靠性和完整性等要求造成不利影响的风险。这些风险涉及收集资料的可靠、完整、准确等的程度，有关资料的筛选、甄别、分类、计量等处理过程中的影响因素，以及管理者的需求和判断情况等。

Ashishi Gartg、Debashis Ghosh、James Hudick 等（2003）调查发现，大多数被调查者认为产生“可行”信息是管理会计两个优先考虑的问题之一，管理会计人员的首要任务是产生关键、准确和及时的成本信息，以协调战略决策，达到促进公司发展、改变员工行为和更有效管理成本的目标。他们在调查中发现一些因素导致成本信息在某种程度上被歪曲，许多数字达不到要求的准确度。他们的调查将现行系统不能准确提供信息的问题突出出来，以便引起各有关方面的重视。

成本效益管理目标是以合适的成本投入获得最大的经济效益，使企业能够持续发展，不是单纯为降低成本而降低成本的管理目标。这一目标要求在成本管理中要将成本投入与效益的获得联系起来考虑，寻求成本与效益之间的最佳匹配。成本效益管理风险是在成本管理中对成本效益目标可能造成损害的因素，这类风险发生在事前的成本预测、决策和计划、事中成本控制和事后成本分析和考核的成本管理全过程，涉及的因素主要有成本管理者的管理能力和意识、基础工作、管理方式和手段等。Ashishi Gartg、Debashis Ghosh、James Hudick 等（2003）还在调查中发现，实务中管理会计优先考虑的两个问题之二是降低成本和提高效率，企业决策者认为参与核心战略决策是一项重要工作，决策执行者将改进报告程序、为企业制定效益标准视为一项符合其日常工作要求和地位的重要任务。

战略性成本管理风险是在企业战略成本管理中对保持企业持续适应变化的环境和影响环境的战略成本管理目标可能遭受损害的各种因素。这类风险主要有战略成本管理者的素质、分析方法的运用、企业外部政治法律、经济、社会（包括相关利益者在内）、技术和自然环境等的影响、企业内部所有者与经营者的管理能力、职业操守和收入状况、企业资源的配置、企业文化的建设、经营管理的情况等。这些因素如果是不利的因素，就可能对战略成本管理目标的实现产生长期性的、重大性的和根本性的影响，给企业带来重大的损失。战术性成本管理风险是在企业根据战略制定计划、预算、标准等及执行计划、预算、标准等过程中发生的可能对战术成本管理目标有影响的因素，这类风险涉及资料的收集、整理、计划和预算编制、执行及组织工作中的影响因素。

三、企业成本管理风险的管理过程

对基于风险管理的企业成本管理可以说是对各种相关的“可能性”因素进行的管理。可能的影响因素一旦转变为肯定的因素，对有关因素所进行的管理就不再是风险的管理，而是肯定性危险的管理。Kent D. Miller 在 1992 年提出整合风险管理的概念，也有学者认为风险管理是使用全面、综合的方法处理企业面临的风险问题。COSO 委员会在 2004 年对企业风险管理（Enterprise Risk Management，ERM）所下的定义是，企业风险管理是一个过程，受企业董事会、管理当局和其他员工的影响，包括内部控制及其在战略和整个公司的应用，旨在为实现经营的效率和效果、财务报告的可靠性以及现行法规的遵循提供合理保证。笔者认为，企业成本管理风险的管理是企业成本管理者各个层次通过认识、监测和应对管理风险达到对成本管理风险的有效调控的目的，阻止、降低、规避、分担和承受风险，避免、减少和承受可能发生的损害的过程。基于管理风险的成本管理是成本管理风险的管理，是相对于过去没有将风险管理放在重要位置的成本管理来说的一种创新的成本管理。关于成本管理风险的管理问题，国内有学者也有相关的认识，陈关亭（2009）认为，风险管理应该取代内部控制，李国忠（2009）谈到进行以风险管理为导向的内部控制体系建设的问题。企业成本管理风险的管理过程应包括管理风险的认识、监测和应对三个步骤。

成本管理风险的管理首先要认识风险。认识风险包括风险的识别和评估，具体地说就是要求辨别可能对管理主体期望结果会产生不利影响的因素，特别是所有的重要因素，了解风险的种类、性质、特征、源头和规律，评估风险的程度，以便在这一基础上制定处理各种风险的对策。风险识别是成本管理风险管理全过程中不断进行的工作。总体上看，成本管理风险具有多样性、复杂性、不稳定性等特点，对风险的识别带来较大的难度。对成本管理风险的识别可以从成本信息生成风险和成本效益管理风险两个方面进行，或者从战略成本管理风险和战术成本管理风险两个方面进行。识别风险要注意风险在一定条件下会发生变化的情况，做好有关资料的收集、整理和分类工作和未来将面临的和潜在的风险确认工作。对风险的识别应建立在一定的经验判断、客观和全面的相关资料收集、各种专业知识的综合运用、充分论证的基础上。在成本管理风险识别中可采用的方法有事件清单、头脑风暴法、德菲尔法、现场调查法、问卷调查法、组织图分析法、流程图分析法、情景分析法和故障树分析法等。

在识别风险的基础上要对成本管理风险进行定性与定量相结合的分析，评价和估计风险发生的概率、范围和程度、分布的情况、持续时间及内部和外部风险、整体和局部风险等，找到影响成本管理的主要和关键因素，对风险进行排序、确认重点和主要的风险以及风险可承受程度。在风险的评估中，根据设定的目标和所收集的数据资料，对发生风险的可能性（概率）和对成本管理造成不利影响的程度（结果）进行二维分析。成本管理风险评估中可采用的具体方法有专家打分法、蒙特卡罗模拟法、概率分布的叠加法、随机网络法和风险当量法等。

成本管理风险的管理过程中风险的监测是一个动态的风险监视、识别和评估的连续性的过程。风险监测是监视检测成本管理活动中各种对管理目标有可能产生不利影响的因素，特别注意监视检测已经过识别和评估的重要和关键因素的变化情况及有无新的风险因素出现，监视检测已经制定的防范措施的实施情况，并根据监测的情况进行再识别和评估，以便管理者采取相应的措施进行调控。《企业内部控制基本规范》第二十七条规定，“企业应当结合不同发展阶段和业务拓展情况，持续收集与风险变化相关的信息，进行风险识别和风险分析，及时调整风险应对策略”。风险监测可以及早发现和分析异常问题，为持续有效地进行风险管理提供依据。在风险监测中可采用的主要方法有审核检查法、监视单、风险报告和风险预警的方法等。

成本管理风险的应对是对成本管理风险提出有针对性的防范和调控风险的措施、意见、办法等策略的过程。《企业内部控制基本规范》第二十五条规定，“企业应当根据风险分析的结果，结合风险承受度，权衡风险与收益，确定风险应对策略”。风险应对要根据风险识别和评估的可能性和损害程度的结果，划分适当的风险等级，选择采用相应的防范和调控风险的策略，从而改变风险存在的条件而消除风险、规避、降低、分担和承担风险。管理者在风险应对过程中应注意以下几个问题：（1）所制定的应对策略是否具有针对性，有无针对重大风险的处理对策；（2）应对重大风险的策略有无应变性，是否有应对突发风险或本应识别但限于主体意识和能力没有事先识别和评估风险出现的应变措施；（3）应对措施的可行性、有效性和实施成本的大小。

四、企业成本管理风险的具体防范措施

企业成本管理风险的防范措施是在对风险的识别和评估的基础上，从成本信息生成和成本效益管理两个方面进行，或者从战略成本管理和战术成本管理两个方面进行，以及从总的方面确定成本管理风险的防备措施。

成本信息生成风险的防范措施是针对成本核算的成本信息生成风险和满足内部管理需要而计算的成本信息生成风险提出的防范措施。通过财务会计的成本核算的成本信息生成风险的防范措施主要有：（1）做好成本会计核算的基础工作，确保成本会计核算有良好的条件；（2）加强成本会计核算的制度建设，确保成本核算从会计凭证取得和汇总、编制费用分配表、登记有关总账和明细账、编制财务报告等工作流程规范化；（3）合理和正确进行成本支出核算，正确划分成本支出的界限和计算有关成本；（4）正确进行成本会计的确认、记录和报告，采用科学手段进行成本会计计量，提高成本信息生成的准确性、可靠性、相关性和完整性；（5）做好成本信息生成风险审计工作，强化成本核算信息生成的约束监督。满足内部管理需要而计算的成本信息生成风险的防范措施主要有：（1）明确企业成本预测、决策和计划或预算及战略管理所需要的成本信息内容和生成的目的、作用，保证收集、整理和计量的成本信息能充分满足内部管理的各有关层次管理者的需要；（2）建立

完善的信息处理系统，按对成本管理影响的程度，划分不同的成本信息等级，分轻重缓急提供信息；(3) 做好信息的收集、判断、整理、划分和计量等工作，确保内部管理需要的成本信息的质量。

成本效益管理风险的防范措施是从确保投入一定的成本以获得最大的经济效益的目标实现上，针对导致成本脱离目标的不确定性式不利因素所采取的措施。这些措施主要有：(1) 提高事前成本管理的能力。企业应能根据不同时期成本信息和其他相关的经营管理信息、外部政治法律、经济、社会、技术和自然等信息进行事前成本管理，防范未能充分利用有关信息而发生的风险。(2) 加强成本事中的成本控制。做好生产经营过程中成本控制标准和有关控制制度规范的制定和修订工作，通过实际耗费与标准、制度规范的比较及时揭示成本存在的差异和产生差异的原因，有针对性地调控生产经营耗费，使成本控制在标准和制度规范要求的范围内。科学合理的成本控制标准和制度规范的制定对有效成本控制有重要意义。(3) 根据经济效益预测情况，正确进行成本的投入，要关注重大项目或重大领域的成本投入，防范因投入不当而造成的风险。(4) 做好成本事后的分析和考核工作，防范因分析和考核的不当挫伤员工的成本管理积极性和影响下步骤成本管理工作进行的风险发生。

从总体上看，防范成本管理风险的措施主要有：(1) 改进和完善适应成本管理风险管理的治理结构和建立风险管理的组织结构，为成本管理风险的管理进行管理主体的组织建设。James Lam (2003) 和 Kleffner (2003) 等认为，阻碍企业风险管理的主要因素是公司的组织结构不适应企业风险管理的要求以及公司不愿变革的惰性，但是有关公司治理的指引仍然发挥了积极的作用。《企业内部控制基本规范》(2008) 第十一条明确规定，企业应当根据国家有关法律法规和企业章程，建立规范的公司治理结构和议事规则，明确决策、执行、监督等方面的职责权限，形成科学有效的职责分工和制衡机制。按这一规定，从成本管理风险的防范上，应确保股东大会依法行使与成本管理有关的企业经营方针、投资、筹资等重大事项的表决权，董事会依法行使与成本管理有关的决策权，监事会依法行使对董事、经理和其他高层管理者履行职责的监督权，经理层负责成本管理的日常工作，公司治理结构的各有关方面负责对职责范围内的成本管理风险进行管理。在董事会专门委员会的设置上，可设置风险管理委员会，集中和统一管理包括成本管理风险在内的企业风险，充分发挥风险管理委员会在专门信息收集和处理上的优势，及时发现、评估和处理风险。在公司治理结构上，合理的股权属性比例、股权集中度和制衡度对包括成本管理在内的风险管理有一定的有利影响。（2）全面提高成本管理主体防范风险的素质，持续进行现代成本管理及其风险管理的知识更新和提高，强化企业成本管理风险及其管理的意识，提高运用风险管理方法的能力。（3）全面确定主要和关键的管理风险的基本内容，明确成本管理风险的管理对象。（4）建立和完善企业的成本管理风险的管理系统和相关的制度，明确各有关部门的职责和权限，规范风险管理的行为及工作流程，确保风险管理机制的有效运行和管理效率的提高。（5）建立和完善成本管理风险的管理预警机制，加强风险的监测工作，及时报告有关风险（特别是重大风险）出现的可能性和原有风险转变情况，为管理者迅速应对风险提供有关依据。（6）加强风险的监督工作，做好内部审计工作。

主要参考文献

Stefen Seuring：《供应链成本管理》（郭晓飞译），清华大学出版社，2004年版。

陈利花：“破立结合　探寻企业内控与风险管理之道——内部控制与风险管理论坛综述”，《财务与会计》2009年第6期，第50—51页。

程新生：“企业战略控制探析”，《企业经济》2014年第3期，第9页。

傅代国、田小刚：“基于价值星系的战略成本管理研究”，《中国工业经济》2008年第1期，第119—127页。

胡大立：“基于价值网模型的企业竞争战略研究”，《中国工业经济》2006年第9期，第87—93页。

胡笑寒、万迪昉：“战略控制方法的沿革与探析”，《管理工程学报》2003年第4期，第95—96页。

卢泰宏、周懿瑾、何云：“价值网研究渊源与聚变效应探析”，《外国经济与管理》2012年第1期，第69页。

毛新述、杨有红：“风险控制与风险管理——中国会计学会2009年内部控制专题学术研讨会综述”，《会计研究》2009年第5期，第93—94页。

盛革：“基于价值网的战略成本管理框架研究”，《财会月刊》2009年第

5 期，第 84—85 页。

盛革：“模块化价值网及其知识管理研究”，《外国经济与管理》2009 年第 4 期，第 30 页。

杨小舟：“企业财务风险管理探讨”，《财务与会计》2009 年第 1 期，第 57 页。

杨小舟：“企业成本风险管理”，《财务与会计》2009 年第 4 期，第 46 页。

殷俊明、王平心、王晨佳：“供应链成本管理：发展过程与理论结构”，《会计研究》2006 年第 10 期，第 48 页。

张燕：“价值网——一种新的战略思维组合”，《价值工程》2002 年第期，第 15 页。

Achrol R. S. , Kotler P. Marketing in The Network Economy. Journal of Marketing, 63 (Special Issue) 1999: 146—163.

Ashishi Gartg, Debashis Ghosh, James Hudick, Chuen Nowacki. Role and Practices in Manangement Accounting Today. Strategic Finance. July, 2003: 30—35.

Bovet D. , Martha J. Value Nets: Breaking the Supply Chain to Unlock Hidden Profits. Chichester: John Wiley, 2000.

Charles Wiseman. Strategic Information Systems, Homewood, Illinois: Irwin, 1988.

Harrington Kathryn Rudie. Strategic flexibility: a management guide for changing times. D. C. Heath and Company, Lexinton, Massachusetts, Toronto, 1985.

Maciariello Joseph A. , Kirby Calvin J. Management Control Systems: using adaptive systems to attain control. Prentice Hall, Upper Saddlen River, 1994.

Peppard J. , Rylander A. From Value China to Value Netword: Insights for mobile operators. European Management Journal, 2006. 24 (2—3): 128—141.

Prabar Kathandaraman, David T. Wilson. The Future of Competition - value - creating Networks. Industeial Marketing Management. 2001. 30.

Schreyogg G. , Steinmann H. Strategic Control: a new perspective. The Academy of Management Review, 1987 (1): 91—103.